여러분의 합격을 응원하는
해커스공무원의 특별 혜택

FREE 공무원 영어 **특강**

해커스공무원(gosi.Hackers.com) 접속 후 로그인 ▶
상단의 [무료강좌] 클릭 ▶
[교재 무료특강] 클릭하여 이용

A 공무원 보카 어플 **이용권**

GOSIVOCA1YEAR

구글 플레이스토어/애플 앱스토어에서
'해커스공무원 기출보카' 검색 ▶ 어플 설치 후 실행 ▶
'인증코드 입력하기' 클릭 ▶ 위 인증코드 입력

* 해당 자료는 [해커스공무원 기출 보카 4000+] 교재 내용으로 제공되는 자료로,
공무원 시험 대비에 도움이 되는 유용한 자료입니다.
* 등록 후 30일간 사용 가능

A 핵심 기출 **단어암기장**(PDF)

회독용 답안지 (PDF)

해커스공무원(gosi.Hackers.com) 접속 후 로그인 ▶ 상단의 [교재·서점 → 무료 학습 자료] 클릭 ▶
본 교재의 [자료받기] 클릭하여 이용

해커스공무원 온라인 단과강의 **20% 할인쿠폰**

5EE8538798BD2693

해커스공무원(gosi.Hackers.com) 접속 후 로그인 ▶ 상단의 [나의 강의실] 클릭 ▶
좌측의 [쿠폰등록] 클릭 ▶ 위 쿠폰번호 입력 후 이용

* 등록 후 7일간 사용 가능(ID당 1회에 한해 등록 가능)

무료 모바일 자동 채점 + 성적 분석 서비스

교재 내 수록되어 있는 문제의 채점 및 성적 분석 서비스를 제공합니다.

* 세부적인 내용은 해커스공무원(gosi.Hackers.com)에서 확인 가능합니다.

바로 이용하기 ▶

쿠폰 이용 관련 문의 1588-4055

단기 합격을 위한
해커스공무원 커리큘럼

입문

탄탄한 기본기와 핵심 개념 완성!

누구나 이해하기 쉬운 개념 설명과 풍부한 예시로 부담없이 쌩기초 다지기
TIP 베이스가 있다면 **기본 단계**부터!

▼

기본+심화

필수 개념 학습으로 이론 완성!

반드시 알아야 할 기본 개념과 문제풀이 전략을 학습하고
심화 개념 학습으로 고득점을 위한 응용력 다지기

▼

**기출+예상
문제풀이**

문제풀이로 집중 학습하고 실력 업그레이드!

기출문제의 유형과 출제 의도를 이해하고 최신 출제 경향을 반영한
예상문제를 풀어보며 본인의 취약영역을 파악 및 보완하기

▼

동형문제풀이

동형모의고사로 실전력 강화!

실제 시험과 같은 형태의 실전모의고사를 풀어보며 실전감각 극대화

▼

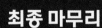
최종 마무리

시험 직전 실전 시뮬레이션!

각 과목별 시험에 출제되는 내용들을 최종 점검하며 실전 완성

PASS

* 커리큘럼 및 세부 일정은 상이할 수 있으며,
자세한 사항은 해커스공무원 사이트에서 확인하세요.

해커스공무원

최신 1개년
기출문제집
영어

CONTENTS

해커스공무원 최신 1개년 기출문제집 영어

기출문제집도 해커스가 만들면 다릅니다!   4

공무원 영어, 이렇게 출제된다!   6

기출로 보는 유형별 필승 비법   10

최신 1개년 기출문제

1회	2024년 국가직 9급	30
2회	2024년 지방직 9급	38
3회	2024년 서울시 9급 (2월 추가)	46
4회	2024년 법원직 9급	54
5회	2023년 국회직 9급	70

정답 및 해설

1회	2024년 국가직 9급	80
2회	2024년 지방직 9급	88
3회	2024년 서울시 9급 (2월 추가)	96
4회	2024년 법원직 9급	106
5회	2023년 국회직 9급	122

회독을 통한 취약 부분 완벽 정복
다회독에 최적화된 **회독용 답안지** (PDF)
해커스공무원(gosi.Hackers.com) ▶ 사이트 상단의 '교재·서점' ▶ 무료 학습 자료

기출문제집과 함께 공부하면 효과는 2배
어휘 잡는 **핵심 기출 단어암기장** (PDF)
해커스공무원(gosi.Hackers.com) ▶ 사이트 상단의 '교재·서점' ▶ 무료 학습 자료

공무원 기출문제 무료 강의로 실전 대비
점수를 올려주는 **기출분석강의** (gosi.Hackers.com)
해커스공무원(gosi.Hackers.com) ▶ 무료강좌 ▶ 기출문제 해설특강

기출문제집도 해커스가 만들면 다릅니다!

01 꼼꼼한 해설로 기출문제에 대한 완벽한 이해가 가능합니다!

> '끊어읽기 해석 + 정답 해설 + 오답 분석 + 이것도 알면 합격'까지, 꼼꼼한 해설을 통해 문제를 완벽히 이해하여 자신의 실력을 향상시킬 수 있습니다.

> 해설집의 취약영역 분석표를 통해 약점을 진단하고 해당 영역을 집중 보완할 수 있습니다.

┃ 꼼꼼한 해설 제공

┃ 취약영역 분석표 제공

취약영역 분석표

영역	세부 유형	문항 수	소계
어휘	어휘&표현	5	/8
	생활영어	3	
문법	대명사	1	/3
	비교급	1	
	수 일치	1	
독해	전체내용 파악	2	/9
	세부내용 파악	2	
	추론	2	

02 최신 출제 경향을 완벽하게 분석하여 전략적 학습이 가능합니다!

> 매년 달라지는 출제 경향을 직급/직렬별로 완벽하게 분석한 '최신 출제 경향 분석자료'를 통해 최신 출제 경향을 파악할 수 있습니다.

> 직렬별 출제 경향에 따라 영역별로 제시된 맞춤 학습 방법을 통해 취약한 부분을 효율적으로 보완하고 전략적으로 시험에 대비할 수 있습니다.

┃ 최신 출제 경향 분석자료 제공

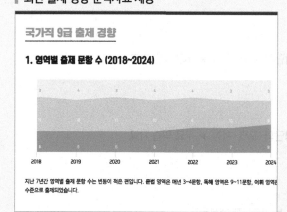

┃ 출제 경향에 따른 학습 방법 제공

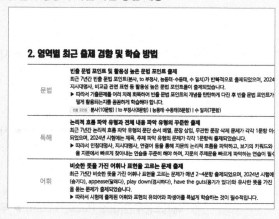

03 기출문제의 유형을 확실히 파악하여
실전대비가 가능합니다!

> 다양한 직렬의 최신 1개년 기출문제를 통해 풍부한 실전 경험을 쌓아 실전에 대비할 수 있습니다.
> 매 회차를 끝낸 직후 해당 시험의 정답을 모바일 페이지에서 입력하고 채점결과 및 성적 분석 서비스를 이용할 수 있도록, 각 회차마다 QR 코드를 삽입하였습니다.
> 유형별 필승 비법을 통해 각 문제의 유형을 파악하고 비법을 곧바로 적용하여 빠르고 정확하게 풀이할 수 있습니다.

04 <어휘 잡는 핵심 기출 단어암기장>으로
핵심 기출 어휘를 학습할 수 있습니다!

> 시험에 나온 단어 중 가장 핵심적인 단어를 추린 <어휘 잡는 핵심 기출 단어암기장>으로 부족한 어휘를 반복해서 암기할 수 있습니다.
> 간단한 퀴즈를 통해 <어휘 잡는 핵심 기출 단어암기장>의 어휘와 표현을 확실히 암기했는지 확인할 수 있습니다.

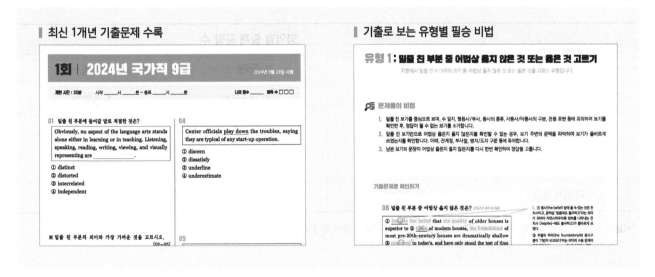

공무원 영어 이렇게 출제된다!

01 공무원 영어 시험 출제 영역

공무원 영어 시험은 직렬에 따라 20문항 또는 25문항으로 구성되며, 크게 문법/독해/어휘 3개의 영역으로 나눌 수 있습니다. 국가직·지방직·서울시·국회직 9급 영어 시험은 총 20문항이며, 독해 영역이 약 50%를 차지하고 나머지 50%는 문법과 어휘 영역으로 구성됩니다. 이때 어휘 영역의 경우 세부적으로 어휘 및 표현, 생활영어로 구분됩니다. 한편, 법원직 9급 영어 시험은 총 25문항이며, 독해 영역이 약 80%를 차지하고 나머지 20%는 문법 영역으로 구성됩니다.

시험 구분	영역별 출제 문항 수		
	문법	독해	어휘
국가직 · 지방직 9급	3~4문항	9~11문항	4~5문항
서울시 9급*	3~5문항	9~12문항	5~6문항
법원직 9급	3~5문항	20~21문항	0~1문항
국회직 9급	3~5문항	7~13문항	4~8문항

*서울시 9급 영어 과목 시험은 2020년부터 지방직과 동일하게 인사혁신처에서 출제했습니다.

02 최근 7개년 공무원 영어 출제 경향

난이도 하락세

지난 7년간 공무원 영어의 문제 유형에는 큰 변화가 없었으나, 최근 시험에 인사혁신처에서 발표한 2025년 대비 출제 기조 전환과 관련된 새로운 소재의 문제들이 출제되거나 전반적인 난도가 하락세를 보이는 변화가 있었습니다. 문법 영역에서는 빈출 포인트가 반복 출제되고, 독해 영역에서는 실생활이나 직무 관련 소재의 지문이 자주 출제되고, 어휘 영역에서는 평이한 어휘가 주로 출제되고 있어, 수험생들의 체감 난도가 낮아지고 있습니다.

독해 영역 다양한 소재의 지문 출제

독해 영역의 경우, 사회 이슈와 환경, 역사나 사회 과학에 대한 지식을 다루는 지문의 출제 비중이 높습니다. 최근에는 안내문이나 정책 등 실생활과 관련된 소재나 직무 관련 소재가 출제되기도 했습니다. 문제 유형은 빈칸 완성, 주제·제목·요지·목적 파악 유형 등 빈출 유형의 문제들이 고르게 출제되고 있으며, 문장 삽입, 무관한 문장 삭제 등 논리적 흐름 파악 유형이 증가하고 있는 추세입니다.

문법 영역 빈출 포인트 반복 출제

문법에서는 분사, 수 일치, 병치·도치·강조 구문 등 빈출 개념들이 반복 출제되고 있습니다. 최근에는 문법 포인트에 밑줄을 그어 어떤 어법을 묻고 있는지 명확히 하는 문제가 출제되고 있으며, 지엽적인 문법 포인트보다는 활용성 높은 어법이 출제되는 추세입니다.

03 공무원 영어 영역별 출제 경향 및 수험 대책

문법

출제 경향

문법 영역에서는 **분사, 수 일치, 병치·도치·강조 구문** 등을 묻는 문제가 자주 출제됩니다. 최근에는 빈출 포인트가 반복 출제되고 한 문제에서 여러 보기 혹은 모든 보기가 동일한 문법 요소에 대해 묻는 문제가 출제되고 있습니다.

수험 대책

① 해커스공무원 영어 기본서로 기본 개념을 탄탄히 다진 후 **기출문제를 통해 문법 포인트가 어떻게 활용되는지 학습**하며 실력을 쌓아야 합니다.
② 틀린 문제의 경우, **오답분석을 통해 해당 문제의 핵심 개념을 확실히 정리**하고 회독을 통해 해당 포인트를 확실히 암기하고 넘어가야 합니다.
③ 자주 틀리는 문법 포인트의 경우, **기본서를 통해 반드시 복습**하고 넘어가야 합니다.

독해

출제 경향

독해 영역에서는 **빈칸 완성, 주제·제목·요지·목적 파악, 내용 일치·불일치 파악, 문단 순서 배열**의 출제 비중이 높은 편이며, **문장 삽입, 무관한 문장 삭제** 등 논리적 흐름 파악 유형의 출제가 증가하고 있습니다. 최근에는 지문이 이메일, 웹페이지 등의 형태로 출제되는 등 실용문의 성격을 띈 문제도 출제되고 있습니다.

수험 대책

① 해설집의 **'끊어읽기 해석'**을 통해 문제를 풀면서 해석이 어려웠던 부분의 문장 구조와 정답의 힌트를 확인하여 지문을 빠르게 분석하고 정확히 정답을 찾는 훈련을 해야 합니다.
② 새로운 형식의 지문에 익숙해질 필요가 있으므로 해커스공무원 영어 기본서로 **다양한 유형별 지문과 풀이 전략을 학습**하여 실전에 대비하고, 언제나 **시간제한을 두고 문제를 푸는 연습**을 하여 시간 배분에 익숙해져야 합니다.
③ 틀린 문제의 경우, **'기출로 보는 유형별 필승 비법'(10p)**을 통해 세부 유형별 **문제풀이 비법**을 다시 한번 확인한 후 비법을 적용해보며 **문제풀이 노하우**를 쌓아야 합니다.

어휘

출제 경향

어휘 영역에서는 **어휘, 표현, 생활영어** 문제가 고르게 출제되며 유의어 찾기 유형의 비중이 높은 편입니다. 지문과 보기에 사용된 어휘의 수준은 **수능 영어 수준에서부터 고난도 수준까지 매우 다양**하나, 최근에는 conceal과 같은 수능 영어 수준 어휘의 출제 비중이 높습니다.

수험 대책

① 어휘를 암기할 때 유의어, 반의어 및 파생어를 폭넓게 학습하고, **형태는 비슷하지만 의미는 다른 표현들을 정리**하여 암기해야 합니다.
② 구동사 및 표현을 암기할 때는 **예문을 통해 의미를 익히고**, 표현에 전치사가 포함된 경우 **전치사에 유의**하여 암기해야 합니다.
③ 그동안 출제되었던 핵심 어휘와 표현을 모아 수록한 **<어휘 잡는 핵심 기출 단어암기장>**을 활용해 풍부한 어휘력을 키워야 합니다.

기출로 보는 유형별
필승 비법

문법

유형 1 : 밑줄 친 부분 중 어법상 옳지 않은 것 또는 옳은 것 고르기

지문에서 밑줄 친 4~5개의 보기 중 어법상 옳지 않은 것 또는 옳은 것을 고르는 유형입니다.

🔍 문제풀이 비법

1. 밑줄 친 보기를 중심으로 보며, 수 일치, 형용사/부사, 동사의 종류, 자동사/타동사의 구분, 관용 표현 등에 유의하여 보기를 확인한 후, 정답이 될 수 없는 보기를 소거합니다.

2. 밑줄 친 보기만으로 어법상 옳은지 옳지 않은지를 확인할 수 없는 경우, 보기 주변의 문맥을 파악하며 보기가 올바르게 쓰였는지를 확인합니다. 이때, 관계절, 부사절, 병치/도치 구문 등에 유의합니다.

3. 남은 보기의 문장이 어법상 옳은지 옳지 않은지를 다시 한번 확인하여 정답을 고릅니다.

기출문제로 확인하기

06 밑줄 친 부분 중 어법상 옳지 않은 것은? (2024년 국가직 9급)

① Despite the belief that the quality of older houses is superior to ② those of modern houses, the foundations of most pre-20th-century houses are dramatically shallow ③ compared to today's, and have only stood the test of time due to the flexibility of ④ their timber framework or the lime mortar between bricks and stones.

1. ① 명사(the belief) 앞에 올 수 있는 것은 전치사이고, 문맥상 '믿음에도 불구하고'라는 의미가 되어야 자연스러우므로 양보를 나타내는 전치사 Despite(~에도 불구하고)가 올바르게 쓰였다.

③ 주절의 주어(the foundations)와 분사구문이 '기반이 비교되다'라는 의미의 수동 관계이므로 과거분사 compared가 올바르게 쓰였다.

2. ④ 명사(timber framework) 앞에서 소유의 의미를 나타내기 위해서는 소유격 대명사가 와야 하고, 대명사가 지시하는 명사(the foundations)가 복수이므로 복수 소유격 대명사 their가 올바르게 쓰였다.

3. ② 대명사가 지칭하는 명사(the quality)가 단수이므로 복수 지시대명사 those를 단수 지시대명사 that으로 고쳐야 한다.

유형 2 : 어법상 옳은 문장 또는 옳지 않은 문장 고르기

주어진 4~5개의 영어 문장 중 어법상 옳은 문장 또는 옳지 않은 문장을 고르는 유형입니다. 밑줄 없이 문장만 제시되는 문제와, 묻고 있는 문법 포인트에 밑줄이 그어져 있는 문제가 출제됩니다.

문제풀이 비법

1. 주어진 문장에 밑줄이 없는 경우, 주어진 보기들의 문장 구조를 파악한 후 수 일치, 형용사와 부사, 동사의 종류, 관계절 등 의미를 파악하지 않고도 한눈에 알 수 있는 문법 요소들을 중심으로 문장이 어법상 올바르게 쓰였는지 확인합니다. 주어진 문장에 밑줄이 그어져 있는 경우, 밑줄 친 보기를 중심으로 분사, 수 일치, 병치·도치·강조 구문 등 빈출 포인트에 유의하여 어법상 옳거나 옳지 않은 보기를 소거합니다.
2. 어법상 옳거나 옳지 않은 것을 한눈에 파악할 수 없는 보기의 경우, 문맥을 고려하여 문장이 어법상 올바르게 쓰였는지 확인합니다.
3. 남은 보기의 문장이 어법상 옳은지 옳지 않은지를 다시 한번 확인하여 정답을 고릅니다.

기출문제로 확인하기

07 밑줄 친 부분이 어법상 옳지 않은 것은? (2024년 지방직 9급)

① You must plan not to spend too much on the project.
② My dog disappeared last month and hasn't been seen since.
③ I'm sad that the people who daughter I look after are moving away.
④ I bought a book on my trip, and it was twice as expensive as it was at home.

1. ① to 부정사(to spend)의 부정형은 to 부정사 앞에 not을 붙이므로 not to spend가 올바르게 쓰였다.

2. ② 문장에 시간 표현 last month(지난달)가 왔고 문맥상 '지난달에 사라졌다'라는 과거의 동작을 표현하고 있으므로 과거 시제 disappeared가 올바르게 쓰였다. 또한, 동사 disappear는 '사라지다'라는 의미일 때 목적어를 취하지 않는 자동사이며 수동태로 쓸 수 없으므로 능동태로 올바르게 쓰였다.
④ 문맥상 '본국에서 사는 것보다 두 배만큼 비쌌다'라는 의미가 되어야 자연스러운데, '두 배만큼 비쌌다'는 '배수사 + as + 원급 + as'의 형태로 나타낼 수 있으므로 twice as expensive as가 올바르게 쓰였다.

3. ③ 선행사(the people)가 사람이고, 관계절 내에서 daughter가 누구의 딸인지 나타내므로, 주격 관계대명사 who를 사람을 가리키는 소유격 관계대명사 whose로 고쳐야 한다.

유형 3 : 우리말을 영어로 잘 옮긴 것 또는 잘못 옮긴 것 고르기

주어진 우리말을 영어로 잘 옮긴 것 또는 잘못 옮긴 것을 고르는 유형입니다. 각 보기마다 우리말 문장과 영어
문장이 하나씩 제시되는 문제, 그리고 우리말 문장 1개와 영어 문장 4~5개가 주어지는 문제가 있습니다.

문제풀이 비법

1. 제시된 우리말과 영어 문장이 의미상 일치하거나 일치하지 않는 보기를 소거합니다.
2. 남은 보기들의 문장 구조를 파악하여 어법상 올바르게 쓰였는지를 확인합니다.
3. 남은 보기의 문장이 제시된 우리말의 의미와 부합하는지 부합하지 않는지, 어법상 옳은지 옳지 않은지를 다시 한번 확인하여
   정답을 고릅니다.

기출문제로 확인하기

07 우리말을 영어로 잘못 옮긴 것은? (2023년 국가직 9급)

① 내 고양이 나이는 그의 고양이 나이의 세 배이다.
  → My cat is three times as old as his.

② 우리는 그 일을 이번 달 말까지 끝내야 한다.
  → We have to finish the work until the end of this month.

③ 그녀는 이틀에 한 번 머리를 감는다.
  → She washes her hair every other day.

④ 너는 비가 올 경우에 대비하여 우산을 갖고 가는 게 낫겠다.
  → You had better take an umbrella in case it rains.

1. ① '세 배이다'는 '배수사 + as + 원급 + as'
의 형태로 나타낼 수 있으므로 three times as
old as가 올바르게 쓰였다.

③ '이틀에 한 번 머리를 감는다'라는 반복되는
동작을 표현하고 있으므로 현재 시제 washes가
올바르게 쓰였다.

2. ④ 조동사처럼 쓰이는 표현 had better
(~하는 게 좋겠다) 뒤에는 동사원형이 와야 하
므로 동사원형 take가 올바르게 쓰였다.

3. ② '이번 달 말까지 끝내야 한다'라는 정해진
시점(이번 달 말)까지 완료되는 상황을 나타내
고 있으므로, '특정 시점까지 어떤 행동이나 상
황이 계속되는 것'을 의미하는 전치사 until을
'정해진 시점까지 어떤 행동이나 상황이 완료
되는 것'을 의미하는 전치사 by(~까지)로 고
쳐야 한다.

유형 4 : 빈칸에 적절한 것 고르기

어법상 빈칸에 들어갈 가장 적절한 보기를 고르는 유형입니다. 빈칸이 하나인 문제가 가장 많이 출제되며, 빈칸이 2~4개인 문제가 출제되기도 합니다.

🔍 문제풀이 비법

1. 문장의 전체 구조를 파악한 후, 빈칸이 문장 내에서 하는 역할을 확인하여 정답 후보를 고릅니다.
2. 보기에 공통적으로 제시된 어휘나 표현이 있는지 확인하고, 그것이 문맥상 어떤 의미로 사용되어야 하는지 파악합니다.
3. 정답 후보들 간의 어법상 차이를 파악하고 문맥상 빈칸에 가장 적절한 보기를 정답으로 고릅니다.

기출문제로 확인하기

04 밑줄 친 부분에 들어갈 표현으로 적절한 것은?

(2023년 국회직 9급)

> Kind neighbors, a fund-raising campaign organized and sponsored by local corporate leaders, _____ its first benefit event for Kalamazoo Hospital this past Sunday. Held at the Kalamazoo Convention Center, the event drew an energetic crowd of over 800 supporters.

① jump-starts
② will jump-start
③ jump-started
④ was jump-started
⑤ has jump-started

1. 특정 과거 시점을 나타내는 표현(this past Sunday)이 왔고, 주어(Kind neighbors)와 동사가 "다정한 이웃'이 자선 행사를 시작했다'라는 의미의 능동 관계이다.

2. 빈칸에는 과거시제와 능동태를 나타내는 jump-started가 들어가야 적절하다. 따라서 ③번이 정답이다.

유형 1 : 전체내용 파악하기 ① 주제, 제목, 요지, 목적 파악

지문의 중심 내용을 파악하여 지문의 주제, 제목, 요지, 목적을 고르는 유형입니다.

🔍 문제풀이 비법

1. 지문의 처음 또는 마지막에 중심 내용이 나오는 경우가 많으므로, 지문의 처음과 마지막을 먼저 읽고 대략적인 글의 중심 내용을 파악합니다.

2. 지문의 처음 또는 마지막에서 파악한 중심 내용과 맞지 않는 보기를 소거합니다.

3. 이후 남은 보기들 중 지문의 중심 내용을 가장 잘 표현한 보기를 정답으로 고릅니다. 이때, 보기의 내용이 지문과 관련된 내용이라고 할지라도 지문의 중심 내용이 아닌 경우에는 정답이 될 수 없다는 점에 유의합니다.

기출문제로 확인하기

14 다음 글의 주제로 적절한 것은? (2024년 국가직 9급)

It seems incredible that one man could be responsible for opening our eyes to an entire culture, but until British archaeologist Arthur Evans successfully excavated the ruins of the palace of Knossos on the island of Crete, the great Minoan culture of the Mediterranean was more legend than fact. Indeed its most famed resident was a creature of mythology: the half-man, half-bull Minotaur, said to have lived under the palace of mythical King Minos. But as Evans proved, this realm was no myth. In a series of excavations in the early years of the 20th century, Evans found a trove of artifacts from the Minoan age, which reached its height from 1900 to 1450 B.C.: jewelry, carvings, pottery, altars shaped like bull's horns, and wall paintings showing Minoan life.

① King Minos' successful excavations
② Appreciating artifacts from the Minoan age
③ Magnificence of the palace on the island of Crete
④ Bringing the Minoan culture to the realm of reality

1. 지문 처음에서 고고학자 Arthur Evans가 크노소스 궁전의 유적을 발굴하기 전까지 미노아 문화는 사실이라기보다는 더 전설이었다고 하고 있으므로 '미노아 문화는 전설이 아니라 사실이다'라는 것이 글의 중심 내용이라는 것을 파악할 수 있다.

2. 지문에서 파악한 중심 내용은 미노아 문화에 대한 내용이므로, 미노스 왕의 성공적인 발굴에 대한 내용인 ①번은 정답이 될 수 없다.

3. ②번은 미노아 시대의 유물 감상에 대한 내용이고, ③번은 크레타섬에 있는 궁전의 웅장함에 대한 내용으로, 지문의 중심 내용이 아니므로 정답이 될 수 없다.

따라서 글의 주제를 '미노아 문화를 현실의 영역으로 끌어들이기'라고 표현한 ④번이 정답이다.

유형 1 : 전체내용 파악하기 ② 문단 요약

전체 지문을 요약한 문장의 빈칸을 완성하는 유형입니다. 한 개의 빈칸을 채우는 문제와 두 개 이상의 빈칸을 채우는 문제가 출제됩니다.

문제풀이 비법

1. 전체 지문을 요약한 제시된 문장을 읽으며 핵심적인 키워드를 확인하면서 빈칸에 필요한 정보가 무엇인지 파악합니다.

2. 제시된 문장의 키워드가 지문에서 언급된 부분을 찾습니다. 키워드가 지문에 그대로 등장하는 경우도 있지만 다르게 바꾸어 표현되는 경우도 있으므로 이에 유의합니다.

3. 지문에서 키워드가 등장한 부분 및 그 앞뒤 문맥을 통해 지문의 내용을 파악하여 빈칸에 적절한 정답을 고릅니다.

기출문제로 확인하기

02 다음 글의 내용을 한 문장으로 요약하고자 한다. 빈칸 (A), (B)에 들어갈 말로 가장 적절한 것은? (2022년 법원직 9급)

In India, approximately 360 million people—one-third of the population—live in or very close to the forests. More than half of these people live below the official poverty line, and consequently they depend crucially on the resources they obtain from the forests. The Indian government now runs programs aimed at improving their lot by involving them in the commercial management of their forests, in this way allowing them to continue to obtain the food and materials they need, but at the same time to sell forest produce. If the programs succeed, forest dwellers will be more prosperous, but they will be able to preserve their traditional way of life and culture, and the forest will be managed sustainably, so the wildlife is not depleted.

↓

The Indian government is trying to __(A)__ the lives of the poor who live near forests without __(B)__ the forests.

(A)	(B)		(A)	(B)
① improve	ruining		② control	preserving
③ improve	limiting		④ control	enlarging

1. 제시된 문장을 통해 빈칸에 인도 정부가 숲을 어떻게 하는 것 없이 숲 근처에 사는 가난한 사람들의 삶을 어떻게 하려고 하고 있는지에 대한 내용이 나와야 한다는 것을 알 수 있다.

2. 제시된 문장의 키워드인 The Indian government(인도 정부)와 forests(숲)와 관련된 지문 주변의 내용을 확인한다.

3. 키워드와 관련된 지문 주변의 내용에서 인도 정부는 지역의 가치를 높이는 것을 목적으로 하는 프로그램을 운영하고 있는데, 그 프로그램이 성공하면 숲은 지속 가능하게 관리된다고 설명하고 있으므로, (A)와 (B)에는 인도 정부가 숲을 파괴하는 것(ruining) 없이 숲 근처에 사는 가난한 사람들의 삶을 개선하려(improve) 하고 있다는 내용이 와야 적절하다.

유형 1 : 전체내용 파악하기 ③ 글의 감상

전체적인 글의 흐름을 파악하여 글의 종류, 분위기, 전개방식, 또는 필자나 등장인물의 어조, 태도, 상황 등을 고르는 유형입니다.

🔍 문제풀이 비법

1. 문제와 보기를 먼저 확인하여 문제에서 묻는 것이 무엇인지를 정확히 파악합니다.

2. 문제에서 묻는 것에 대한 단서가 있는 부분을 찾아가며 지문을 읽습니다. 예를 들어, 문제에서 묻는 것이 등장인물의 상황이라면 특정한 상황을 나타나는 단서들에 유의하여 지문을 읽고, 정답을 고릅니다.

기출문제로 확인하기

20 다음 글에 나타난 Johnbull의 심경으로 가장 적절한 것은?

(2021년 국가직 9급)

In the blazing midday sun, the yellow egg-shaped rock stood out from a pile of recently unearthed gravel. Out of curiosity, sixteen-year-old miner Komba Johnbull picked it up and fingered its flat, pyramidal planes. Johnbull had never seen a diamond before, but he knew enough to understand that even a big find would be no larger than his thumbnail. Still, the rock was unusual enough to merit a second opinion. Sheepishly, he brought it over to one of the more experienced miners working the muddy gash deep in the jungle. The pit boss's eyes widened when he saw the stone. "Put it in your pocket," he whispered. "Keep digging." The older miner warned that it could be dangerous if anyone thought they had found something big. So Johnbull kept shoveling gravel until nightfall, pausing occasionally to grip the heavy stone in his fist. Could it be?

① thrilled and excited
② painful and distressed
③ arrogant and convinced
④ detached and indifferent

1. 문제와 보기를 통해 trilled and excited(흥분하고 신이 난)와 같은 '화자의 심경'을 묻는 문제임을 알 수 있다.

2. 지문에서 필자는 어린 광부 Johnbull이 자갈들 사이에서 우연히 발견한 특이한 돌이 어쩌면 엄청나게 큰 다이아몬드일지도 모른다는 것을 알게 되는 일화를 소개하고 있다. 따라서 Johnbull의 심경을 '흥분하고 신이 난'이라고 표현한 ①번이 정답이다.

유형 2 : 세부내용 파악하기 ① 내용 일치·불일치 파악

지문의 세부내용을 파악하여 지문의 내용과 일치 혹은 일치하지 않는 보기를 고르는 유형입니다.

🔍 문제풀이 비법

1. 보기에 제시된 키워드가 지문에서 언급된 부분을 순서대로 찾아가며 각각의 보기가 정답이 될 수 있는지 확인합니다. 이때, 보기에서 쓰인 어휘 및 표현 등을 지문 내에서 다르게 표현할 수도 있으므로 이에 유의합니다.

2. 정답이 될 수 없는 보기들을 걸러내고 난 뒤, 남은 보기의 키워드가 지문에서 언급된 부분을 다시 한번 확인하며 정답을 고릅니다.

기출문제로 확인하기

12 Northeastern Wildlife Exposition에 관한 다음 글의 내용과 일치하는 것은? (2024년 국가직 9급)

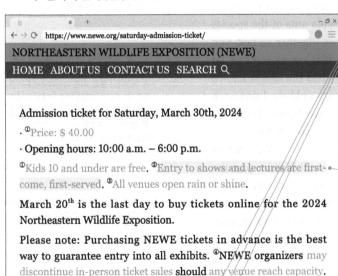

Admission ticket for Saturday, March 30th, 2024

· ①Price: $ 40.00

· Opening hours: 10:00 a.m. – 6:00 p.m.

②Kids 10 and under are free. ③Entry to shows and lectures are first-come, first-served. ④All venues open rain or shine.

March 20th is the last day to buy tickets online for the 2024 Northeastern Wildlife Exposition.

Please note: Purchasing NEWE tickets in advance is the best way to guarantee entry into all exhibits. ⑤NEWE organizers may discontinue in-person ticket sales should any venue reach capacity.

① 10세 어린이는 입장료 40불을 지불해야 한다.

② 공연과 강연의 입장은 선착순이다.

③ 비가 올 경우에는 행사장을 닫는다.

④ 입장권은 온라인으로만 구매할 수 있다.

1. ① 10세 이하의 어린이는 무료라고 했으므로, 10세 어린이는 입장료 40불을 지불해야 한다는 것은 지문의 내용과 다르다.

③ 모든 행사장은 비가 오든 날이 개든 문을 연다고 했으므로, 비가 올 경우에는 행사장을 닫는다는 것은 지문의 내용과 다르다.

④ 행사장 수용 인원에 도달할 경우 NEWE 주최 측이 현장 입장권 판매를 중단할 수 있다고 언급한 내용을 통해 현장에서도 입장권을 판매한다는 것을 알 수 있으므로, 입장권은 온라인으로만 구매할 수 있다는 것은 지문의 내용과 다르다.

2. 공연 및 강의 입장은 선착순이라고 했다. 따라서 ②번이 지문의 내용과 일치한다.

유형 2 : 세부내용 파악하기 ② 지칭 대상 파악

밑줄 친 부분이 가리키는 것이 무엇인지 찾거나, 여러 개의 밑줄 중 가리키는 대상이 다른 하나를 찾는 문제 유형입니다.

🔍 문제풀이 비법

1. 밑줄이 있는 문장을 읽고, 지문에서 찾아야 하는 것이 무엇인지 파악합니다. 밑줄 친 부분이 가리키는 것이 나머지와 다른 하나를 찾는 문제인 경우, 첫 번째 밑줄 친 부분이 가리키는 것이 무엇인지 먼저 파악합니다.

2. 밑줄 친 부분이 가리키는 것을 찾고, 가장 적절한 보기를 정답으로 선택합니다. 밑줄 친 부분이 가리키는 것이 나머지와 다른 하나를 찾는 문제인 경우, 첫 번째 밑줄 친 부분과 나머지 밑줄 친 부분들을 비교하며 지문을 읽고, 가리키는 것이 나머지와 다른 것을 정답으로 선택합니다.

기출문제로 확인하기

12 밑줄 친 부분이 지칭하는 대상이 다른 것은? (2019년 서울시 9급)

Dracula ants **get their name for the way they sometimes** drink the blood of their own young. **But this week, ① the insects have earned a new claim to fame. Dracula ants of the species** *Mystrium camillae* **can snap their jaws together so fast, you could fit 5,000 strikes into the time it takes us to blink an eye. This means ② the blood-suckers wield the fastest known movement in nature, according to a study published this week in the journal** *Royal Society Open Science*. **Interestingly, the ants produce their record-breaking snaps simply by** pressing their jaws together so hard that **③ they bend**. **This stores energy in one of the jaws, like a spring, until it slides past the other and lashes out with extraordinary speed and force— reaching a maximum velocity of over 200 miles per hour. It's kind of like what happens when you snap your fingers, only 1,000 times faster. Dracula ants are secretive predators as ④ they prefer to hunt under the leaf litter or in subterranean tunnels.**

1. 지문을 처음부터 읽으며 첫 번째 밑줄 친 부분이 가리키는 것이 무엇인지 먼저 파악한다. 지문 처음에 Dracula ants(드라큘라 개미)가 있으므로, the insects(이 곤충들)는 드라큘라 개미를 지칭하는 것임을 알 수 있다.

2. 지문 처음에서 드라큘라 개미가 그들이 때때로 자기 새끼들의 피를 먹어서 그 이름을 얻게 되었다고 했고, 지문 마지막에서 드라큘라 개미들이 낙엽이나 지하 터널 안에서 사냥하는 것을 선호하기 때문에 비밀스러운 포식자들이라고 했으므로 ②번의 the blood-suckers(그 흡혈 동물들)와 ④번의 they(그들)는 드라큘라 개미들을 지칭하는 것임을 알 수 있다.

3. ③번 보기가 포함된 문장에서 밑줄 친 they(그것들) 앞부분에 그 개미들은 그들의 턱(their jaws)을 함께 매우 세게 누른다는 내용이 있고, 그렇게 해서 그것들(they)이 구부러지도록 한다고 했으므로 밑줄 친 they는 개미들의 턱을 지칭한다는 것을 알 수 있다. 따라서 ③ they가 정답이다.

유형 3 : 추론하기 ① 빈칸 완성 – 단어·구·절

빈칸 앞뒤 지문의 흐름을 자연스럽게 연결하는 보기를 골라 빈칸을 완성하는 유형입니다.

🔍 문제풀이 비법

1. 빈칸이 있는 문장을 읽으며 빈칸 앞뒤에 제시되는 키워드를 통해 빈칸에 필요한 정보가 무엇인지 파악합니다.

2. 빈칸 주변이나 중심 내용을 위주로 지문을 읽고 문맥상 빈칸에 가장 적절한 정답을 고릅니다.

기출문제로 확인하기

04 다음 빈칸에 들어갈 말로 가장 적절한 것은? (2024년 법원직 9급)

The understandings that children bring to the classroom can already be quite powerful in the early grades. For example, some children have been found to hold onto their preconception of a flat earth by imagining a round earth to be shaped like a pancake. This construction of a new understanding is guided by a model of the earth that helps the child explain how people can stand or walk on its surface. Many young children have trouble giving up the notion that one-eighth is greater than one-fourth, because 8 is more than 4. If children were blank slates, just telling them that the earth is round or that one-fourth is greater than one-eighth would be _____ . But since they already have ideas about the earth and about numbers, those ideas must be directly addressed in order to transform or expand them.

① familiar   ② adequate

③ improper   ④ irrelevant

1. 빈칸에 만약 아이들이 백지상태라면 지구가 둥글다거나 4분의 1이 8분의 1보다 크다고 말하는 것이 어떨 것인지에 대한 내용이 나와야 적절하다는 것을 알 수 있다.

2. 빈칸 뒤 문장에서 그들(아이들)은 이미 지구와 숫자에 대한 개념을 가지고 있기 때문에 그것들을 변형하거나 확장하기 위해서는 그 개념들이 직접적으로 다뤄져야 한다고 설명하고 있으므로, 만약 아이들이 백지상태라면 지구가 둥글다거나 4분의 1이 8분의 1보다 크다고 말하는 것만으로도 '충분할' 것이라고 한 ②번이 정답이다.

유형 3 : 추론하기 ② 빈칸 완성 – 연결어

지문에 제시된 빈칸에 들어가기에 가장 적절한 연결어를 고르는 문제 유형입니다.

문제풀이 비법

1. 빈칸 앞뒤에 있는 문장을 읽고 두 문장 사이의 논리적 관계를 파악합니다.
2. 빈칸 앞뒤 문장 사이의 논리적 관계를 가장 잘 표현한 정답을 고릅니다. 보기로 자주 등장하는 연결어들을 파악해 두면 쉽게 정답을 고를 수 있습니다.

기출문제로 확인하기

19 **(A)와 (B)에 들어갈 말로 가장 적절한 것은?** (2021년 지방직 9급)

Ancient philosophers and spiritual teachers understood the need to balance the positive with the negative, optimism with pessimism, a striving for success and security with an openness to failure and uncertainty. The Stoics recommended "the premeditation of evils," or deliberately visualizing the worst-case scenario. This tends to reduce anxiety about the future: when you soberly picture how badly things could go in reality, you usually conclude that you could cope. _____(A)_____, they noted, imagining that you might lose the relationships and possessions you currently enjoy increases your gratitude for having them now. Positive thinking, _____(B)_____, always leans into the future, ignoring present pleasures.

	(A)	(B)
①	Nevertheless	in addition
②	Furthermore	for example
③	Besides	by contrast
④	However	in conclusion

1. (A) 빈칸 앞 문장은 당신이 얼마나 나쁘게 상황이 흘러갈지 상상함으로써 미래에 대한 염려를 줄일 수 있다는 내용으로 '불행에 대한 계획'에 관해서 설명하는 내용이다. (A) 빈칸 뒤 문장은 현재 누리고 있는 것들을 잃을지도 모른다고 상상하는 것이 현재 갖고 있는 것에 대한 감사함을 증가시킨다는 내용으로 '불행에 대한 계획'에 관한 추가적인 설명이다. 따라서 (A)에는 Furthermore(게다가) 또는 Besides(게다가)가 나와야 적절하다.

2. (B) 빈칸 뒤 문장은 긍정적인 생각이 현재의 기쁨을 무시하고 미래에만 의지하게 하므로 부정적인 결과를 낳는다는 내용이고 (B) 빈칸 앞 문장은 가진 것들을 모두 잃는다는 부정적인 생각이 현재 갖고 있는 것들에 대한 감사함을 증가시킨다는 긍정적인 결과를 낳는다는 내용으로 앞 문장과 대조된다. 따라서 (B)에는 by contrast(대조적으로)가 나와야 적절하다.

유형 4 : 논리적 흐름 파악하기 ① 문단 순서 배열

지문의 논리적 흐름을 파악하여 지문의 흐름이 자연스럽게 연결되도록 주어진 문단의 순서를 적절하게 배열하는 유형입니다.

🔍 문제풀이 비법

1. 첫 문장이 제시된 경우, 첫 문장을 통해 주제를 파악하고 앞으로 전개될 내용에 대해 예상합니다.

2. 제시된 문단들에서 연결어나 지시대명사 등을 통해 지문의 논리적 흐름을 파악하고, 그에 따라 문단의 순서를 배열합니다.

3. 배열된 순서대로 문단을 다시 읽으며 논리적 연결이 자연스러운지 확인하여 정답을 고릅니다.

기출문제로 확인하기

17 주어진 글 다음에 이어질 글의 순서로 가장 적절한 것은?

(2023년 지방직 9급)

> **Just a few years ago,** every conversation about artificial intelligence (AI) seemed to end with an apocalyptic prediction.

> (A) More recently, however, things have begun to change. AI has gone from being a scary black box to something people can use for a variety of use cases.
>
> (B) In 2014, an expert in the field said that, with AI, we are summoning the demon, while a Nobel Prize winning physicist said that AI could spell the end of the human race.
>
> (C) This shift is because these technologies are finally being explored at scale in the industry, particularly for market opportunities.

① (A) – (B) – (C)

② (B) – (A) – (C)

③ (B) – (C) – (A)

④ (C) – (A) – (B)

1. 제시된 문장을 통해 인공지능에 대한 예측과 관련된 내용이 전개될 것임을 예상할 수 있다.

2. 주어진 문장에서 불과 몇 년 전만 해도 인공지능에 대한 모든 대화는 종말론적 예측으로 끝나는 것처럼 보였다고 설명한 후, (B)에서 이 분야(인공지능)의 한 전문가와 노벨상을 수상한 한 물리학자는 우리가 AI로 악마를 소환하고 있고, AI가 인류의 종말을 가져올 수 있다고 말했다고 언급하고 있다. 이어서 (A)에서 하지만 (however) 더 최근에는 상황이 바뀌기 시작했다고 설명하고, 마지막으로 (C)에서 이러한 변화(This shift)는 이러한 기술(AI)이 마침내 업계에서 대규모로 탐구되고 있기 때문이라고 설명하고 있다. 따라서 ② (B) – (A) – (C)가 정답이다.

3. 배열된 순서대로 문단을 다시 읽으며 논리적 연결이 자연스러운지 확인하여 정답을 고른다.

유형 4 : 논리적 흐름 파악하기 ② 문장 삽입

지문의 흐름이 자연스럽게 연결되도록 주어진 문장이 들어갈 적절한 위치를 고르는 유형입니다.

🔍 문제풀이 비법

1. 제시된 문장에 키워드가 있는지를 확인하여 글의 흐름상 제시된 문장 앞뒤에 나올 수 있는 정보가 무엇일지 예상합니다.

2. 지문을 읽으며 제시된 문장 앞뒤에 나올 것으로 예상했던 내용이 있는지 확인하고 제시된 문장이 들어갈 위치를 고릅니다.

기출문제로 확인하기

14 글의 흐름으로 보아, 주어진 문장이 들어가기에 가장 적절한 곳은? (2022년 법원직 9급)

The effect, **however, was just** the reverse.

How we dress for work has taken on a new element of choice, and with it, new anxieties. (①) The practice of having a "dress-down day" or "casual day," which began to emerge a decade or so ago, was intended to make life easier for employees, to enable them to save money and feel more relaxed at the office. (②) In addition to the normal workplace wardrobe, employees had to create a "workplace casual" *wardrobe. (③) It couldn't really be the sweats and T-shirts you wore around the house on the weekend. (④) It had to be a selection of clothing that sustained a certain image—relaxed, but also serious.

* wardrobe : 옷, 의류

1. 제시된 문장의 키워드를 통해 제시된 문장의 뒤에 어떤 것과 반대되는 효과에 대한 내용이 나올 것임을 예상할 수 있다.

2. ②번 뒤 문장에 직원들은 '직장 평상복' 옷을 만들어 낼 필요가 있었다는 처음 의도(직원들의 돈을 절약할 수 있게 하고 사무실에서 더 편안함을 느낄 수 있도록 하는 것)와 반대되는 내용이 있으므로 ②번 자리에 주어진 문장이 나와야 지문이 자연스럽게 연결된다. 따라서 ②번이 정답이다.

유형 4 : 논리적 흐름 파악하기 ③ 무관한 문장 삭제

보기로 제시된 문장들 중 지문의 흐름이 맞지 않는 것을 선택하는 문제 유형입니다.

🔍 문제풀이 비법

1. 첫 문장의 내용을 정확히 파악하여 이어질 지문의 내용이 무엇인지 예상합니다.

2. 지문을 읽으며 지문의 첫 문장이나 중심 내용과 관련이 없거나 흐름상 어색한 보기를 정답으로 고릅니다.

기출문제로 확인하기

10 다음 글의 흐름상 가장 어색한 문장은? (2021년 국가직 9급)

The term burnout refers to a "wearing out" from the pressures of work. Burnout is a chronic condition that results as daily work stressors take their toll on employees. ① The most widely adopted conceptualization of burnout has been developed by Maslach and her colleagues in their studies of human service workers. Maslach sees burnout as consisting of three interrelated dimensions. The first dimension—emotional exhaustion—is really the core of the burnout phenomenon. ② Workers suffer from emotional exhaustion when they feel fatigued, frustrated, used up, or unable to face another day on the job. The second dimension of burnout is a lack of personal accomplishment. ③ This aspect of the burnout phenomenon refers to workers who see themselves as failures, incapable of effectively accomplishing job requirements. ④ Emotional labor workers enter their occupation highly motivated although they are physically exhausted. The third dimension of burnout is depersonalization. This dimension is relevant only to workers who must communicate interpersonally with others (e.g. clients, patients, students) as part of the job.

1. 지문의 첫 문장을 통해 번아웃의 특징에 대한 내용이 이 지문의 중심 내용이라는 것을 파악할 수 있다.

2. 지문 전반에 걸쳐 번아웃의 의미와 특징에 대해 설명하고 있으므로 모두 첫 문장과 관련이 있지만, ④번은 감정적인 노동자들은 신체적으로 지쳤는데도 의욕을 가지고 일을 한다는 내용으로 지문의 내용과 관련이 없다.

어휘

유형 1 : 비슷한 뜻을 가진 어휘/표현 고르기

밑줄 친 부분의 어휘/표현과 비슷한 의미를 가진 것을 보기에서 고르는 유형입니다.

🔍 문제풀이 비법

1. 밑줄 친 어휘/표현을 먼저 확인하고, 그 의미를 이미 알고 있다면 보기에서 바로 정답을 고릅니다.
2. 밑줄 친 어휘/표현을 알지 못한다면 해당 어휘/표현이 문장 내에서 어떤 의미를 나타내는지 문맥에서 유추하여 정답을 고릅니다.

기출문제로 확인하기

03 밑줄 친 부분의 의미와 가장 가까운 것을 고르시오.

(2020년 국가직 9급)

> He's the best person to tell you how to get there **because he knows the city inside out**.

① eventually
② culturally
③ thoroughly
④ tentatively

1. inside out(속속들이)의 의미를 이미 알고 있는 경우 보기에서 '완전히'라는 의미의 정답 ③ thoroughly를 고른다.

2. 그가 너에게 그곳에 가는 방법(how to get there)을 알려줄 최적의 사람이라고 했으므로, 그 도시를 '속속들이' 안다라는 의미의 inside out의 유의어인 ③ thoroughly(완전히)가 가장 적절하다.

유형 2 : 빈칸에 들어갈 어휘/표현 고르기

보기에 주어진 어휘/표현 중 문장의 빈칸에 들어갈 적절한 것을 고르거나, 두 개의 빈칸에 공통으로 들어갈 것을 고르는 유형입니다.

🔍 문제풀이 비법

1. 빈칸이 하나인 경우, 빈칸이 있는 문장과 주변 문맥을 확인하여 빈칸과 관련된 정보를 파악합니다. 빈칸이 두 개인 경우 제시된 문장들을 하나씩 읽으며 문맥상 두 빈칸에 공통으로 들어가기 적절한 의미가 무엇일지 예상합니다.

2. 문맥의 흐름상 가장 적절한 보기를 확인하여 정답을 고릅니다. 빈칸이 두 개인 경우 주어진 보기 중에서 제시된 문장들의 문맥과 모두 어울리는 정답을 고릅니다.

기출문제로 확인하기

02 밑줄 친 부분에 들어갈 말로 가장 적절한 것을 고르시오.

(2021년 지방직 9급)

> Globalization leads more countries to open their markets, allowing them to trade goods and services freely at a lower cost with greater _____.

① extinction

② depression

③ efficiency

④ caution

1. 빈칸 주변 문맥을 통해 더 많은 나라들이 상품과 서비스를 더 낮은 가격에 자유롭게 거래할 수 있다는 것을 파악할 수 있다.

2. 따라서 '상품과 서비스를 더 낮은 가격에 더 좋은 ____로 자유롭게 거래할 수 있게 한다'라는 문맥에서 allowing them to trade goods and services freely at a lower cost with greater ____의 빈칸에는 '효율'이라는 의미가 들어가야 자연스럽다. 따라서 ③ efficiency(효율)가 정답이다.

유형 3 : 대화의 빈칸에 들어갈 문장 고르기

대화의 전체적인 흐름과 빈칸 앞뒤 문맥을 고려하여 대화의 빈칸에 들어갈 알맞은 말을 고르는 유형입니다.

문제풀이 비법

1. 대화의 전체적인 흐름을 파악하고, 키워드를 바탕으로 빈칸에 들어갈 적절한 말을 예상하며 대화를 읽습니다.
2. 주어진 보기 중 대화의 흐름상 빈칸에 들어가기 가장 적절한 보기를 정답으로 고릅니다.

기출문제로 확인하기

04 밑줄 친 부분에 들어갈 말로 가장 적절한 것은?

(2019년 국가직 9급)

> A: Would you like to try some dim sum?
> B: Yes, thank you. They look delicious. What's inside?
> A: These have pork and chopped vegetables, and those have shrimps.
> B: And, um, _____?
> A: You pick one up with your chopsticks like this and dip it into the sauce. It's easy.
> B: Okay. I'll give it a try.

① how much are they
② how do I eat them
③ how spicy are they
④ how do you cook them

1. 빈칸 뒤에서 A가 B에게 먹는 방법을 알려주고 있으므로 빈칸에는 어떻게 먹는지에 대해 묻는 내용이 들어가야 함을 예상할 수 있다.

2. 주어진 보기 중 '내가 그것들을 어떻게 먹으면 돼'라고 묻는 표현이 빈칸에 가장 적절하므로 ① how do I eat them이 정답이다.

유형 4 : 대화 내용 중 가장 어색한 것 고르기

두 사람 간의 대화로 이루어진 4~5개의 보기 중 대화의 내용이 가장 어색한 것을 고르는 유형입니다.

🔍 문제풀이 비법

1. 각각의 대화를 읽을 때, 앞서 말한 사람의 말에 대한 대답으로 어떤 내용이 나올 것인지를 예상하며 각각의 대화를 읽습니다.

2. 앞서 말한 사람의 말과 대답이 가장 어울리지 않는 보기를 확인하여 정답을 고릅니다. 문장에서 사용된 표현의 의미를 알지 못할 경우, 사용된 어휘들의 의미를 조합하면서 해당 표현의 의미를 유추합니다.

기출문제로 확인하기

11 두 사람의 대화 중 자연스럽지 않은 것은? (2023년 지방직 9급)

① A: How would you like your hair done?
B: I'm a little tired of my hair color. I'd like to dye it.

② A: What can we do to slow down global warming?
B: First of all, we can use more public transportation.

③ A: Anna, is that you? Long time no see! How long has it been?
B: It took me about an hour and a half by car.

④ A: I'm worried about Paul. He looks unhappy. What should I do?
B: If I were you, I'd wait until he talks about his troubles.

1. A는 B에게 너무 오랜만이라며 이게 얼마 만이냐고 묻고 있으므로, B의 대답으로 반가움에 대한 반응이 나와야 함을 예상할 수 있다.

2. 따라서 B의 대답 It took me about an hour and a half by car(차로 한 시간 반 정도 걸렸어요)는 어울리지 않으므로 ③번이 정답이다.

국가직 9급 출제 경향

1. 영역별 출제 문항 수 (2018~2024)

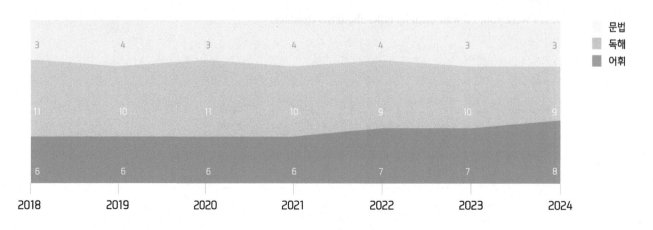

지난 7년간 영역별 출제 문항 수는 변동이 적은 편입니다. **문법** 영역은 매년 3~4문항, **독해** 영역은 9~11문항, **어휘** 영역은 6~8문항 수준으로 출제되었습니다.

1회
국가직 9급

2. 영역별 최근 출제 경향 및 학습 방법

문법	**빈출 문법 포인트 및 활용성 높은 문법 포인트 출제** 최근 7년간 빈출 문법 포인트(분사, to 부정사, 능동태·수동태, 수 일치)가 반복적으로 출제되었으며, 2024년 시험에는 지시대명사, 비교급 관련 표현 등 활용성 높은 문법 포인트들이 출제되었습니다. ▶ 따라서 기출문제를 여러 차례 회독하여 빈출 문법 포인트의 개념을 탄탄하게 다진 후 빈출 문법 포인트가 문맥에서 어떻게 활용되는지를 꼼꼼하게 학습해야 합니다. [빈출 포인트] 분사(10문항) | to 부정사(8문항) | 능동태·수동태(8문항) | 수 일치(7문항)
독해	**논리적 흐름 파악 유형과 전체 내용 파악 유형의 꾸준한 출제** 최근 7년간 논리적 흐름 파악 유형의 문단 순서 배열, 문장 삽입, 무관한 문장 삭제 문제가 각각 1문항 이상 매년 출제되었으며, 2024년 시험에는 제목, 주제 파악 유형의 문제가 각각 1문항씩 출제되었습니다. ▶ 따라서 인칭대명사, 지시대명사, 연결어 등을 통해 지문의 논리적 흐름을 파악하고, 보기의 키워드와 관련된 부분을 지문에서 빠르게 찾아내는 연습을 꾸준히 해야 하며, 지문의 주제문을 빠르게 파악하는 연습이 필수적입니다.
어휘	**비슷한 뜻을 가진 어휘나 표현을 고르는 문제 출제** 최근 7년간 비슷한 뜻을 가진 어휘나 표현을 고르는 문제가 매년 2~4문항 출제되었으며, 2024년 시험에는 conceal (숨기다), appease(달래다), play down(경시하다), have the guts(용기가 있다)와 유사한 뜻을 가진 어휘와 표현을 묻는 문제가 출제되었습니다. ▶ 따라서 시험에 출제된 어휘와 표현의 유의어와 파생어를 폭넓게 학습하는 것이 필수적입니다.

제한 시간 : 20분　시작 _____시 _____분 ~ 종료 _____시 _____분　나의 점수 _____　회독 수 □□□

01 밑줄 친 부분에 들어갈 말로 적절한 것은?

> Obviously, no aspect of the language arts stands alone either in learning or in teaching. Listening, speaking, reading, writing, viewing, and visually representing are _____.

① distinct
② distorted
③ interrelated
④ independent

※ 밑줄 친 부분의 의미와 가장 가까운 것을 고르시오.

[02~05]

02

> The money was so cleverly concealed that we were forced to abandon our search for it.

① spent
② hidden
③ invested
④ delivered

03

> To appease critics, the wireless industry has launched a $ 12 million public-education campaign on the drive-time radio.

① soothe
② counter
③ enlighten
④ assimilate

04

> Center officials play down the troubles, saying they are typical of any start-up operation.

① discern
② dissatisfy
③ underline
④ underestimate

05

> She worked diligently and had the guts to go for what she wanted.

① was anxious
② was fortunate
③ was reputable
④ was courageous

06 밑줄 친 부분 중 어법상 옳지 않은 것은?

> ① Despite the belief that the quality of older houses is superior to ② those of modern houses, the foundations of most pre-20th-century houses are dramatically shallow ③ compared to today's, and have only stood the test of time due to the flexibility of ④ their timber framework or the lime mortar between bricks and stones.

07 밑줄 친 부분이 어법상 옳지 않은 것은?

① They are not interested in reading poetry, <u>still more</u> in writing.

② <u>Once confirmed</u>, the order will be sent for delivery to your address.

③ <u>Provided that</u> the ferry leaves on time, we should arrive at the harbor by morning.

④ Foreign journalists hope to cover as <u>much news</u> as possible during their short stay in the capital.

08 우리말을 영어로 바르게 옮긴 것은?

① 지원자 수가 증가하고 있어서 우리는 기쁘다.
→ We are glad that the number of applicants is increasing.

② 나는 2년 전에 그에게서 마지막 이메일을 받았다.
→ I've received the last e-mail from him two years ago.

③ 어젯밤에 그가 잔 침대는 꽤 편안했다.
→ The bed which he slept last night was quite comfortable.

④ 그들은 영상으로 새해 인사를 교환했다.
→ They exchanged New Year's greetings each other on screen.

※ 밑줄 친 부분에 들어갈 말로 적절한 것을 고르시오.

[09~11]

09

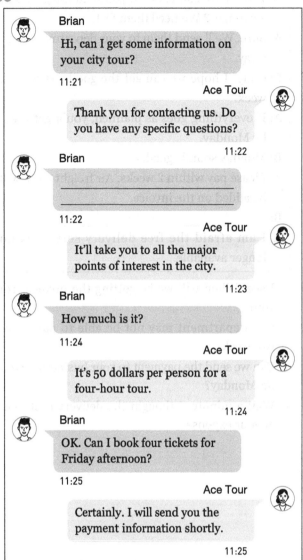

Brian
Hi, can I get some information on your city tour?
11:21

Ace Tour
Thank you for contacting us. Do you have any specific questions?
11:22

Brian
_____
_____
11:22

Ace Tour
It'll take you to all the major points of interest in the city.
11:23

Brian
How much is it?
11:24

Ace Tour
It's 50 dollars per person for a four-hour tour.
11:24

Brian
OK. Can I book four tickets for Friday afternoon?
11:25

Ace Tour
Certainly. I will send you the payment information shortly.
11:25

① How long is the tour?

② What does the city tour include?

③ Do you have a list of tour packages?

④ Can you recommend a good tour guide book?

10

> A: Thank you. We appreciate your order.
> B: You are welcome. Could you send the goods by air freight? We need them fast.
> A: Sure. We'll send them to your department right away.
> B: Okay. I hope we can get the goods early next week.
> A: If everything goes as planned, you'll get them by Monday.
> B: Monday sounds good.
> A: Please pay within 2 weeks. Air freight costs will be added on the invoice.
> B: _____
> A: I am afraid the free delivery service is no longer available.

① I see. When will we be getting the invoice from you?
② Our department may not be able to pay within two weeks.
③ Can we send the payment to your business account on Monday?
④ Wait a minute. I thought the delivery costs were at your expense.

11

> A: Have you found your phone?
> B: Unfortunately, no. I'm still looking for it.
> A: Have you contacted the subway's lost and found office?
> B: _____.
> A: If I were you, I would do that first.
> B: Yeah, you are right. I'll check with the lost and found before buying a new phone.

① I went there to ask about the phone
② I stopped by the office this morning
③ I haven't done that yet, actually
④ I tried searching everywhere

12 Northeastern Wildlife Exposition에 관한 다음 글의 내용과 일치하는 것은?

> https://www.newe.org/saturday-admission-ticket/
>
> **NORTHEASTERN WILDLIFE EXPOSITION (NEWE)**
> HOME ABOUT US CONTACT US SEARCH
>
> Admission ticket for Saturday, March 30th, 2024
>
> · **Price:** $40.00
>
> · **Opening hours:** 10:00 a.m. – 6:00 p.m.
>
> Kids 10 and under are free. Entry to shows and lectures are first-come, first-served. All venues open rain or shine.
>
> March 20th is the last day to buy tickets online for the 2024 Northeastern Wildlife Exposition.
>
> Please note: Purchasing NEWE tickets in advance is the best way to guarantee entry into all exhibits. NEWE organizers may discontinue in-person ticket sales should any venue reach capacity.

① 10세 어린이는 입장료 40불을 지불해야 한다.
② 공연과 강연의 입장은 선착순이다.
③ 비가 올 경우에는 행사장을 닫는다.
④ 입장권은 온라인으로만 구매할 수 있다.

13 다음 글의 내용과 일치하지 않는 것은?

The tragedies of the Greek dramatist Sophocles have come to be regarded as the high point of classical Greek drama. Sadly, only seven of the 123 tragedies he wrote have survived, but of these perhaps the finest is *Oedipus the King*. The play was one of three written by Sophocles about Oedipus, the mythical king of Thebes (the others being *Antigone* and *Oedipus at Colonus*), known collectively as the Theban plays. Sophocles conceived each of these as a separate entity, and they were written and produced several years apart and out of chronological order. *Oedipus the King* follows the established formal structure and it is regarded as the best example of classical Athenian tragedy.

① A total of 123 tragedies were written by Sophocles.
② *Antigone* is also about the king Oedipus.
③ The Theban plays were created in time order.
④ *Oedipus the King* represents the classical Athenian tragedy.

14 다음 글의 주제로 적절한 것은?

It seems incredible that one man could be responsible for opening our eyes to an entire culture, but until British archaeologist Arthur Evans successfully excavated the ruins of the palace of Knossos on the island of Crete, the great Minoan culture of the Mediterranean was more legend than fact. Indeed its most famed resident was a creature of mythology: the half-man, half-bull Minotaur, said to have lived under the palace of mythical King Minos. But as Evans proved, this realm was no myth. In a series of excavations in the early years of the 20th century, Evans found a trove of artifacts from the Minoan age, which reached its height from 1900 to 1450 B.C.: jewelry, carvings, pottery, altars shaped like bull's horns, and wall paintings showing Minoan life.

① King Minos' successful excavations
② Appreciating artifacts from the Minoan age
③ Magnificence of the palace on the island of Crete
④ Bringing the Minoan culture to the realm of reality

15 다음 글의 제목으로 적절한 것은?

Currency debasement of a good money by a bad money version occurred via coins of a high percentage of precious metal, reissued at lower percentages of gold or silver diluted with a lower value metal. This adulteration drove out the good coin for the bad coin. No one spent the good coin, they kept it, hence the good coin was driven out of circulation and into a hoard. Meanwhile the issuer, normally a king who had lost his treasure on interminable warfare and other such dissolute living, was behind the move. They collected all the good old coins they could, melted them down and reissued them at lower purity and pocketed the balance. It was often illegal to keep the old stuff back but people did, while the king replenished his treasury, at least for a time.

① How Bad Money Replaces Good
② Elements of Good Coins
③ Why Not Melt Coins?
④ What Is Bad Money?

16 다음 글의 흐름상 어색한 문장은?

In spite of all evidence to the contrary, there are people who seriously believe that NASA's Apollo space program never really landed men on the moon. These people claim that the moon landings were nothing more than a huge conspiracy, perpetuated by a government desperately in competition with the Russians and fearful of losing face. ① These conspiracy theorists claim that the United States knew it couldn't compete with the Russians in the space race and was therefore forced to fake a series of successful moon landings. ② Advocates of a conspiracy cite several pieces of what they consider evidence. ③ Crucial to their case is the claim that astronauts never could have safely passed through the Van Allen belt, a region of radiation trapped in Earth's magnetic field. ④ They also point to the fact that the metal coverings of the spaceship were designed to block radiation. If the astronauts had truly gone through the belt, say conspiracy theorists, they would have died.

Tribal oral history and archaeological evidence suggest that sometime between 1500 and 1700 a mudslide destroyed part of the village, covering several longhouses and sealing in their contents.

From the village of Ozette on the westernmost point of Washington's Olympic Peninsula, members of the Makah tribe hunted whales. (①) They smoked their catch on racks and in smokehouses and traded with neighboring groups from around the Puget Sound and nearby Vancouver Island. (②) Ozette was one of five main villages inhabited by the Makah, an Indigenous people who have been based in the region for millennia. (③) Thousands of artifacts that would not otherwise have survived, including baskets, clothing, sleeping mats, and whaling tools, were preserved under the mud. (④) In 1970, a storm caused coastal erosion that revealed the remains of these longhouses and artifacts.

Interest in movie and sports stars goes beyond their performances on the screen and in the arena.

(A) The doings of skilled baseball, football, and basketball players out of uniform similarly attract public attention.

(B) Newspaper columns, specialized magazines, television programs, and Web sites record the personal lives of celebrated Hollywood actors, sometimes accurately.

(C) Both industries actively promote such attention, which expands audiences and thus increases revenues. But a fundamental difference divides them: What sports stars do for a living is authentic in a way that what movie stars do is not.

① (A) – (C) – (B)   ② (B) – (A) – (C)

③ (B) – (C) – (A)   ④ (C) – (A) – (B)

19

_____. Nearly every major politician hires media consultants and political experts to provide advice on how to appeal to the public. Virtually every major business and special-interest group has hired a lobbyist to take its concerns to Congress or to state and local governments. In nearly every community, activists try to persuade their fellow citizens on important policy issues. The workplace, too, has always been fertile ground for office politics and persuasion. One study estimates that general managers spend upwards of 80% of their time in verbal communication — most of it with the intent of persuading their fellow employees. With the advent of the photocopying machine, a whole new medium for office persuasion was invented—the photocopied memo. The Pentagon alone copies an average of 350,000 pages a day, the equivalent of 1,000 novels.

① Business people should have good persuasion skills

② Persuasion shows up in almost every walk of life

③ You will encounter countless billboards and posters

④ Mass media campaigns are useful for the government

20

It is important to note that for adults, social interaction mainly occurs through the medium of language. Few native-speaker adults are willing to devote time to interacting with someone who does not speak the language, with the result that the adult foreigner will have little opportunity to engage in meaningful and extended language exchanges. In contrast, the young child is often readily accepted by other children, and even adults. For young children, language is not as essential to social interaction. So-called 'parallel play', for example, is common among young children. They can be content just to sit in each other's company speaking only occasionally and playing on their own. Adults rarely find themselves in situations where _____.

① language does not play a crucial role in social interaction

② their opinions are readily accepted by their colleagues

③ they are asked to speak another language

④ communication skills are highly required

정답 · 해석 · 해설 p. 80

1회 2024년 국가직 9급
모바일 자동 채점 + 성적 분석 서비스 바로 가기

QR코드를 이용해 모바일로 간편하게 채점하고 나의 실력이 어느 정도인지, 취약 부분이 어디인지 바로 파악해 보세요.

지방직 9급 출제 경향

1. 영역별 출제 문항 수 (2018~2024)

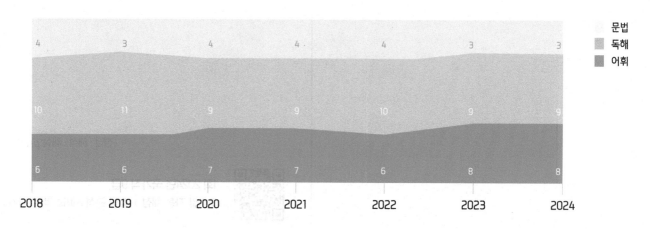

지방직 9급 시험의 영역별 출제 문항 수는 약간의 변동이 있는 편입니다. **문법** 영역은 3~4문항으로 변동이 없으나, 6~7문항씩 출제되었던 **어휘** 영역은 2023년과 2024년 시험에 8문항이 출제되었으며, 10~11문항씩 출제되었던 **독해** 영역은 각각 9문항이 출제되었습니다.

2회
지방직 9급

2. 영역별 최근 출제 경향 및 학습 방법

문법

여러 문법 포인트가 복합된 문제와 다소 지엽적인 문제 출제

최근 7년간 대부분의 시험에서 한 문장에 두 개 이상의 문법 포인트가 복합된 문제가 출제되었으며, 2024년 시험에는 3형식 동사인 mention의 쓰임을 묻는 다소 지엽적인 문제가 출제되었습니다.

▶ 따라서 빈출 포인트 외에도 다양한 문법 요소를 파악하며 문법 영역을 폭넓게 학습하는 것이 중요합니다.

빈출 포인트 분사(8문항) | 동사의 종류(8문항) | 능동태·수동태(7문항) | 수 일치(7문항)

독해

논리적 흐름 파악 유형의 꾸준한 출제와 다양한 형식의 지문 출제

최근 7년간 논리적 흐름 파악 유형의 문단 순서 배열, 문장 삽입, 무관한 문장 삭제 문제가 각각 1문항 이상 매년 출제되었으며, 2024년 시험에는 내용 일치 파악 문제가 이메일 형식으로 출제되는 등 새로운 형식의 지문이 출제되었습니다.

▶ 따라서 지시대명사, 연결어, 관사 등을 통해 지문의 논리적 흐름을 파악하고, 보기의 키워드와 관련된 부분을 지문에서 빠르게 찾아내는 연습을 꾸준히 해야 하며, 지문의 형식에 맞춰 전략적으로 학습하는 것이 중요합니다.

어휘

평이한 어휘와 표현의 의미를 파악하는 문제 출제

최근 3년간 flexible, vary와 같은 수능 수준의 평이한 어휘 및 표현들의 유의어를 찾는 문제가 출제되었으며, 2024년 시험에는 markedly(현저하게), rule out(배제하다)과 같은 어휘와 표현이 출제되었습니다.

▶ 따라서 시험에 출제된 어휘와 표현의 유의어와 파생어를 폭넓게 학습하는 것이 필요합니다.

제한 시간 : 20분　　시작 _____시 _____분 ~ 종료 _____시 _____분　　　**나의 점수** _____　**회독 수** □ □ □

※ 밑줄 친 부분의 의미와 가장 가까운 것을 고르시오.
[01~04]

01

While Shakespeare's comedies share many similarities, they also differ <u>markedly</u> from one another.

① softly
② obviously
③ marginally
④ indiscernibly

02

Jane poured out the strong, dark tea and <u>diluted</u> it with milk.

① washed
② weakened
③ connected
④ fermented

03

The Prime Minister is believed to have <u>ruled out</u> cuts in child benefit or pensions.

① excluded
② supported
③ submitted
④ authorized

04

If you <u>let on</u> that we are planning a surprise party, Dad will never stop asking you questions.

① reveal
② observe
③ believe
④ possess

05 밑줄 친 부분에 들어갈 말로 가장 적절한 것은?

Automatic doors in supermarkets _____ the entry and exit of customers with bags or shopping carts.

① ignore
② forgive
③ facilitate
④ exaggerate

06 밑줄 친 부분 중 어법상 옳지 않은 것은?

One of the many ① <u>virtues</u> of the book you are reading ② <u>is</u> that it provides an entry point into *Maps of Meaning*, ③ <u>which</u> is a highly complex work ④ <u>because of</u> the author was working out his approach to psychology as he wrote it.

---

07 밑줄 친 부분이 어법상 옳지 않은 것은?

① You must plan <u>not to spend</u> too much on the project.

② My dog <u>disappeared</u> last month and hasn't been seen since.

③ I'm sad that the people <u>who</u> daughter I look after are moving away.

④ I bought a book on my trip, and it was <u>twice as expensive as</u> it was at home.

08 우리말을 영어로 잘못 옮긴 것은?

① 그는 이곳에서 일하는 것이 흥미롭다는 것을 알았다.
→ He found it exciting to work here.

② 그녀는 나에게 일찍 떠날 것이라고 언급했다.
→ She mentioned me that she would be leaving early.

③ 나는 그가 오는 것을 원하지 않았다.
→ I didn't want him to come.

④ 좀 더 능숙하고 경험 많은 선생님이었다면 그를 달리 대했을 것이다.
→ A more skillful and experienced teacher would have treated him otherwise.

※ 밑줄 친 부분에 들어갈 말로 가장 적절한 것을 고르시오. [09~11]

09

> A: Charles, I think we need more chairs for our upcoming event.
> B: Really? I thought we already had enough chairs.
> A: My manager told me that more than 350 people are coming.
> B: _____
> A: I agree. I am also a bit surprised.
> B: Looks like I'll have to order more then. Thanks.

① I wonder if the manager is going to attend the event.

② I thought more than 350 people would be coming.

③ That's actually not a large number.

④ That's a lot more than I expected.

10

> A: Can I get the document you referred to at the meeting yesterday?
> B: Sure. What's the title of the document?
> A: I can't remember its title, but it was about the community festival.
> B: Oh, I know what you're talking about.
> A: Great. Can you send it to me via email?
> B: I don't have it with me. Mr. Park is in charge of the project, so he should have it.
> A: _____
> B: Good luck. Hope you get the document you want.

① Can you check if he is in the office?

② Mr. Park has sent the email to you again.

③ Are you coming to the community festival?

④ Thank you for letting me know. I'll contact him.

11

> A: Hello, can I ask you a question about the presentation next Tuesday?
> B: Do you mean the presentation about promoting the volunteer program?
> A: Yes. Where is the presentation going to be?
> B: Let me check. It is room 201.
> A: I see. Can I use my laptop in the room?
> B: Sure. We have a PC in the room, but you can use yours if you want.
> A: _____
> B: We can meet in the room two hours before the presentation. Would that work for you?
> A: Yes. Thank you very much!

① A computer technician was here an hour ago.

② When can I have a rehearsal for my presentation?

③ Should we recruit more volunteers for our program?

④ I don't feel comfortable leaving my laptop in the room.

12 다음 이메일의 내용과 일치하지 않는 것은?

To	reserve@metropolitan.com
From	BruceTaylor@westcity.com
Date	June 22, 2024
Subject	Venue facilities

Dear Sir,

I am writing to ask for information about Metropolitan Conference Center.

We are looking for a venue for a three-day conference in September this year. We need to have enough room for over 200 delegates in your main conference room, and we would also like three small conference rooms for meetings. Each conference room needs wi-fi as well. We need to have coffee available mid-morning and mid-afternoon, and we would also like to book your restaurant for lunch on all three days.

In addition, could you please let me know if there are any local hotels with discount rates for Metropolitan clients or large groups? We will need accommodations for over 100 delegates each night.

I look forward to hearing from you.

Best regards,
Bruce Taylor, Event Manager

① 주 회의실은 200명 이상의 대표자를 수용할 수 있어야 한다.
② wi-fi가 있는 작은 회의실 3개가 필요하다.
③ 3일간의 저녁 식사를 위한 식당 예약이 필요하다.
④ 매일 밤 100명 이상의 대표자를 위한 숙박시설이 필요하다.

13 다음 글의 내용과 일치하지 않는 것은?

According to the historians, neckties date back to 1660. In that year, a group of soldiers from Croatia visited Paris. These soldiers were war heroes whom King Louis XIV admired very much. Impressed with the colored scarves that they wore around their necks, the king decided to honor the Croats by creating a military regiment called the Royal Cravattes. The word *cravat* comes from the word *Croat*. All the soldiers in this regiment wore colorful scarves or cravats around their necks. This new style of neckwear traveled to England. Soon all upper class men were wearing cravats. Some cravats were quite extreme. At times, they were so high that a man could not move his head without turning his whole body. The cravats were made of many different materials from plaid to lace, which made them suitable for any occasion.

① A group of Croatian soldiers visited Paris in 1660.
② The Royal Cravattes was created in honor of the Croatian soldiers wearing scarves.
③ Some cravats were too uncomfortable for a man to move his head freely.
④ The materials used to make the cravats were limited.

14 다음 글의 주제로 적절한 것은?

In recent years Latin America has made huge strides in exploiting its incredible wind, solar, geothermal and biofuel energy resources. Latin America's electricity sector has already begun to gradually decrease its dependence on oil. Latin America is expected to almost double its electricity output between 2015 and 2040. Practically none of Latin America's new large-scale power plants will be oil-fueled, which opens up the field for different technologies. Countries in Central America and the Caribbean, which traditionally imported oil, were the first to move away from oil-based power plants, after suffering a decade of high and volatile prices at the start of the century.

① booming oil industry in Latin America
② declining electricity business in Latin America
③ advancement of renewable energy in Latin America
④ aggressive exploitation of oil-based resources in Latin America

15 다음 글의 제목으로 적절한 것은?

Every organization has resources that it can use to perform its mission. How well your organization does its job is partly a function of how many of those resources you have, but mostly it is a function of how well you use the resources you have, such as people and money. You as the organization's leader can always make the use of those resources more efficient and effective, provided that you have control of the organization's personnel and agenda, a condition that does not occur automatically. By managing your people and your money carefully, by treating the most important things as the most important, by making good decisions, and by solving the problems that you encounter, you can get the most out of what you have available to you.

① Exchanging Resources in an Organization
② Leaders' Ability to Set up External Control
③ Making the Most of the Resources: A Leader's Way
④ Technical Capacity of an Organization: A Barrier to Its Success

Critical thinking sounds like an unemotional process but it can engage emotions and even passionate responses. In particular, we may not like evidence that contradicts our own opinions or beliefs. ① If the evidence points in a direction that is challenging, that can rouse unexpected feelings of anger, frustration or anxiety. ② The academic world traditionally likes to consider itself as logical and free of emotions, so if feelings do emerge, this can be especially difficult. ③ For example, looking at the same information from several points of view is not important. ④ Being able to manage your emotions under such circumstances is a useful skill. If you can remain calm, and present your reasons logically, you will be better able to argue your point of view in a convincing way.

Computer assisted language learning (CALL) is both exciting and frustrating as a field of research and practice.

(A) Yet the technology changes so rapidly that CALL knowledge and skills must be constantly renewed to stay apace of the field.

(B) It is exciting because it is complex, dynamic and quickly changing — and it is frustrating for the same reasons.

(C) Technology adds dimensions to the domain of language learning, requiring new knowledge and skills for those who wish to apply it into their professional practice.

① (A) – (C) – (B)
② (B) – (A) – (C)
③ (B) – (C) – (A)
④ (C) – (B) – (A)

But she quickly popped her head out again.

The little mermaid swam right up to the small window of the cabin, and every time a wave lifted her up, she could see a crowd of well-dressed people through the clear glass. Among them was a young prince, the handsomest person there, with large dark eyes. (①) It was his birthday, and that's why there was so much excitement. (②) When the young prince came out on the deck, where the sailors were dancing, more than a hundred rockets went up into the sky and broke into a glitter, making the sky as bright as day. (③) The little mermaid was so startled that she dove down under the water. (④) And look! It was just as if all the stars up in heaven were falling down on her. Never had she seen such fireworks.

※ 밑줄 친 부분에 들어갈 말로 적절한 것을 고르시오.
[19~20]

19

Javelin Research noticed that not all Millennials are currently in the same stage of life. While all Millennials were born around the turn of the century, some of them are still in early adulthood, wrestling with new careers and settling down. On the other hand, the older Millennials have a home and are building a family. You can imagine how having a child might change your interests and priorities, so for marketing purposes, it's useful to split this generation into Gen Y.1 and Gen Y.2. Not only are the two groups culturally different, but they're in vastly different phases of their financial life. The younger group is financial beginners, just starting to show their buying power. The latter group has a credit history, may have their first mortgage and is raising young children. The _____ in priorities and needs between Gen Y.1 and Gen Y.2 is vast.

① contrast
② reduction
③ repetition
④ ability

20

Cost pressures in liberalized markets have different effects on existing and future hydropower schemes. Because of the cost structure, existing hydropower plants will always be able to earn a profit. Because the planning and construction of future hydropower schemes is not a short-term process, it is not a popular investment, in spite of low electricity generation costs. Most private investors would prefer to finance _____, leading to the paradoxical situation that although an existing hydropower plant seems to be a cash cow, nobody wants to invest in a new one. Where public shareholders/owners (states, cities, municipalities) are involved, the situation looks very different because they can see the importance of the security of supply and also appreciate long-term investments.

① more short-term technologies
② all high technology industries
③ the promotion of the public interest
④ the enhancement of electricity supply

정답·해석·해설 p. 88

2회 2024년 지방직 9급
모바일 자동 채점 + 성적 분석 서비스 바로 가기

QR코드를 이용해 모바일로 간편하게 채점하고 나의 실력이 어느 정도인지, 취약 부분이 어디인지 바로 파악해 보세요.

서울시 9급 출제 경향

1. 영역별 출제 문항 수 (2017~2019, 2022, 2024)

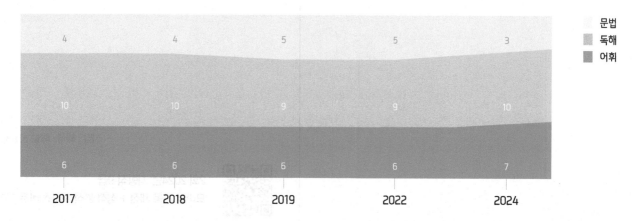

서울시 9급 시험은 2020년부터 인사혁신처에서 출제하여 지방직 9급 시험과 동일한 시험 문제로 시행됩니다. 그렇지만, 서울시에서 자체 출제한 시험 문제에서도 다른 직급/직렬에서 출제되는 문제와 유사한 유형이나 **문법** 포인트 및 **어휘**가 있으므로 함께 학습하는 것이 좋습니다. 최근 서울시 9급 시험의 영역별 출제 문항 수에는 약간의 변동이 있습니다. 독해 영역은 9~10문항으로 변동이 없으나, 지난 6년간 4~5문항씩 출제되었던 **문법** 영역은 3문항이 출제되었으며, 6문항씩 출제되었던 **어휘** 영역은 7문항이 출제되었습니다.

3회
서울시 9급

2. 영역별 최근 출제 경향 및 학습 방법

문법	**기출 문법 포인트에 기반한 문제 출제** 서울시 9급 시험에서는 최근 5년간 동사의 종류, 관계절, 전치사, 분사 등에 대한 문법 포인트가 매년 반복해서 출제되었습니다. ▶ 최근에 출제되었던 포인트들이 다시 출제될 확률이 높으므로, 최신 기출문제의 문법 포인트를 확실히 정리하는 것이 필수적입니다. 빈출 포인트 ｜ 동사의 종류(9문항) ｜ 관계절(8문항) ｜ 전치사(8문항) ｜ 분사(8문항)
독해	**빈칸 완성 유형 중심의 문제 출제** 최근 5년간 빈칸 완성 유형의 문제가 높은 비중으로 출제되었으며, 2024년 2월 시행된 시험에는 독해 10문항 중 빈칸 완성 유형의 문제가 4문항 출제되었습니다. ▶ 따라서 빈칸이 있는 문장과 그 주변을 먼저 읽어 빈칸에 어떤 내용이 들어갈지 예상한 뒤 지문의 흐름을 파악하는 전략을 활용하여 시간을 단축해야 합니다.
어휘	**높은 난도의 어휘 문제 출제** 최근 5년간 perspicuous(명쾌한), pejorative(경멸적인), vigilant(경계하고 있는)와 같은 고난도 어휘가 출제되었습니다. ▶ 따라서 고득점을 위해서는 필수 어휘뿐만 아니라 고난도 어휘까지 꼼꼼히 암기하는 것이 좋습니다.

제한 시간 : 20분   시작 _____시 _____분 ~ 종료 _____시 _____분   나의 점수 _____   회독 수 ☐☐☐

※ 밑줄 친 부분의 의미와 가장 가까운 것은? [01~03]

01

> After receiving an attractive job offer from a renowned company, she finally chose to <u>spurn</u> it in order to pursue her dream of starting her own business.

① contemplate   ② postpone
③ decline   ④ denounce

02

> Ever since the Red Sox traded Babe Ruth to the Yankees in 1918, Boston sports fans have learned to take the good with the bad. They have seen more basketball championships than any other city but haven't <u>boasted</u> a World Series title in over 75 years.

① waived   ② yielded
③ renounced   ④ bragged

03

> Nell has a <u>singular</u> talent for getting into trouble; the other morning, she managed to break her leg, insult a woman at the post office, drop some eggs at the grocery store, paint her bedroom green, and cut down the big maple tree in the next-door neighbor's front yard.

① conventional   ② exceptional
③ martial   ④ plural

※ 밑줄 친 부분에 들어갈 말로 가장 적절한 것은? [04~05]

04

> Instead of giving us an innovative idea on the matter in hand, the keynote speaker brought up a(n) _____ which was lengthy and made us feel tedium for quite a while.

① brainstorming   ② witticism
③ epigraph   ④ platitude

05

> It has rained so little in California for the last six years that forest rangers need to be especially _____ in watching for forest fires.

① vigilant   ② relaxed
③ indifferent   ④ distracted

※ 밑줄 친 부분에 들어갈 말로 가장 적절한 것은? [06~07]

06

> A: Sorry to keep you waiting, Ms. Krauss.
> B: Well, I see that you've got a lot on your plate today. I won't keep you any longer.
> A: Don't worry, Ms. Krauss. We'll get your order done on time.
> B: Should I give you a call?
> A: _____

① Well, you're a good customer. Let me see what I can do.
② No need for that. Come at 11:00 and I'll have your documents ready.
③ Tomorrow morning? No sweat. Can you get the documents to me before noon?
④ I'm afraid that might be difficult. I've got a lot of orders to complete this morning.

07

A: Did you see Emily's new haircut?
B: Yes, she chopped it all off _____!
A: I was so surprised. It's so different from before.
B: She said she needed a change.
A: Well, it definitely suits her.
B: Agreed, she looks fantastic!

① over the moon
② out of the blue
③ up in the air
④ under the weather

08 밑줄 친 부분 중 어법상 가장 옳은 것은?

① Despite the inconsistent and fairly sparse laboratory data regarding groupthink, the theory has been believed to have explanatory potential. ② Some of this continued confidence undoubtedly stems in part from a series of creative historical analysis that have been advanced to substantiate the model's various hypotheses. ③ Surely, we must be careful of such historical analysis for several reasons, as we cannot be certain that contradictory examples have not overlook. ④ Such case studies, however, do have the virtue of looking at cases which the antecedent conditions were strong enough to create the conditions deemed necessary by the model.

※ 밑줄 친 부분 중 어법상 가장 옳지 않은 것은? [09~10]

09

Research shows that tea drinkers can ① enjoy greater protection from heart disease, cancer, and stress, ② no matter how type of brew they choose. Experts say the antioxidants in tea leaves confer major health benefits. ③ That's why we admire how some creative cooks went beyond the cup to ④ find tasty ways to meld tea with their appetizers, meals, and desserts.

10

The rise of the modernist novel and poetry ① were accompanied between 1910 and 1930 by the rise of literary criticism ② as we know it. This is a kind of literary criticism ③ very different from the one that had existed in the nineteenth century, ④ not only in attitude but in vocation too, as criticism became increasingly academic and technical.

11 〈보기〉의 문장 다음에 이어질 글의 순서로 가장 적절한 것은?

─── 〈보기〉 ───
During the first few times you choose to celebrate the achievements of members of the group, you may want to explain your thinking behind the small ceremony. By simply stating your intention to thank members of the group for their courage or hard work, people become aware of the meaning of the celebration and are less apt to dismiss it.

(A) It is quite possible as you begin this process that the member of the group being honored will feel self-conscious and awkward.

(B) Coupled with the fact that the event being celebrated is based on authentic achievement, it is likely that the members of the group will feel encouraged to participate in future celebrations.

(C) This is a natural response, especially in groups that do not know each other well or in organizations in which celebration is not a part of the culture.

① (B) – (A) – (C)　　② (B) – (C) – (A)
③ (C) – (A) – (B)　　④ (C) – (B) – (A)

12 글의 내용과 일치하지 않는 것은?

The work of human body's immune system is carried out by the body's trillions of immune cells and specialized molecules. The first line of defense lies in the physical barriers of the skin and mucous membranes, which block and trap invaders. A second, the innate system, is composed of cells including phagocytes, whose basic job is to eat the invaders. In addition to these immune cells, many chemical compounds respond to infection and injury, move in to destroy pathogens, and begin repairing tissue. The body's third line of defense is a final, more specific response. Its elite fighting units are trained on the job; that is, they are created in response to a pathogen that the body has not seen before. Once activated in one part of the body, the adaptive system functions throughout, and it memorizes the antigens (a substance that provokes an immune system response). The next time they come along, the body hits back quicker and harder.

* mucous membranes 점막, phagocytes 포식세포
pathogens 병원체, antigens 항원

① 면역체계의 첫 번째 방어선은 피부와 점막의 물리적 장벽에 있다.
② 면역체계의 두 번째 방어선의 기본 역할은 침입자를 소멸시키는 것이다.
③ 면역체계의 세 번째 방어선은 몸에 이전부터 지니고 있던 병원체에 반응한다.
④ 몸의 적응 시스템은 항원을 기억하여 차후 이 항원에 대해 더 빠르고 강하게 반격한다.

※ 〈보기〉의 문장이 들어갈 위치로 가장 적절한 것은?

[13~14]

13

〈보기〉

International management is applied by managers of enterprises that attain their goals and objectives across unique multicultural, multinational boundaries.

The term management is defined in many Western textbooks as the process of completing activities efficiently with and through other individuals. (①) The process consists of the functions or main activities engaged in by managers. These functions or activities are usually labeled planning, organizing, staffing, coordinating(leading and motivating), and controlling. (②) The management process is affected by the organization's home country environment, which includes the shareholders, creditors, customers, employees, government, and community, as well as technological, demographic, and geographic factors. (③) These business enterprises are generally referred to as international corporations, multinational corporations(MNCs), or global corporations. (④) This means that the process is affected by the environment where the organization is based, as well as by the unique culture, including views on ethics and social responsibility, existing in the country or countries where it conducts its business activities.

14

This kind of development makes us realize that removing safety hazards is far better than creating alarms to detect them.

Spinoff technology can help to make our homes and communities safer and more comfortable places to live. Most people are aware that carbon monoxide(CO) buildup in our homes can be very dangerous. This may come from a faulty furnace or fireplace. (①) Consequently, some people have carbon monoxide detectors in their homes, but these detectors only alert them if the level of carbon monoxide is unsafe. (②) However, using space technology, NASA developed an air-conditioning system that can not only detect dangerous amounts of carbon monoxide, but actually oxidizes the toxic gases into harmless carbon dioxide. (③) In addition to helping people to have clean air, having access to clean water is also of major importance for everyone. NASA engineers have been working with private companies to create better systems for clean, drinkable water for astronauts in space. (④) These systems, which have been developed for the astronauts, can quickly and affordably cleanse any available water. This is a major advantage to the people on Earth who live in remote or developing areas where water is scarce or polluted.

15 (A)와 (B)에 들어갈 말로 가장 적절한 것은?

Antibiotics are among the most commonly prescribed drugs for people. Antibiotics are effective against bacterial infections, such as strep throat, some types of pneumonia, eye infections, and ear infections. But these drugs don't work at all against viruses, such as those that cause colds or flu. Unfortunately, many antibiotics prescribed to people and to animals are unnecessary. _____(A)_____, the overuse and misuse of antibiotics help to create drug-resistant bacteria. Here's how that might happen. When used properly, antibiotics can help destroy disease-causing bacteria. _____(B)_____, if you take an antibiotic when you have a viral infection like the flu, the drug won't affect the viruses making you sick.

	(A)	(B)
①	However	Instead
②	Furthermore	Therefore
③	On the other hand	For example
④	Furthermore	However

16

The assumption that politics and administration could be separated was ultimately disregarded as utopian. Wilson and Goodnow's idea of apolitical public administration proved unrealistic. A more realistic view—the so-called "politics school"—is that politics is very much a part of administration. The politics school maintains that in a pluralistic political system in which many diverse groups have a voice, public administrators with considerable knowledge play key roles. Legislation, for instance, is written by public administrators as much as by legislators. The public bureaucracy is as capable of engendering support for its interests as any other participant in the political process, and public administrators are as likely as any to be part of a policymaking partnership. Furthermore, laws are interpreted by public administrators in their execution, which includes many and often unforeseen scenarios.

① How to Cope with Unpredictable Situations in Politics
② Public Administrators' Surprising Influence in a Political System
③ Repetitive Attempts to Separate the Politics from Administration
④ Loopholes of the View that Politics and Administration are Inseparable

17

We are living in perhaps the most exciting times in all human history. The technological advances we are witnessing today are giving birth to new industries that are producing devices, systems, and services that were once only reflected in the realm of science fiction and fantasy. Industries are being completely restructured to become better, faster, stronger, and safer. You no longer have to settle for something that is "close enough," because customization is reaching levels that provide you with exactly what you want or need. We are on the verge of releasing the potential of genetic enhancement, nanotechnology, and other technologies that will lead to curing many diseases and maybe even slowing the aging process itself. Such advances are due to discoveries in separate fields to produce these wonders. In the not so distant future, incredible visions of imagination such as robotic surgeons that keep us healthy, self-driving trucks that deliver our goods, and virtual worlds that entertain us after a long day will be commonplace. If ever there were a time that we were about to capture perfection, it is now—and the momentum is only increasing.

① The Era of Unprecedented Technological Advancements
② Struggles with Imperfect Solutions in Modern Industries
③ Historical Perspectives on Technological Progress
④ The Stagnant State of Contemporary Industries

18

Emotional strength isn't about maintaining a stiff upper lip, being stoic or never showing emotion —actually, it's the opposite. "Emotional strength is about having the skills you need to regulate your feelings," says psychotherapist Amy Morin. "You don't need to chase happiness all the time. Instead, you can develop the courage you need to work through uncomfortable feelings, like anxiety and sadness." Someone with emotional strength, for instance, will know when to shift their emotional state, says Morin. "If their anxiety isn't serving them well, they have strategies they can use to calm themselves. They also have the ability to tolerate difficult emotions, but they do so by _____ them, not suppressing them. They don't distract themselves from painful feelings, like loneliness."

① exaggerating   ② pursuing
③ embracing   ④ ignoring

19

Like many small organisms, fungi are often overlooked, but their planetary significance is outsize. Plants managed to leave water and grow on land only because of their collaboration with fungi, which acted as their root systems for millions of years. Even today, roughly 90 percent of plants and nearly all the world's trees depend on fungi, which supply crucial minerals by breaking down rock and other substances. They can also be a scourge, eradicating forests and killing humans. At times, they even seem to _____. When Japanese researchers released slime molds into mazes molded on Tokyo's streets, the molds found the most efficient route between the city's urban hubs in a day, instinctively recreating a set of paths almost identical to the existing rail network. When put in a miniature floor map of Ikea, they quickly found the shortest route to the exit.

① gather   ② breed
③ enjoy   ④ think

20

Species (or higher taxa) may go extinct for two reasons. One is "real" extinction in the sense that the lineage has died out and left no descendants. For modern species, the meaning is unambiguous, but for fossil real extinction has to be distinguished from *pseudoextinction*. Pseudoextinction means that the taxon appears to go extinct, but only because of an error or artifact in the evidence, and not because the underlying lineage really ceased to exist. For instance, _____ _____. As a lineage evolves, later forms may look sufficiently different from earlier ones that a taxonomist may classify them as different species, even though there is a continuous breeding lineage. This may be because the species are classified phonetically, or it may be because the taxonomist only has a few specimens, some from early in the lineage and some from late in the lineage such that the continuous lineage is undetectable.

① clues for extinction are found in many regions
② a lineage may disappear temporarily from the fossil record
③ a continuously evolving lineage may change its taxonomic name
④ some divergent lineages have been fully identified

정답·해석·해설 p. 96

3회 2024년 서울시 9급 (2월 추가)
모바일 자동 채점 + 성적 분석 서비스 바로 가기

QR코드를 이용해 모바일로 간편하게 채점하고 나의 실력이 어느 정도인지, 취약 부분이 어디인지 바로 파악해 보세요.

법원직 9급 출제 경향

1. 영역별 출제 문항 수 (2022~2024)

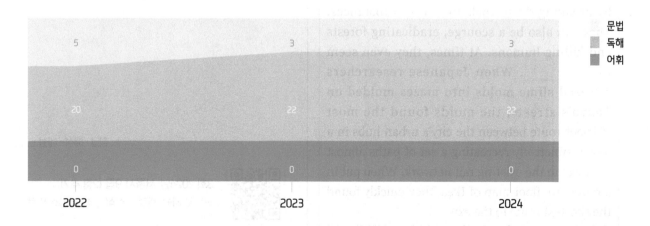

지난 3년간 영역별 출제 문항 수는 거의 동일한 편입니다. **문법** 영역은 3~5문항, **독해** 영역은 20~22문항씩 출제되었습니다. **어휘** 영역에서는 2011년 이후로 문제가 출제되지 않고 있습니다.

4회
법원직 9급

2. 영역별 최근 출제 경향 및 학습 방법

문법

밑줄 친 부분 중 옳지 않은 것을 고르는 유형과 빈칸 안에서 어법에 맞는 것을 고르는 유형 출제

밑줄 친 부분 중 어법상 옳지 않은 것을 고르는 유형의 문제가 2~3문항씩 꾸준히 출제되고, 빈칸 안에서 어법에 맞는 표현으로 적절한 것을 고르는 문제도 2021년과 2022년에 각각 2문항씩, 2024년에 1문항이 출제되었습니다.

▶ 따라서 밑줄 친 보기나 빈칸을 중심으로 문법 포인트를 확인하고, 밑줄 친 부분이나 빈칸만으로 옳고 그름을 판단할 수 없는 경우에는 주변의 문맥을 통해 파악하는 연습을 하는 것이 좋습니다.

[빈출 포인트] 수 일치(4문항) | 명사절(3문항) | 병치·도치·강조 구문(2문항) | 관계절(2문항)

독해

전체내용 파악, 세부내용 파악, 문단 요약 유형 중심의 문제 출제

최근 3년간 빈칸 완성 유형의 문제는 2~4문항 수준으로 비교적 적게 출제되었고, 전체내용 파악, 세부내용 파악, 문단 요약 유형의 문제가 주로 출제되었습니다.

▶ 따라서 인칭대명사, 지시대명사, 연결어 등을 통해 지문의 논리적 흐름을 파악하고, 보기의 키워드와 관련된 부분을 지문에서 빠르게 찾아내는 연습을 꾸준히 하는 것이 중요합니다.

어휘

독해 영역과 연계된 어휘 문제 출제

2011년 이후 어휘 영역에서는 문제가 출제되지 않고 있습니다. 대신 최근 3년간 '문맥상 적절한/부적절한 어휘 및 표현 고르기' 유형으로 어휘의 의미를 묻는 문제가 매년 1~5문항 출제되었습니다.

▶ 따라서 어휘와 예문을 함께 학습하여 문맥에서 해당 어휘가 어떻게 사용되는지를 확인하는 것이 중요합니다.

제한 시간 : 25분　　시작 _____시 _____분 ~ 종료 _____시 _____분　　나의 점수 _____　회독 수 ☐☐☐

01 주어진 글 다음에 이어질 글의 순서로 가장 적절한 것은?

Now we stand at the edge of a turning point as we face the rise of a coming wave of technology that includes both advanced AI and biotechnology. Never before have we witnessed technologies with such transformative potential, promising to reshape our world in ways that are both awe-inspiring and daunting.

(A) With AI, we could create systems that are beyond our control and find ourselves at the mercy of algorithms that we don't understand. With biotechnology, we could manipulate the very building blocks of life, potentially creating unintended consequences for both individuals and entire ecosystem.

(B) With biotechnology, we could engineer life to tackle diseases and transform agriculture, creating a world that is healthier and more sustainable. But on the other hand, the potential dangers of these technologies are equally vast and profound.

(C) On the one hand, the potential benefits of these technologies are vast and profound. With AI, we could unlock the secrets of the universe, cure diseases that have long eluded us and create new forms of art and culture that stretch the bounds of imagination.

* daunt 겁먹게(기죽게) 하다

** elude (사물이) ~에게 이해되지 않다

① (B) - (A) - (C)
② (B) - (C) - (A)
③ (C) - (A) - (B)
④ (C) - (B) - (A)

02 다음 빈칸에 들어갈 말로 가장 적절한 것은?

Controversy over new art-making technologies is nothing new. Many painters recoiled at the invention of the camera, which they saw as a debasement of human artistry. Charles Baudelaire, the 19th-century French poet and art critic, called photography "art's most mortal enemy." In the 20th century, digital editing tools and computer-assisted design programs were similarly dismissed by purists for requiring too little skill of their human collaborators. What makes the new breed of A.I. image generating tools different is not just that they're capable of producing beautiful works of art with minimal effort. It's how they work. These tools are built by scraping millions of images from the open web, then teaching algorithms to recognize patterns and relationships in those images and generate new ones in the same style. That means that artists who upload their works to the internet may be unwittingly _____.

* unwittingly 자신도 모르게, 부지불식간에

① helping to train their algorithmic competitors
② sparking a debate over the ethics of A.I.-generated art
③ embracing digital technology as part of the creative process
④ acquiring the skills of utilizing internet to craft original creations

03 Duke Kahanamoku에 관한 다음 글의 내용과 가장 일치하지 않는 것은?

Duke Kahanamoku, born August 26, 1890, near Waikiki, Hawaii, was a Hawaiian surfer and swimmer who won three Olympic gold medals for the United States and who for several years was considered the greatest freestyle swimmer in the world. He was perhaps most widely known for developing the flutter kick, which largely replaces the scissors kick. Kahanamoku set three universally recognized world records in the 100-yard freestyle between July 5, 1913, and September 5, 1917. In the 100-yard freestyle Kahanamoku was U.S. indoor champion in 1913, and outdoor titleholder in 1916-17 and 1920. At the Olympic Games in Stockholm in 1912, he won the 100-metre freestyle event, and he repeated that triumph at the 1920 Olympics in Antwerp, Belgium, where he also was a member of the victorious U.S. team in the 800-metre relay race. Kahanamoku also excelled at surfing, and he became viewed as one of the icons of the sport. Intermittently from the mid-1920s, Kahanamoku was a motion-picture actor. From 1932 to 1961 he was sheriff of the city and county of Honolulu. He served in the salaried office of official greeter of famous personages for the state of Hawaii from 1961 until his death.

* intermittently 간헐적으로 ** sheriff 보안관

① 하와이 출신의 서퍼이자 수영 선수로 올림픽 금메달리스트이다.
② 그는 플러터 킥을 대체하는 시저스 킥을 개발한 것으로 널리 알려져 있다.
③ 벨기에 앤트워프 올림픽의 800미터 계주에서 우승한 미국 팀의 일원이었다.
④ 그는 1920년대 중반부터 간헐적으로 영화배우로도 활동했다.

04 다음 빈칸에 들어갈 말로 가장 적절한 것은?

The understandings that children bring to the classroom can already be quite powerful in the early grades. For example, some children have been found to hold onto their preconception of a flat earth by imagining a round earth to be shaped like a pancake. This construction of a new understanding is guided by a model of the earth that helps the child explain how people can stand or walk on its surface. Many young children have trouble giving up the notion that one-eighth is greater than one-fourth, because 8 is more than 4. If children were blank slates, just telling them that the earth is round or that one-fourth is greater than one-eighth would be _____. But since they already have ideas about the earth and about numbers, those ideas must be directly addressed in order to transform or expand them.

① familiar
② adequate
③ improper
④ irrelevant

05 Urban farming에 관한 다음 글의 내용과 가장 일치하지 않는 것은?

Urban farming, also known as urban agriculture, involves growing food within city environments, utilizing spaces like rooftops, abandoned buildings, and community gardens. This sustainable practice is gaining traction in cities across the world, including New York, Chicago, San Francisco, London, Amsterdam, and Berlin, as well as in many African and Asian cities where it plays a crucial role in food supply and local economies. Urban farming not only helps reduce carbon footprints by minimizing transport emissions but also increases access to fresh, healthy food in urban areas. It bolsters local economies by creating jobs and keeping profits within the community. Additionally, urban farms enhance cityscapes, improve air quality, conserve water, provide educational opportunities, promote biodiversity, connect people with nature, and improve food security by producing food locally, making cities more resilient to disruptions like natural disasters.

* traction 흡입력, 견인력 ** bolster 강화시키다

① 옥상, 버려진 건물, 그리고 공동체 정원과 같은 공간을 활용하여 도시 환경 내에서 식량을 재배하는 것이다.

② 지속 가능한 관행으로 식량 공급과 지역 경제에서 중요한 역할을 하는 많은 아프리카와 아시아를 포함한 세계의 도시들에서 인기를 얻고 있다.

③ 운송 배출을 최소화하여 탄소 발자국을 줄이는 것을 도울 뿐만 아니라 도시 지역에서 신선하고 건강한 식량에 대한 접근성을 증가시킨다.

④ 생물 다양성을 촉진하고, 지역에서 식량을 생산함으로써 식량의 안정성을 향상시키나, 자연 재해와 같은 혼란에 대한 도시의 회복력은 약화시킨다.

06 밑줄 친 "unfinished animals."가 다음 글에서 의미하는 바로 가장 적절한 것은?

Ideas or theories about human nature have a unique place in the sciences. We don't have to worry that the cosmos will be changed by our theories about the cosmos. The planets really don't care what we think or how we theorize about them. But we do have to worry that human nature will be changed by our theories of human nature. Forty years ago, the distinguished anthropologist said that human beings are "unfinished animals." What he meant is that it is human nature to have a human nature that is very much the product of the society that surrounds us. That human nature is more created than discovered. We "design" human nature, by designing the institutions within which people live. So we must ask ourselves just what kind of a human nature we want to help design.

① stuck in an incomplete stage of development
② shaped by society rather than fixed by biology
③ uniquely free from environmental context
④ born with both animalistic and spiritual aspect

07 다음 글의 내용을 한 문장으로 요약하고자 한다. 빈칸 (A), (B)에 들어갈 말로 가장 적절한 것은?

Passive House is a standard and an advanced method of designing buildings using the precision of building physics to ensure comfortable conditions and to deeply reduce energy costs. It removes all guesswork from the design process. It does what national building regulations have tried to do. Passive House methods don't affect "buildability", yet they close the gap between design and performance and deliver a much higher standard of comfort and efficiency than government regulations, with all their good intentions, have managed to achieve. When we use Passive House methods, we learn how to use insulation and freely available daylight, in the most sensible way and in the right amounts for both comfort and energy efficiency. This is, I believe, fundamental to good design, and is the next step we have to make in the evolution of our dwellings and places of work. The improvements that are within our grasp are potentially transformative for mankind and the planet.

Passive House utilizes precise building physics to ensure comfort and energy efficiency, _____(A)_____ traditional regulations and offering transformative potential for _____(B)_____ design.

	(A)	(B)
①	persisting	sustainable
②	persisting	unsustainable
③	surpassing	unsustainable
④	surpassing	sustainable

08 다음 글의 밑줄 친 부분 중 문맥 상 낱말의 쓰임이 가장 적절하지 않은 것은?

Today, there is only one species of humans, Homo sapiens, left in the world. But that one species, despite the fact that it is over 99.9 percent genetically ① identical, has adapted itself to a wide array of disparate environments. And while some degree of human genetic variation results from each society's adaptation to its own unique environment, the cultural adaptations that each society makes in so adjusting itself will, in their turn, exact some further degree of ② variation on that society's genetic makeup. In other words, we are so entangled with our local ecologies that not only do we humans ③ transform the environment as we cull from it the various resources upon which we come to depend but also the environment, which we have so transformed, transforms us in its turn: at times exerting upon us profound biological pressures. In those regions of the world, for example, where our environmental exploitation has included the domestication of cattle-northern Europe, for instance, or East Africa human populations have ④ reduced adult lactose tolerance: the ability to digest milk past infancy.

* lactose 유당, 젖당

Briefly consider a metaphor that plays a significant role in how we live our daily lives: Time Is Money.

(A) We often speak of time as if it were money—for example, in everyday expressions such as "You're wasting my time," "This device will save you hours of work," "How will you spend your weekend?" and "I've invested a lot of time in this relationship."

(B) Every metaphor brokers what is made visible or invisible; this one highlights how time is like money and obscures ways it is not. Time thus becomes something that we can waste or lose, and something that diminishes as we grow older. It is abstracted in a very linear, orderly fashion.

(C) This metaphor, however, fails to disclose important phenomenological aspects of time, such as how it may speed up or slow down, depending on our engagement with what we are doing. We may instead conceive of time as quite fluid—as a stream, for example—thought we lose sight of this to the extent that we have adopted the worldview of Time Is Money.

* obscure 모호하게 하다

① (A) - (B) - (C)

② (A) - (C) - (B)

③ (B) - (A) - (C)

④ (C) - (B) - (A)

His last thought were for his wife. "He is afraid she would ① hardly be able to bear it," he said to Burnet, the bishop who was allowed to be with him the last few days. Tears came into his eyes when he spoke of her. The last day came, and Lady Russell brought the three little children to say good-bye for ever to their father. "Little Fubs" was only nine, her sister Catherine seven, and the baby three years old, too young to realize his loss. He kissed them all ② calmly, and sent them away. His wife stayed and they ate their last meal together. Then they kissed in silence, and silently she left him. When she had gone, Lord Russel broke down completely. "Oh, what a blessing she has been to me!" he cried. "It is a great comfort to me to leave my children in such a mother's care; she has promised me to take care of ③ her for their sake; she will do it," he added resolutely. Lady Russell returned heavy-hearted to the sad home ④ to which she would never welcome him again. On July 21st, 1683, she was a widow, and her children fatherless. They left their dreary London house, and went to an old abbey in the country.

* bishop 주교(성직자)

11 The gig economy에 관한 다음 글의 내용과 가장 일치하지 않는 것은?

> The gig economy, referring to the workforce of people engaged in freelance and side-hustle work, is growing rapidly in the United States, with 36% of employed participants in a 2022 McKinsey survey identifying as independent workers, up from 27% in 2016. This workforce includes a wide range of jobs from highly-paid professionals like lawyers to lower-earning roles like delivery drivers. Despite the flexibility and autonomy it offers, most independent workers desire more stable employment; 62% prefer permanent positions due to concerns over job security and benefits. The challenges faced by gig workers include limited access to healthcare, housing, and other basic needs, with a significant reliance on government assistance. Technological advancements have facilitated the rise in independent work, making remote and freelance jobs more accessible and appealing. The trend reflects broader economic pressures such as inflation and job market dynamics, influencing individuals to choose gig work for survival, flexibility, or enjoyment.
>
> * side-hustle work 부업

① 조사에 참가한 사람들 중 독립 근로자의 비율이 2016년의 27%에서 36%까지 상승하였다.

② 대부분의 독립 근로자들은 안정적인 고용보다는 직업이 제공하는 유연성과 자율성을 선호하고 있다.

③ 근로자들이 직면한 어려움에는 의료, 주거 및 기타 기본 요구 사항에 대한 제한된 접근성이 포함된다.

④ 기술 발전은 독립 근로의 증가를 촉진하여 원격 및 프리랜서 일자리를 접근하기 쉽고 매력적인 것으로 만들고 있다.

12 주어진 글 다음에 이어질 글의 순서로 가장 적절한 것은?

> We come to know and relate to the world by way of categories.

(A) The notion of an animal species, for instance, might in one setting best be thought of as described by folklore and myth, in another as a detailed legal construct, and in another as a system of scientific classification.

(B) Ordinary communication is the most immediate expression of this faculty. We refer to things through sounds and words, and we attach ideas to them that we call concepts.

(C) Some of our categories remain tacit; others are explicitly governed by custom, law, politics, or science. The application of category systems for the same things varies by context and in use.

* tacit 암묵적인, 무언의

① (B) - (A) - (C)
② (B) - (C) - (A)
③ (C) - (A) - (B)
④ (C) - (B) - (A)

13 다음 글에 나타난 화자의 심경으로 가장 적절한 것은?

It's three in the morning, and we are making our way from southern to northern Utah, when the weather changes from the dry chill of the desert to the freezing gales of an alpine winter. Ice claims the road. Snowflakes flick against the windshield like tiny insects, a few at first, then so many the road disappears. We push forward into the heart of the storm. The van skids and jerks. The wind is furious, the view out the window pure white. Richard pulls over. He says we can't go any further. Dad takes the wheel, Richard moves to the passenger seat, and Mother lies next to me and Audrey on the mattress. Dad pulls onto the highway and accelerates, rapidly, as if to make a point, until he has doubled Richard's speed. "Shouldn't we drive slower?" Mother asks. Dad grins. "I'm not driving faster than our angels can fly." The van is still accelerating. To fifty, then to sixty. Richard sits tensely, his hand clutching the armrest, his knuckles bleaching each time the tires slip. Mother lies on her side, her face next to mine, taking small sips of air each time the van fishtails, then holding her breath as Dad corrects and it snakes back into the lane. She is so rigid, I think she might shatter. My body tenses with hers; together we brace a hundred times for impact.

* gale 강풍, 돌풍 ** skid 미끄러지다 *** jerk 홱 움직이다
**** fishtail(차량)뒷부분이 좌우로 미끄러지다

① excited and thrilled
② anxious and fearful
③ cautious but settled
④ comfortable and relaxed

14 글의 흐름으로 보아, 주어진 문장이 들어가기에 가장 적절한 곳은?

However, there are now a lot of issues with the current application of unmanned distribution.

The city lockdown policy during COVID-19 has facilitated the rapid growth of numerous takeaways, vegetable shopping, community group buying, and other businesses. (①) Last-mile delivery became an important livelihood support during the epidemic. (②) At the same time, as viruses can be transmitted through aerosols, the need for contactless delivery for last-mile delivery has gradually increased, thus accelerating the use of unmanned logistics to some extent. (③) For example, the community space is not suitable for the operation of unmanned delivery facilities due to the lack of supporting logistics infrastructure. (④) In addition, the current technology is unable to complete the delivery process and requires the collaboration of relevant space as well as personnel to help dock unmanned delivery nodes.

* last-mile delivery 최종 단계의 배송

15 주어진 글 다음에 이어질 글의 순서로 가장 적절한 것은?

> People are too seldom interested in having a genuine exchange of points of view where a desire to understand takes precedence over the desire to convince at any price.

(A) Yet conflict isn't just an unpopular source of pressure to act. There's also a lot of energy inherent to it, which can be harnessed to create positive change, or, in other words, improvements, with the help of a skillful approach. Basically, today's misery is the starting shot in the race towards a better future.

(B) A deviating opinion is quickly accompanied by devaluation, denigration, insults, or even physical confrontations. If you look at the "discussions" taking place on social media networks, you don't even have to look to such hot potatoes as the refugee crisis or terrorism to see a clear degradation in the way people exchange opinions.

(C) You probably know this from your own experience, too, when you have succeeded in finding a constructive solution to a conflict and, at the end of an arduous clarification process, realize that the successful outcome has been worth all the effort.

* denigration 명예훼손 ** arduous 몹시 힘든, 고된

① (B) - (A) - (C)
② (B) - (C) - (A)
③ (C) - (A) - (B)
④ (C) - (B) - (A)

16 다음 중 Belus Smawley에 대한 내용과 가장 일치하지 않는 것은?

> Belus Smawley grew up on a farm with his parents and six siblings. In his freshman years, he was tall and able to jump higher than any other boy, trying to improve his leaping ability by touching higher and higher limbs of the oak tree on their farm. This is where his first jump shot attempt is said to have taken place. When Belus Smawley started using his shot regularly, he became the leading scorer. At the age of 18, he got accepted for a position on an AAU18 basketball team. He finished high school afterwards and got an All-American athletic scholarship for Appalachian State University (majoring in history and physical education). He became player-coach until he went to the Navy. He started playing in their basketball team and refined his jump shot. He got married and either worked as a high school teacher and basketball coach or further pursued his NBA basketball career playing fulltime for several teams. Eventually he focused on family and his teaching career, becoming the principal of a junior high school.

① 부모님과 여섯 형제와 함께 농장에서 자랐다.
② 나무의 더 높은 가지를 만지면서 점프 연습을 하였다.
③ 애팔래치아 주립대학교에서 전미 체육 장학금을 받았다.
④ 결혼 후 NBA 농구 선수로서 한 팀에서 활동했다.

17 글의 흐름으로 보아, 주어진 문장이 들어가기에 가장 적절한 곳은?

It might be understandable, then, for us to want to expect something similar from our machines: to know not only what they think they see but where, in particular, they are looking.

Humans, relative to most other species, have distinctly large and visible sclera—the whites of our eyes—and as a result we are uniquely exposed in how we direct our attention, or at the very least, our gaze. (①) Evolutionary biologists have argued, via the "cooperative eye hypothesis," that this must be a feature, not a bug: that it must point to the fact that cooperation has been uncommonly important in our survival as a species, to the point that the benefits of shared attention outweigh the loss of a certain degree of privacy or discretion. (②) This idea in machine learning goes by the name of "saliency": the idea is that if a system is looking at an image and assigning it to some category, then presumably some parts of the image were more important or more influential than others in making that determination. (③) If we could see a kind of "heat map" that highlighted these critical portions of the image, we might obtain some crucial diagnostic information that we could use as a kind of sanity check to make sure the system is behaving the way we think it should be. (④)

* sclera (눈의) 공막 ** outweigh 보다 더 크다
*** discretion 신중함 **** saliency 특징, 중요점

18 다음 (A), (B), (C) 중, 어법상 옳은 것끼리 고른 것은?

The climate of the irrigated plains can be glimpsed in the murals. The summer sun beats down on the hard ground, and the king himself is shaded by a large umbrella. War, often present, is also carved in vivid detail. In or about 878 BC, three men are depicted (A) (fleeing / fled) from a city which has probably been captured. Dressed in long robes, they jump into the Euphrates River (B) (which / where) one is swimming while the others hug a lifebuoy to their chests. Like a long pillow, the lifebuoy consists of the skin of an animal, inflated with air. As the hands of the refugees (C) (is / are) clutching the inflated lifebuoy, and as much of their breath is expended in blowing air into it, they can only stay afloat by swimming with their legs. Whether they reached the opposite shore will never be known.

	(A)	(B)	(C)
①	fleeing	which	is
②	fleeing	where	are
③	fled	which	is
④	fled	where	are

19 다음 글의 내용과 가장 일치하지 않는 것은?

When the Dutch arrived in the 17th century in what's now New York City, their encounters with the indigenous peoples, known as the Lenape, were, at first, mostly amicable, according to historical records. They shared the land and traded guns, beads and wool for beaver furs. The Dutch even "purchased" Manahatta island from the Lenape in 1626. The transaction, enforced by the eventual building of wall around New Amsterdam, marked the very beginning of the Lenape's forced mass migration out of their homeland. The wall, which started showing up on maps in the 1660s, was built to keep out the Native Americans and the British. It eventually became Wall Street, and Manahatta became Manhattan, where part of the Lenape trade route, known as Wickquasgeck, became Brede weg, later Broadway. The Lenape helped shape the geography of modern-day New York City, but other traces of their legacy have all but vanished.

① 네덜란드인과 르나페 원주민들은 총과 동물의 털을 교환하는 무역을 했다.
② 이후에 월스트리트가 된 지역에 지어진 벽은 르나페 원주민이 영국인을 막기 위해 세웠다.
③ 르나페 원주민의 무역로의 일부가 나중에 브로드웨이가 되었다.
④ 르나페 원주민은 현대 뉴욕시의 지형을 형성하는데 도움을 주었다.

20 다음 글의 밑줄 친 부분 중 어법상 가장 틀린 것은?

Today, we take for granted that the media and the celebrity culture it sustains have created new forms of publicness, ① through which we might have intimate relationships with people we have never met. Thanks to media technologies we ② are brought ever closer to the famous, allowing us to enjoy an illusion of intimacy with them. To a greater or lesser degree, we have internalized celebrities, unconsciously made them a part of our consciousness, just ③ as if they were, in fact, friends. Celebrities take up permanent residence in our inner lives as well, ④ become central to our reveries and fantasies, guides to action, to ambition. Now, indeed, celebrity culture can be permanently insinuated into our sensibilities, as many of us carry them, their traits, and our relationships with them around as part of our mental luggage.

* reverie 몽상 ** insinuate 암시하다, 일부가 되다

21 다음 글의 빈칸에 들어갈 말로 가장 적절한 것은?

Festivals are significant cultural events that showcase tradition, heritage and community spirit globally. They serve as platforms to celebrate diversity, with each festival reflecting unique traditions like Brazil's Carnival or India's Diwali. Festivals also commemorate historical moments, such as Independence Day in the US or Bastille Day in France. Additionally, they preserve customs and rituals that strengthen personal and cultural identity, while fostering strong community ties through shared activities. Festivals reflect societal values, promote local crafts and arts, enhance spirituality, and attract tourism, which facilitates cultural exchange and understanding. Seasonal festivals, like Holi in India, align with natural cycles, celebrating times of renewal. Ultimately, participating in festivals reinforces community and individual identity, contributing to a global narrative that _____
_____.

* commemorate 기념하다

① makes the participants forget their daily concerns and pains

② values diversity and encourages mutual respect and understanding

③ allows people to break the link between personal life and social life

④ keeps the festivals from determining how people think about themselves

22 밑줄 친 you've been thrown a curve ball이 다음 글에서 의미하는 바로 가장 적절한 것은?

Life is full of its ups and downs. One day, you may feel like you have it all figured out. Then, in a moment's notice, you've been thrown a curve ball. You're not alone in these feelings. Everyone has to face their own set of challenges. Learning how to overcome challenges will help you stay centered and remain calm under pressure. Everyone has their own preferences for how to face a challenge in life. However, there are a few good tips and tricks to follow when the going gets tough. There's no need to feel ashamed for asking for help. Whether you choose to rely on a loved one, a stranger, a mentor, or a friend, there are people who want to help you succeed. You have to be open and willing to accept support. People who come to your aid truly do care about you. Be open to receiving help when you need it.

① 어려운 상황에 직면하다.
② 흥미로운 상황을 맞이하게 되다.
③ 대안적인 방법을 적용하게 되다.
④ 정면 승부를 피하여 에둘러 가다.

23 다음 중 글에 설명된 사회적 지배력과 번식 성공 사이의 관계를 가장 잘 요약한 것은?

Social dominance refers to situations in which an individual or a group controls or dictates others' behavior primarily in competitive situations. Generally, an individual or group is said to be dominant when "a prediction is being made about the course of future interactions or the outcome of competitive situations". Criteria for assessing and assigning dominance relationships can vary from one situation to another. It is difficult to summarize available data briefly, but generally it has been found that dominant individuals, when compared to subordinate individuals, often have more freedom of movement, have priority of access to food, gain higher-quality resting spots, enjoy favorable grooming relationships, occupy more protected parts of a group, obtain higher-quality mates, command and regulate the attention of other group members, and show greater resistance to stress and disease. Despite assertions that suggest otherwise, it really is not clear how powerful the relationship is between an individual's dominance status and its lifetime reproductive success.

* dominance 지배, 우세

① 하위 개체에 비해 모든 지배적인 개체는 평생 동안 높은 번식 성공률을 보인다.
② 개체의 우세 상태와 평생 번식 성공 사이의 관계는 다면적이며 명확하게 정립되어 있다고 할 수는 없다.
③ 사회적 지배력을 갖춘 존재는 음식 및 짝과 같은 자원에 대한 접근을 통해 번식 성공에 영향을 미친다.
④ 하위 개체는 스트레스 수준이 높지 않기 때문에 평생 번식 성공률이 더 높은 경향이 있다.

24 다음 글의 주제로 가장 적절한 것은?

While mindfulness meditation is generally safe, concerns arise from its side effects like panic attacks and psychosis, which are seldom reported and poorly understood in academic studies. Critics argue the rapid adoption of mindfulness by organizations and educational systems may inappropriately shift societal issues to individuals, suggesting that personal stress is due to a lack of meditation rather than addressing systemic causes like environmental pollution or workplace demands. Critics like Professor Ronald Purser suggest that mindfulness may make individuals more compliant with adverse conditions instead of empowering them to seek change. Despite these concerns, the critique isn't against mindfulness itself but against its promotion as a universal solution by entities resistant to change. For a more thorough understanding of mindfulness' benefits and risks, long-term and rigorously controlled studies are essential.

* psychosis 정신 질환 ** compliant 순응하는

① the criticism regarding the safety and societal implications of the widespread adoption of mindfulness meditation
② the social and national measures which are taken to relieve personal stress and prevent social and cultural confusion
③ the basic elements of mindfulness that must precede the resolution of social problems rather than individual problems
④ the disadvantages that individuals and societies face due to the meditation performed improperly and the lack of meditation

25 Mike Mansfield에 관한 다음 글의 내용과 가장 일치하지 않는 것은?

A man of few words and great modesty, Mike Mansfield often said he did not want to be remembered. Yet, his fascinating life story and enormous contributions are an inspiration for all who follow. Mike Mansfield was born in New York City on March 16, 1903. Following his mother's death when Mike was 7, his father sent him and his two sisters to Great Falls, Montana, to be raised by an aunt and uncle there. At 14, he lied about his age in order to enlist in the U.S. Navy for the duration of World War I. Later, he served in the Army and the Marines, which sent him to the Philippines and China, awakening a lifelong interest in Asia. Mike Mansfield's political career was launched in 1942 when he was elected to the U.S. House of Representatives. He served five terms from Montana's 1st District. In 1952, he was elected to the U.S. Senate and re-elected in 1958, 1964 and 1970. His selection as Democratic Assistant Majority Leader was followed by election in 1961 as Senate Majority Leader. He served in that capacity until his retirement from the Senate in 1977, longer than any other Majority Leader in history.

* House of Representatives 하원 ** Senate 상원
*** Majority Leader 다수당 원내대표

① 말수가 적고 겸손했으며 자신이 기억되지 않기를 원했었다.
② 모친이 사망한 이후 친인척의 보살핌을 받았다.
③ 군 복무 중 아시아 파병을 계기로 아시아에 대한 관심이 커졌다.
④ 상원의원에 5번 당선되었으며 가장 긴 다수당 원내대표를 역임했다.

정답·해석·해설 p. 106

4회 2024년 법원직 9급
모바일 자동 채점 + 성적 분석 서비스 바로 가기

QR코드를 이용해 모바일로 간편하게 채점하고 나의 실력이 어느 정도인지, 취약 부분이 어디인지 바로 파악해 보세요.

gosi.Hackers.com

국회직 9급 출제 경향

1. 영역별 출제 문항 수 (2021~2023)

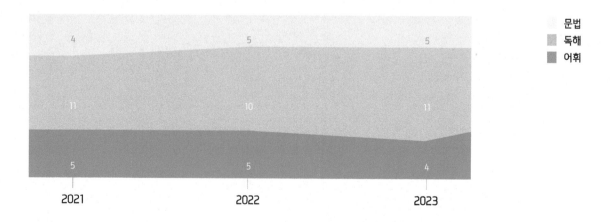

지난 3년간 영역별 출제 문항 수는 거의 동일한 편입니다. **문법** 영역은 4~5문항, **독해** 영역은 10~11문항, **어휘** 영역은 4~5문항 수준으로 출제되었습니다.

5회
국회직 9급

2. 영역별 최근 출제 경향 및 학습 방법

문법	**밑줄 친 부분 중 옳지 않은 것을 고르는 유형과 빈칸에 적절한 것 고르기 유형의 문제 출제** 밑줄 친 부분 중 옳지 않은 것을 고르는 유형이 2~3문항씩 꾸준히 출제되었고, 2022년과 2023년에는 빈칸에 적절한 것 고르기 유형의 문제도 출제되어, 문제 유형이 다양해지는 추세입니다. ▶ 따라서 빈출 포인트에 유의하여 밑줄을 확인하면서 오답 보기를 소거하고, 문장 전체의 구조를 파악한 후 빈칸이 문장 내에서 하는 역할을 확인하여 정답을 고르는 연습을 해야 합니다. [빈출 포인트] 관계절(5문항) ┃ 시제(5문항) ┃ 수 일치(5문항) ┃ 비교 구문(5문항)
독해	**추론 유형 중심의 문제 출제** 최근 3년간 독해 문제 대다수를 빈칸 완성(추론) 유형 중심의 문제가 차지하고 있으며, 2023년 시험에도 독해 문제 10문항 중 빈칸 완성(추론) 유형이 5문항 출제되었습니다. ▶ 따라서 빈칸에 필요한 정보를 파악하고, 문맥을 통해 정답을 고르는 연습을 하는 것이 좋습니다.
어휘	**유의어 찾기 문제와 고난도 어휘 출제** 2023년 시험에서는 유의어 찾기 유형이 3문항, 빈칸에 들어갈 어휘 고르기 유형이 1문항 출제되었으며, resilience (회복력), flippancy(경솔한 언행) 등의 고난도 어휘가 출제되었습니다. ▶ 따라서 유의어를 포함한 폭넓은 어휘 학습을 해야 하며, 고난도 어휘까지 꼼꼼히 암기하는 것이 좋습니다.

※ 밑줄 친 부분의 의미와 가까운 것을 고르시오. [01~03]

01

> The app is designed to help users regulate their heart rhythms and mental well-being to achieve a state of "coherence," characterized by reduced stress, increased <u>resilience</u>, and better overall emotional health.

① benevolence
② elasticity
③ suppression
④ promotion
⑤ experience

02

> It makes sense to think demand will <u>inevitably</u> rebound briskly, sending Brent and WTI higher in the year to come.

① necessarily
② substantially
③ miraculously
④ utterly
⑤ incredibly

03

> The <u>flippancy</u> of the second graders was almost more than the substitute teacher could stand it.

① disrespect
② humourlessness
③ seriousness
④ stipend
⑤ verge

04 밑줄 친 부분에 들어갈 표현으로 적절한 것은?

> Kind neighbors, a fund-raising campaign organized and sponsored by local corporate leaders, _____ its first benefit event for Kalamazoo Hospital this past Sunday. Held at the Kalamazoo Convention Center, the event drew an energetic crowd of over 800 supporters.

① jump-starts
② will jump-start
③ jump-started
④ was jump-started
⑤ has jump-started

05

The seventeenth and eighteenth centuries were the period of transition to the modern age of public finance. First in England and the Netherlands and then elsewhere, investors secured protections against arbitrary action by the sovereign. They established legislatures and parliaments, ① in which creditors were represented, to advise and consent to the state's fiscal policies. ② With checks and balances in place, interest rates came down, and borrowing became easier. Acquisition of these additional fiscal and administrative resources allowed the formation of larger territories, ③ leading to the emergence of the modern state system. Public debt played a substantial role in the advent of the nation-state and then, in the nineteenth century, ④ followed the Treaty of Vienna, in a declining incidence of interstate conflict. It is no coincidence ⑤ that England and the Netherlands, two countries that were early to develop markets in public debt, were in the vanguard of this process.

06

The organic molecules were found in Mars's Gale Crater, a large area ① that may have been a watery lake over three billion years ago. NASA's nuclear-powered rover Curiosity encountered traces of the molecule in rocks ② extracted from the area. The rocks also contain sulfur, ③ which scientists speculate ④ helping preserve the organics even when the rocks were exposed to the harsh radiation on the surface of the planet. Scientists are quick to state that the presence of these organic molecules is not sufficient evidence for ancient life on Mars, ⑤ as the molecules could have been formed by non-living processes. But it's still one of the most astonishing discoveries.

07 다음 글의 요지로 가장 적절한 것은?

Maps are imperfect projections of a three-dimensional globe onto a two-dimensional surface. Similarly, a mapmaker superimposes his own point of view upon the world he is visualizing. What he presents may seemingly appear objective, but it is to a considerable extent a product of his own cultural and political proclivities—and even of his imagination. The cartographer's projection of the outer world is therefore dependent on his own inner psychological state as his maps are based on an "act of seeing" rather than on "what was seen." Geographical maps reflect perceptions of space that are socially conditioned, and they are basically mental. They are "mediators" between a person's inner world and the physical world, and they "construct" the world rather than "reproduce" it. People tend to see what they describe, rather than vice versa. Conceptual categories, such as continents or oceans, emanate from the cartographer's intellect and are then applied to his maps just as constellations are formulated to provide a systematic vision of the skies.

① 지도 제작은 3차원 입체 형상의 정확한 투사를 요구한다.
② 지도의 종류에 따라 사람들의 공간에 대한 인식이 달라진다.
③ 지도는 제작자의 문화적·정치적 성향과 상상력의 산물이다.
④ 지도 제작자는 지도를 통해 세계를 객관적으로 보여주고자 한다.
⑤ 지도는 제작자가 물리적 세상을 건설한 것이라기보다는 재생산한 것이다.

According to Sigmund Freud, the Id, Ego, and Superego are the three components of personality. He contended that people are born with the Id. ① The Id contains basic human drives like hunger and thirst. It cares for nothing except that its needs are met immediately. It does not even care whether those needs are rational or harmful. ② Therefore, it is closely associated with the reality principle. ③ In contrast, the Ego develops as a person grows after birth. The Ego realizes that other people have needs as well. ④ It seeks to satisfy the Id's instinctual needs in realistic ways while simultaneously weighing those of other people. Last to develop is the Superego. The Superego functions as an individual's conscience. ⑤ It distinguishes between what is right and wrong.

Leucippus and Democritus taught that everything is composed of elementary objects in constant movement. This proposal did not meet with the approval of Plato or Aristotle, for if everything is made of corpuscles in motion, why are the forms of things so well preserved? The atomic theory could not account for the stability of nature or for the reappearance of organic forms generation after generation. All in all, atoms appeared to be a rather mechanical explication. This certainly did not appeal to those Greek philosophers who envisioned a world of underlying forms and ideals. All in all the Greeks preferred their elements. These were not actual physical substances—such as real fire or real water—but rather, nonmaterial essences out of which the whole world was created. Such ideas persisted in the West for well over 2,000 years, and, with the rise of alchemy, new principles, or elements, were added. The spirit Mercury, for example, is present in all that is volatile. Salt, which is unchanged by fire, represents that which is fixed, while sulfur is the principle of combustion.

① 원자론은 세대가 변해도 불변하는 자연의 안정성을 설명할 수 없었다.
② Democritus는 모든 것은 끊임없이 움직이는 기본 개체로 구성된다고 가르쳤다.
③ Plato와 Aristotle은 Democritus의 의견에 반대했다.
④ 그리스인들은 소금이 불에 의해서 변질이 되지 않는다고 믿었다.
⑤ 당대의 그리스 철학자들은 세계가 창조된 물질적 본질을 선호했다.

10 밑줄 친 부분 중 어법상 옳지 않은 것은?

We really cannot make in the schools adequate preparation for social life, for ① instilling the social point of view into the pupils and furnishing them with a social motive and purpose, ② until the schools themselves are somewhat differently equipped. The social spirit and motive is the product of people living together and doing certain things ③ in common, and sharing in each other's activities and each other's experiences because they have common ends and purposes. It is because people have something to do which ④ is interested to them and holds them all alike, and to the doing of which each makes his own contribution, that people become ⑤ permeated with the real social spirit.

11 다음 글의 내용과 일치하는 것은?

The system in which men have more value and more social and economic power than women is found throughout the history of the world. Women suffer both from structural oppression and from individual men. Too many movements for social justice accept the assumptions of male dominance and ignore the oppression of women, but patriarchy pervades both our political and personal lives. Feminism recognizes that no pattern of domination is necessary and seeks to liberate both women and men from the structures of dominance that characterize patriarchy.

① 역사적으로 동양 여성들은 서양 여성들보다 더 많이 억압받아 왔다.
② 여성에 대한 구조적 억압이 남성 개인들에 의한 억압보다 더욱 심각한 문제이다.
③ 사회적 정의를 추구하는 역사적 운동들도 여성 억압 현상을 경시했다.
④ 가부장제는 개인적 삶보다는 정치적 삶에 더 많이 퍼져 있다.
⑤ 여성주의 운동은 가부장제로부터 여성들을 우선적으로 해방시키려 한다.

12 밑줄 친 (A)와 (B)에 들어갈 표현으로 가장 적절한 것은?

Over the past four decades a fundamental shift has been occurring in the world economy. We have been moving away from a world in which national economies were relatively self-contained entities, _____(A)_____ each other by barriers to cross-border trade and investment; by distance, time zones, and language; and by national differences in government regulation, culture, and business systems. We are moving toward a world in which barriers to cross-border trade and investment are _____(B)_____; perceived distance is shrinking due to advances in transportation and telecommunications technology; material culture is starting to look similar the world over; and national economies are merging into an interdependent, integrated global economic system. The process by which this transformation is occurring is commonly referred to as globalization.

	(A)		(B)
①	introduced to	–	fulfilling
②	taking care of	–	escalating
③	converged with	–	diminishing
④	winning on	–	unfaltering
⑤	isolated from	–	declining

13 밑줄 친 부분 중 어법상 옳지 않은 것은?

One of the most discussed causes of de-industrialisation has been the migration of jobs to newly industrialised countries. It has been ① argued that this represents the emergence of a new international division of labour in which the manufacturing functions of the inner areas of older industrial cities ② have been surpassed. This theory is able to ③ account for a number of major, worldwide economic developments. These include the de-industrialisation of Western cities, the growth of cities in newly industrialised countries and the growth of global cities as the control and command centres of an interconnected world economy. However, despite this, the explanatory scope of this theory, while not ④ to be incorrect, is limited. In relying ⑤ so heavily on economic processes it is able to say little about, for example, the social geographies of cities that are clearly related to economic change. This theory is able to offer only one-directional explanations of the relationship between economic change and urbanisation.

14 밑줄 친 부분에 들어갈 단어로 적절한 것은?

Usually you will find that each scene in a fictional narrative film uses an establishing shot; that is a shot that gives the setting in which the scene is to take place and enables the viewer to establish the spatial relationships between characters involved in the scene. But, although this is what might be known as the Hollywood standard and was certainly the expected norm throughout the period of Classical Hollywood, the practice of using an establishing shot has not always been followed by filmmakers. By _____ an establishing shot the viewer is put in the position of struggling to make sense of the relationship between the characters shown. We are effectively disorientated and this will be part of what the filmmakers are attempting to achieve; as well as perhaps defying the expected filmic norm and thereby challenging any presumption that there are certain correct (and therefore, certain incorrect) ways of making films.

① underestimating
② triggering
③ omitting
④ maintaining
⑤ controlling

15 밑줄 친 부분에 들어갈 단어로 가장 적절한 것은?

Without language, an individual or a group of individuals would have no way of explaining them to others, or of directing the actions of the participants in _____ enterprises toward the common goal.

① comprehensive
② collaborative
③ meaningless
④ competitive
⑤ harmful

The naive listener might assume a life story to be a truthful, factual account of the storyteller's life. The assumption is that the storyteller has only to penetrate the fog of the past and that once a life is honestly remembered, it can be sincerely recounted. But the more sophisticated listener understands that no matter how sincere the attempt, remembering the past cannot render it as it was, not only because memory is selective but because the life storyteller is a different person now than he or she was ten or thirty years ago; and he or she may not be able to, or even want to, imagine that he or she was different then. The problem of how much a person may change without losing his or her identity is the greatest difficulty facing the life storyteller, whose chief concern, after all, is to affirm his or her identity and account for it. So life storytelling is a fiction, a making, an ordered past imposed by a present personality on a disordered life.

① 전기(傳記)를 읽는 독자는 행간의 의미를 정확히 파악해야 한다.
② 수동적인 독자는 전기(傳記)를 사실 그대로의 기록으로 받아들인다.
③ 정확한 기억력과 변하지 않는 인격이 전기(傳記) 작가에게 요구된다.
④ 전기(傳記)는 무결(無缺)하지 않은 작가에 의해서 기록된 일종의 픽션이다.
⑤ 올바르게 전기(傳記)를 이해하기 위해서는 독자의 적극적인 역할이 중요하다.

The problems which have preoccupied recent social anthropology are rather different to those which interested Herodotus and Tacitus. They were first formulated during the Enlightenment. Theories which attempt to resolve these problems were established at the same time. Until the seventeenth and eighteenth centuries, European kings had been believed to rule by Divine Right, and human society was supposed to reproduce, on a lower scale, the Divine society of Heaven. These assumptions were questioned during the Enlightenment. Once people considered themselves free to decide for themselves _____ according to natural rather than divine law it became possible to ask both how actual societies might be improved, and how present societies had diverged from the natural, or original human condition. Both the European past and more exotic but living, human societies were seen as sources of information that could help answer these questions.

① the truth of the assumptions underlying these social problems
② what was, or was not, proper social behaviour
③ the socialistic kind of governmental forms
④ the conflicts between citizens and kings
⑤ how society was to be degenerated

18 밑줄 친 부분에 들어갈 표현으로 가장 적절한 것을 고르시오.

Hunting big game would have likely been a dangerous activity in early times, especially before the invention of throwing spears about half a million years ago. Prior to this, hunting even small and medium-size game likely depended on thrusting spears (i.e., held in the hands while thrusting into the animal). Some have suggested that hunting may have occurred by chasing animals until they died from exhaustion. This technique is called persistence hunting and essentially means that a small group of people would simply chase a selected animal, perhaps for days, until the animal died from exhaustion. This makes sense to some since, while most game animals are quite quick over short distances, they usually cannot maintain the quickness over long distances. Bipedalism in humans, on the other hand, leads to _____. People may not be as quick as some animals over short distances, but they can outlast them over long distances.

① energy exhaustion
② comparative disadvantage
③ extended endurance
④ teamed play
⑤ delayed attack

19 다음 글의 내용과 일치하지 않는 것은?

Weather forecasts, market reports, cost-of-living indexes, and the results of public opinion polls are good examples. Statistical methods are employed extensively in the preparation of such reports. Reports that are based on sound statistical reasoning and the careful interpretation of conclusions are truly informative. Frequently, however, the deliberate or inadvertent misuse of statistics leads to erroneous conclusions and distortions of truth. For the general public, the basic consumers of these reports, some idea of statistical reasoning is essential to properly interpret the data and evaluate the conclusions that are drawn. Statistical reasoning provides criteria for determining the conclusions that are actually supported by data and those that are not.

① 통계학적 방법은 소비자 물가 지수와 여론 조사 결과 등에서 광범위하게 활용된다.
② 통계 리포트의 기본 소비자는 일반 대중이다.
③ 타당한 통계학적 추론에 근거한 리포트들은 유용하다.
④ 통계학적 추론은 통계 자료 해석의 기준을 제공해 준다.
⑤ 정확한 통계 자료는 실수에 의해서만 잘못된 결론으로 이어진다.

20 밑줄 친 부분에 들어갈 단어로 적절한 것은?

> Text representations must be built up sequentially. It is not possible psychologically to construct and integrate a text representation for a whole book chapter or a whole lecture. The chapter and the lecture have to be processed word by word and sentence by sentence. As each text segment is processed, it is immediately integrated with the rest of the text that is currently being held in working memory. The immediate processing hypothesis generally holds, at least for lower-level processes in comprehension. Occasionally, however, readers use _____ strategies when dealing with potentially ambiguous syntactic constructions or they continue reading when constructing a situation model when they do not understand something, in the hope that the succeeding text will clarify their problem. But in general information in a text is processed as soon as possible. In the model this means that as each text element is processed and a new proposition is added to the text representation, it is immediately integrated with the text representation.

① social
② delay
③ clarification
④ retrospection
⑤ compensation

정답 · 해석 · 해설 p. 122

5회 2023년 국회직 9급
모바일 자동 채점 + 성적 분석 서비스 바로 가기

QR코드를 이용해 모바일로 간편하게 채점하고 나의 실력이 어느 정도인지,
취약 부분이 어디인지 바로 파악해 보세요.

정답 및 해설

1회 2024년 국가직 9급

2회 2024년 지방직 9급

3회 2024년 서울시 9급 (2월 추가)

4회 2024년 법원직 9급

5회 2023년 국회직 9급

정답
p.30

01	③ 어휘 – 어휘 & 표현	**11**	③ 어휘 – 생활영어
02	② 어휘 – 어휘 & 표현	**12**	② 독해 – 세부내용 파악
03	① 어휘 – 어휘 & 표현	**13**	③ 독해 – 세부내용 파악
04	④ 어휘 – 어휘 & 표현	**14**	④ 독해 – 전체내용 파악
05	④ 어휘 – 어휘 & 표현	**15**	① 독해 – 전체내용 파악
06	② 문법 – 대명사	**16**	④ 독해 – 논리적 흐름 파악
07	① 문법 – 비교급	**17**	③ 독해 – 논리적 흐름 파악
08	① 문법 – 수 일치	**18**	② 독해 – 논리적 흐름 파악
09	② 어휘 – 생활영어	**19**	② 독해 – 추론
10	④ 어휘 – 생활영어	**20**	① 독해 – 추론

취약영역 분석표

영역	세부 유형	문항 수	소계
어휘	어휘 & 표현	5	/8
	생활영어	3	
문법	대명사	1	/3
	비교급	1	
	수 일치	1	
독해	전체내용 파악	2	/9
	세부내용 파악	2	
	추론	2	
	논리적 흐름 파악	3	
	총계		**/20**

· 자신이 취약한 영역은 '공무원 영어, 이렇게 출제된다!'(p.6)를 통해 다시 한번 확인하고 학습하시기 바랍니다.

---

01 어휘 어휘&표현 interrelated 난이도 ★☆☆

해석 분명히, 언어 예술의 어떤 측면도 배움이나 가르침에 있어 분리되지 않는다. 듣기, 말하기, 읽기, 쓰기, 보기, 그리고 시각적으로 표현하기는 상호 연관되어 있다.

① 뚜렷한
② 왜곡된
③ 상호 연관된
④ 독립된

어휘 **obviously** 분명히, 확실히 **aspect** 측면
stand alone 분리되다, 혼자 떨어져 있다 **visually** 시각적으로
represent 표현하다, 나타내다 **distinct** 뚜렷한, 분명한
distorted 왜곡된, 비뚤어진 **interrelated** 상호 연관된
independent 독립된

 이것도 알면 **합격!**

interrelated(상호 연관된)의 유의어
= interdependent, related, complementary

02 어휘 어휘&표현 conceal = hide 난이도 ★☆☆

해석 그 돈은 너무 교묘하게 숨겨져서 우리는 그것을 찾는 것을 포기할 수밖에 없었다.

① 소비된
② 숨겨진
③ 투자된
④ 배달된

어휘 **cleverly** 교묘하게, 영리하게 **conceal** 숨기다, 감추다
abandon 포기하다, 그만두다 **invest** 투자하다

 이것도 알면 **합격!**

conceal(숨기다)의 유의어
= cover, disguise, obscure

03 어휘 어휘&표현 appease = soothe 난이도 ★★☆

해석 비평가들을 달래기 위해, 라디오 업계는 출퇴근 시간대 라디오에서 1,200만 달러의 공교육 캠페인을 시작했다.

① 달래다
② 반박하다
③ 이해시키다
④ 동화시키다

어휘 **appease** 달래다, 누그러뜨리다 **wireless** 라디오; 무선의
industry 업계, 산업 **drive-time** 출퇴근 시간대, 드라이브 타임
soothe 달래다 **counter** 반박하다 **enlighten** 이해시키다
assimilate 동화시키다, 완전히 이해하다

 이것도 알면 **합격!**

appease(달래다)의 유의어
= ease, calm, pacify, mitigate

04 어휘 어휘&표현 play down = underestimate 난이도 ★★☆

해석 센터 관계자들은 그 문제들이 신생 기업 운영의 전형이라고 말하며 그것들을 경시한다.

① 분간하다
② 불만을 품게 하다
③ 강조하다
④ 경시하다

어휘 **official** 관계자, 간부 **play down** 경시하다 **typical** 전형적인
start-up 신생 기업, 벤처 기업 **operation** 운영
discern 분간하다, 식별하다 **dissatisfy** 불만을 품게 하다
underline 강조하다 **underestimate** 경시하다, 과소평가하다

 이것도 알면 **합격!**

play down(경시하다)과 유사한 의미의 표현
= deemphasize, make light of, underrate

05 어휘 어휘&표현
have the guts
= be courageous
난이도 ★★☆

해석 그녀는 부지런히 일했고 그녀가 원하는 것을 얻기 위해 애쓸 **용기가 있었다.**
① 불안해했다 ② 운이 좋았다
③ 평판이 좋았다 ④ 용기가 있었다

어휘 **diligently** 부지런히, 열심히 **have the guts to** ~할 용기가 있다
go for ~을 얻으려고 애쓰다 **anxious** 불안해하는
fortunate 운 좋은 **reputable** 평판이 좋은
courageous 용기가 있는

👍 이것도 알면 **합격!**

have the guts(용기가 있다)와 유사한 의미의 표현
= be bold, be brave, be audacious, be daring, be fearless

06 문법 대명사
난이도 ★★☆

해석 오래된 주택의 품질이 현대 주택의 그것(품질)보다 뛰어나다는 믿음에도 불구하고, 대부분의 20세기 이전 주택의 기반은 오늘날의 것과 비교했을 때 극히 얕고, 단지 그것들의 목재 구조의 유연성이나 벽돌과 돌 사이의 석회 모르타르 덕분에 시간의 시험을 견뎌왔을 뿐이다.

해설 ② 지시대명사 대명사가 지칭하는 명사(the quality)가 단수이므로 복수 지시대명사 those를 단수 지시대명사 that으로 고쳐야 한다.

오답 분석 ① 전치사 4: 양보 명사(the belief) 앞에 올 수 있는 것은 전치사이고, 문맥상 '믿음에도 불구하고'라는 의미가 되어야 자연스러우므로 양보를 나타내는 전치사 Despite(~에도 불구하고)가 올바르게 쓰였다.
③ 분사구문의 형태 주절의 주어(the foundations)와 분사구문이 '기반이 비교되다'라는 의미의 수동 관계이므로 과거분사 compared가 올바르게 쓰였다.
④ 인칭대명사 명사(timber framework) 앞에서 소유의 의미를 나타내기 위해서는 소유격 대명사가 와야 하고, 대명사가 지시하는 명사(the foundations)가 복수이므로 복수 소유격 대명사 their가 올바르게 쓰였다.

어휘 **foundation** 기반, 기초 **shallow** 얕은, 피상적인 **timber** 목재
mortar 모르타르(시멘트와 모래를 물로 반죽한 것)

👍 이것도 알면 **합격!**

지시대명사 those는 '~한 사람들'이라는 뜻으로 쓰일 수 있고, 이때 뒤에서 수식어(전치사구, 관계절, 분사)의 꾸밈을 받는다는 것을 알아두자.
ex (Those, ~~They~~) interested in joining the club should sign up
　　　　　　　　　분사구
by Friday.
동아리 가입에 관심이 있는 사람들은 금요일까지 신청해야 한다.

07 문법 비교급
난이도 ★★☆

해석 ① 그들은 시를 읽는 것에 관심이 없고, 하물며 글쓰기에도 관심이 없다.
② 일단 확인되면, 주문품이 배송을 위해 당신의 주소로 발송될 것이다.

③ 여객선이 정시에 출발하는 경우에, 우리는 아침까지 항구에 도착해야 한다.
④ 외신 기자들은 수도에 머무는 짧은 기간 동안 가능한 한 많은 뉴스를 취재하기를 희망한다.

해설 ① 비교급 관련 표현 '하물며 글쓰기에도 관심이 없다'는 비교급 관련 표현 'still less'(하물며 ~ 아닌)를 사용하여 나타낼 수 있으므로 still more를 still less로 고쳐야 한다.

오답 분석 ② 분사구문의 형태 주절의 주어(the order)와 분사구문이 '주문품이 확인되다'라는 의미의 수동 관계이므로 과거분사 confirmed가 올바르게 쓰였다. 참고로, '일단 확인되면'이라는 의미를 나타내기 위해 조건을 나타내는 부사절 접속사 Once(일단 ~하면)가 분사구문 앞에 올바르게 쓰였다.
③ 부사절 접속사 1: 조건 '여객선이 정시에 출발하는 경우에'라는 의미를 나타내기 위해 조건을 나타내는 부사절 접속사 Provided that(오직 ~하는 경우에)이 올바르게 쓰였다.
④ 원급 원급 표현 as ~ as 사이의 수량 형용사는 뒤의 명사에 따라 선택하는데, 뒤에 불가산 명사 news가 왔으므로 불가산 명사와 함께 쓰이는 수량 형용사 much가 올바르게 쓰였다.

어휘 **poetry** 시 **confirm** 확인하다, 확정하다 **delivery** 배송
ferry 여객선, 페리 **harbor** 항구 **journalist** 기자
cover 취재하다, 보도하다 **capital** 수도

👍 이것도 알면 **합격!**

비교급 관련 표현을 추가로 알아두자.
- **much[still] less** 하물며 ~ 아닌
- **no longer** 더 이상 ~ 않다
- **other than** ~ 외에, ~ 말고, ~ 않은
- **no sooner ~ than -** ~하자마자 -하다
- **more often than not** 대개, 자주
- **all the more** 더욱더
- **no later than** ~까지는
- **no more than** 단지 ~밖에 안 되는

08 문법 수 일치
난이도 ★★☆

해설 ① 수량 표현의 수 일치 주어 자리에 단수 취급하는 수량 표현 'the number of + 명사'(the number of applicants)가 왔으므로 단수 동사 is가 올바르게 쓰였다.

오답 분석 ② 과거 시제 문장에 시간 표현 two years ago(2년 전에)가 왔고, 문맥상 '이메일을 받았다'라며 과거의 동작을 표현하고 있으므로 현재완료 시제 have received를 과거 시제 received로 고쳐야 한다.
③ 전치사 + 관계대명사 완전한 절(he slept last night) 앞에는 '전치사 + 관계대명사'가 와야 하고, 문맥상 '침대에서 자다'라는 의미가 되어야 자연스러우므로 관계대명사 which를 전치사 in(~에서)이 관계대명사 which 앞에 쓰인 in which로 고쳐야 한다.
④ 기타 전치사 '새해 인사를 교환했다'는 전치사 숙어 표현 exchange A with B(A를 B와 교환하다)를 사용하여 나타낼 수 있으므로 exchanged New Year's greetings each other를 exchanged New Year's greetings with each other로 고쳐야 한다.

어휘 **applicant** 지원자 **comfortable** 편안한 **greeting** 인사

단수/복수 취급하는 수량 표현을 추가로 알아두자.

단수 취급하는 수량 표현	복수 취급하는 수량 표현
· one/each (+ 명사) · every/the number of/one of/neither of + 명사 · somebody, someone, something · anybody, anyone, anything · everybody, everyone, everything · nobody, no one, nothing	· many/several/few/both (+ of the) + 복수 명사 · a number of/a couple of/a range of/a variety of + 복수 명사

---

09 어휘 생활영어 What does the city tour include? 난이도 ★☆☆

해석
> Brian: 안녕하세요, 귀사의 시티 투어에 대한 정보를 좀 얻을 수 있을까요?
> Ace 관광: 연락해 주셔서 감사합니다. 구체적인 질문이 있으신가요?
> Brian: 시티 투어에는 무엇이 포함되나요?
> Ace 관광: 도시의 주요 명소를 모두 안내해 드립니다.
> Brian: 얼마인가요?
> Ace 관광: 4시간 투어에 1인당 50달러입니다.
> Brian: 알겠습니다. 금요일 오후 티켓 4장을 예매할 수 있나요?
> Ace 관광: 물론입니다. 곧 결제 정보를 보내드리겠습니다.

① 투어 시간은 얼마나 되나요?
② 시티 투어에는 무엇이 포함되나요?
③ 투어 패키지 목록이 있나요?
④ 좋은 여행 가이드북을 추천해 주실 수 있나요?

해설 구체적인 질문이 있냐고 묻는 Ace 관광 직원의 말에 Brian이 대답하고, 빈칸 뒤에서 Ace 관광 직원이 It'll take you to all the major points of interest in the city(도시의 주요 명소를 모두 안내해 드립니다)라고 말하고 있으므로, 빈칸에는 '② 시티 투어에는 무엇이 포함되나요?(What does the city tour include?)'가 오는 것이 자연스럽다.

어휘 **contact** 연락하다 **specific** 구체적인, 특정한
book 예매하다, 예약하다 **include** 포함하다
recommend 추천하다

여행사에 문의할 때 쓸 수 있는 다양한 표현을 알아두자.

· When will I receive my travel itinerary?
  여행 일정은 언제 받아볼 수 있나요?
· I need assistance with my booking confirmation.
  예약 확인에 도움이 필요해요.
· Can you help me with travel insurance?
  여행자 보험과 관련해서 도와주실 수 있나요?
· How do I book a guided tour?
  가이드 투어는 어떻게 예약하나요?
· What are some must-see attractions?
  꼭 가봐야 할 명소가 뭐가 있을까요?

---

10 어휘 생활영어 Wait a minute. I thought the delivery costs were at your expense. 난이도 ★★☆

해석
> A: 감사합니다. 주문해 주셔서 고맙습니다.
> B: 별말씀을요. 상품을 항공 화물로 보내주실 수 있나요? 저희가 그것들이 빨리 필요해서요.
> A: 물론이죠. 지금 바로 귀하의 부서로 보내드리겠습니다.
> B: 알겠습니다. 저희가 다음 주 초에 상품을 받을 수 있으면 좋겠습니다.
> A: 모든 일이 계획대로 진행되면, 월요일까지 받아 보실 수 있을 것입니다.
> B: 월요일이 좋은 것 같네요.
> A: 2주 이내에 결제해 주시기 바랍니다. 청구서에 항공 운송비가 추가될 것입니다.
> B: 잠시만요. 배송비는 귀사 부담인 줄 알았는데요.
> A: 죄송하지만 무료 배송 서비스는 더 이상 제공되지 않습니다.

① 그렇군요. 청구서는 언제 받을 수 있나요?
② 저희 부서에서는 2주 이내에 지불하지 못할 수도 있습니다.
③ 월요일에 귀하의 법인 계좌로 대금을 보내 드려도 될까요?
④ 잠시만요. 배송비는 귀사 부담인 줄 알았는데요.

해설 청구서에 항공 운송비가 추가될 것이라는 A의 말에 B가 대답하고, 빈칸 뒤에서 A가 I am afraid the free delivery service is no longer available(죄송하지만 무료 배송 서비스는 더 이상 제공되지 않습니다)이라고 말하고 있으므로, 빈칸에는 '④ 잠시만요. 배송비는 귀사 부담인 줄 알았는데요(Wait a minute. I thought the delivery costs were at your expense)'가 오는 것이 자연스럽다.

어휘 **appreciate** 고마워하다, 감사하다 **goods** 상품, 물품
air freight 항공 화물 **invoice** 청구서, 송장
business account 법인 계좌
at one's expense 부담으로, 비용으로

배송과 관련된 다양한 표현을 알아두자.

· parcel 소포	· express 속달
· shipment 수송품	· same-day 당일, 즉일
· handling 취급	· PO box 사서함
· dispatch 발송	

---

11 어휘 생활영어 I haven't done that yet, actually. 난이도 ★★☆

해석
> A: 핸드폰을 찾으셨나요?
> B: 불행하게도, 아니요. 아직도 찾고 있어요.
> A: 지하철 분실물 센터에 연락해 보셨나요?
> B: 사실 아직 그건 안 했어요.
> A: 제가 당신이라면, 그것을 먼저 하겠어요.
> B: 네, 당신 말이 맞아요. 새 핸드폰을 사기 전에 분실물 센터에 확인해 볼게요.

① 핸드폰에 대해 물어보려고 그곳에 갔어요
② 오늘 아침에 사무실에 들렀어요
③ 사실 아직 그건 안 했어요
④ 모든 곳을 찾아봤어요

해설 지하철 분실물 센터에 연락해 봤냐는 A의 질문에 B가 대답하고, 빈칸 뒤에서 A가 If I were you, I would do that first(제가 당신이라면, 그것을 먼저 하겠어요)라고 말하고 있으므로, 빈칸에는 '③ 사실 아직 그건 안 했어요(I haven't done that yet, actually)'가 오는 것이 자연스럽다.

어휘 **unfortunately** 불행하게도, 유감스럽게도
lost and found office 분실물 센터 **stop by** 들르다, 잠깐 방문하다

👍 이것도 알면 **합격!**

분실물 센터에서 쓸 수 있는 다양한 표현을 알아두자.

- **I'm here to claim a lost item.**
  분실물을 찾으러 왔습니다.
- **Can I leave my contact information in case it's found?**
  혹시 그것이 발견될 경우를 대비해서 연락처를 남겨도 될까요?
- **I'd like to turn in a found item.**
  찾은 물건을 돌려주려고 합니다.
- **Here's my phone number. Please let me know if you find it.**
  제 전화번호입니다. 찾으시면 연락해 주세요.

참고: NEWE 입장권을 미리 구매하는 것이 모든 전시회 입장을 보장하는 가장 좋은 방법입니다. NEWE 주최 측은 행사장 수용 인원에 도달할 경우 현장 입장권 판매를 중단할 수 있습니다.

해설 지문 처음에서 공연 및 강의 입장은 선착순이라고 했으므로, '② 공연과 강연의 입장은 선착순이다'는 지문의 내용과 일치한다.

오답분석
① 첫 번째 문장에서 10세 이하의 어린이는 무료라고 했으므로 지문의 내용과 다르다.
③ 세 번째 문장에서 모든 행사장은 비가 오든 날이 개든 (상관없이) 문을 연다고 했으므로 지문의 내용과 다르다.
④ 마지막 문장에 NEWE 주최 측은 행사장 수용 인원에 도달할 경우 현장 입장권 판매를 중단할 수 있다고 언급한 내용을 통해 현장에서도 입장권을 판매한다는 것을 알 수 있으므로 지문의 내용과 다르다.

어휘 **wildlife** 야생동물 **exposition** 박람회
first-come, first-served 선착순의
venue (콘서트·스포츠 경기·회담 등의) 장소
rain or shine 비가 오든 날이 개든, 어떤 일이 있더라도
guarantee 보장하다 **discontinue** 중단하다
capacity 수용력, 용량

12 독해 세부내용·파악 (내용 일치 파악) 난이도 ★★☆

끊어읽기 해석

NORTHEASTERN WILDLIFE EXPOSITION (NEWE)
북동부 야생동물 박람회(NEWE)

Admission ticket for Saturday, March 30th, 2024
2024년 3월 30일 토요일 입장권

· Price: $ 40.00
가격: 40달러

· Opening hours: 10:00 a.m. – 6:00 p.m.
운영 시간: 오전 10시 – 오후 6시

①Kids 10 and under are free.
10세 이하의 어린이는 무료입니다

②Entry to shows and lectures are first-come, first-served.
공연 및 강의 입장은 선착순입니다

③All venues open / rain or shine.
모든 행사장은 문을 엽니다 / 비가 오든 날이 개든 (상관없이)

March 20th is the last day / to buy tickets online / for the 2024 Northeastern Wildlife Exposition.
3월 20일은 마지막 날입니다 / 입장권을 온라인에서 구매할 수 있는 / 2024 북동부 야생동물 박람회의

Please note: / Purchasing NEWE tickets in advance / is the best way / to guarantee entry / into all exhibits.
참고: / NEWE 입장권을 미리 구매하는 것이 / 가장 좋은 방법입니다 / 입장을 보장하는 / 모든 전시회의

④NEWE organizers may discontinue in-person ticket sales / should any venue reach capacity.
NEWE 주최 측은 현장 입장권 판매를 중단할 수 있습니다 / 행사장 수용 인원에 도달할 경우

해석 북동부 야생동물 박람회(NEWE)
2024년 3월 30일 토요일 입장권
· 가격: 40달러
· 운영 시간: 오전 10시 – 오후 6시
10세 이하의 어린이는 무료입니다. 공연 및 강의 입장은 선착순입니다. 모든 행사장은 비가 오든 날이 개든 (상관없이) 문을 엽니다.
3월 20일은 2024 북동부 야생동물 박람회 입장권을 온라인에서 구매할 수 있는 마지막 날입니다.

13 독해 세부내용 파악 (내용 불일치 파악) 난이도 ★★☆

끊어읽기 해석

The tragedies of the Greek dramatist Sophocles / have come to be regarded / as the high point of classical Greek drama.
그리스 극작가 소포클레스의 비극은 / 여겨지게 되었다 / 그리스 고전극의 정점으로

Sadly, / only seven of the 123 tragedies / he wrote / have survived, / but of these / perhaps the finest is *Oedipus the King*.
안타깝게도 / 123편의 비극 중 단지 7편만이 / 그가 쓴 / 살아남았다 / 하지만 그중에서 / 아마도 가장 훌륭한 것은 『오이디푸스 왕』일 것이다

The play was one of three / written by Sophocles / about Oedipus, / the mythical king of Thebes / (the others being *Antigone* and *Oedipus at Colonus*), / known collectively as / the Theban plays.
이 연극은 세 편 중 하나였다 / 소포클레스에 의해 쓰인 / 오이디푸스에 대해 / 테베의 신화 속 왕인 / (다른 것들은 『안티고네』와 『콜로노스의 오이디푸스』이다) / 집합적으로 알려져 있다 / 테베 연극으로

Sophocles conceived each of these / as a separate entity, / and / they were written and produced / several years apart / and / out of chronological order.
소포클레스는 이들 각각을 생각했다 / 별도의 실체로 / 그리고 / 그것들은 집필되고 제작되었다 / 몇 년 간격을 두고 / 그리고 / 연대순에서 벗어나서

Oedipus the King follows / the established formal structure / and / it is regarded / as the best example of classical Athenian tragedy.
『오이디푸스 왕』은 따른다 / 확립된 형식적 구조를 / 그리고 / 그것은 여겨진다 / 고전 아테네 비극의 가장 좋은 예로

해석 그리스 극작가 소포클레스의 비극은 그리스 고전극의 정점으로 여겨지게 되었다. 안타깝게도, 그가 쓴 123편의 비극 중 단지 7편만이 살아남았는데, 그중에서 아마도 가장 훌륭한 것은 『오이디푸스 왕』일 것이다. 이 연극은 소포클레스가 테베의 신화 속 왕인 오이디푸스에 대해 쓴 세 편(다른 것들은 『안티고네』와 『콜로노스의 오이디푸스』이다) 중 하나였고, 이는 집합적으로 테베 연극으로 알려져 있다. 소포클레스는 이들 각각을 별도의 실체로 생각했고, 그것들은 몇 년 간격을 두고 연대순에서 벗어나서 집필되고 제작되었다. 『오이디푸스 왕』은 확립된 형식적 구조를 따르며 고전 아

테네 비극의 가장 좋은 예로 여겨진다.
① 소포클레스는 총 123편의 비극을 썼다.
② 『안티고네』도 오이디푸스 왕에 관한 것이다.
③ 테베 연극은 시간 순서대로 만들어졌다.
④ 『오이디푸스 왕』은 고전적인 아테네 비극을 대표한다.

해설 지문 마지막에서 테베 연극들은 몇 년 간격을 두고 연대순에서 벗어나서 집필되고 제작되었다고 했으므로 '③ 테베 연극은 시간 순서대로 만들어졌다'는 지문의 내용과 일치하지 않는다.

어휘 **tragedy** 비극 **dramatist** 극작가 **high point** 정점
mythical 신화 속에 나오는, 가공의
collectively 집합적으로, 전체적으로 **conceive** 생각하다, 여기다
separate 별도의, 개별적인 **entity** 실체, 존재 **out of** ~에서 벗어나
chronological 연대순의 **establish** 확립하다, 설립하다
formal 형식적인, 정식의 **structure** 구조

③ 크레타섬에 있는 궁전의 웅장함
④ 미노아 문화를 현실의 영역으로 끌어들이기

해설 지문 앞부분에서 영국의 고고학자 Arthur Evans가 크노소스 궁전의 유적을 발굴하기 전까지 미노아 문화는 사실이라기보다는 더 전설이었다고 한 후, 지문 뒷부분에서 Evans가 미노아 시대의 유물 발굴품을 발견했다는 것을 설명하며 이 왕국은 신화가 아니었다고 하고 있다. 따라서 '④ 미노아 문화를 현실의 영역으로 끌어들이기'가 이 글의 주제이다.

어휘 **archaeologist** 고고학자 **excavate** ~을 발굴하다 **ruin** 유적
Mediterranean 지중해의 **indeed** 실제로, 정말로 **famed** 유명한
mythology 신화 **bull** 황소 **realm** 왕국, 영역
trove 발굴품, 귀중한 수집품 **artifact** 유물 **carving** 조각품
pottery 도자기 **altar** 제단 **horn** 뿔 **appreciate** 감상하다
magnificence 웅장함

14 독해 전체내용 파악 (주제 파악)   난이도 ★★☆

끊어읽기 해석

It seems incredible / that one man could be responsible for / opening our eyes / to an entire culture, / but until British archaeologist Arthur Evans successfully excavated / the ruins of the palace of Knossos / on the island of Crete, / the great Minoan culture of the Mediterranean / was more legend than fact.
믿을 수 없는 것처럼 보인다 / 한 사람이 책임을 질 수 있다는 것은 / 우리의 눈을 뜨게 하는 / 전체 문화에 대해 / 하지만 영국의 고고학자 Arthur Evans가 성공적으로 발굴하기 전까지 / 크노소스 궁전의 유적을 / 크레타섬에 있는 / 지중해의 위대한 미노아 문화는 / 사실이라기보다는 더 전설이었다

Indeed / its most famed resident / was a creature of mythology: / the half-man, half-bull Minotaur, / said to have lived / under the palace of mythical King Minos.
실제로 / 그곳의 가장 유명한 거주자는 / 신화 속의 생명체였다 / 반은 인간이고, 반은 황소인 미노타우로스는 / 살았다고 한다 / 신화 속 미노스 왕의 궁전 아래에서

But / as Evans proved, / this realm was no myth.
그러나 / Evans가 증명했듯이 / 이 왕국은 신화가 아니었다

In a series of excavations / in the early years of the 20th century, / Evans found a trove of artifacts / from the Minoan age, / which reached its height from 1900 to 1450 B.C.: / jewelry, / carvings, / pottery, / altars shaped like bull's horns, / and wall paintings / showing Minoan life.
일련의 발굴에서 / 20세기 초의 / Evans는 유물 발굴품을 발견했다 / 미노아 시대의 / 기원전 1900년에서 1450년 사이에 절정에 달했던 / 보석 / 조각품 / 도자기 / 황소 뿔 모양의 제단 / 그리고 벽화를 / 미노아의 삶을 보여주는

해석 한 사람이 전체 문화에 대해 우리의 눈을 뜨게 하는 책임을 질 수 있다는 것은 믿을 수 없는 것처럼 보이지만, 영국의 고고학자 Arthur Evans가 크레타섬에 있는 크노소스 궁전의 유적을 성공적으로 발굴하기 전까지 지중해의 위대한 미노아 문화는 사실이라기보다는 더 전설이었다. 실제로 그곳의 가장 유명한 거주자는 신화 속의 생명체였다. 반은 인간이고, 반은 황소인 미노타우로스는 신화 속 미노스 왕의 궁전 아래에서 살았다고 한다. 그러나 Evans가 증명했듯이, 이 왕국은 신화가 아니었다. 20세기 초의 일련의 발굴에서, Evans는 기원전 1900년에서 1450년 사이에 절정에 달했던 미노아 시대의 유물 발굴품인 보석, 조각품, 도자기, 황소 뿔 모양의 제단, 그리고 미노아의 삶을 보여주는 벽화를 발견했다.

① 미노스 왕의 성공적인 발굴
② 미노아 시대의 유물 감상

15 독해 전체내용 파악 (제목 파악)   난이도 ★★★

끊어읽기 해석

Currency debasement of a good money by a bad money version / occurred / via coins of a high percentage of precious metal, / reissued at lower percentages of gold or silver / diluted with a lower value metal.
악화 형태에 의한 양화의 화폐 가치 하락은 / 일어났다 / 귀금속 함량이 높은 동전을 통해 / 더 낮은 비율의 금 또는 은으로 재발행되었다 / 더 낮은 가치의 금속으로 희석된

This adulteration / drove out the good coin for the bad coin.
이렇게 불순물을 섞는 것은 / 양화를 악화로 몰아냈다

No one spent the good coin, / they kept it, / hence the good coin was driven out of circulation / and into a hoard.
누구도 양화를 쓰지 않았다 / 그들은 그것을 보관했다 / 따라서 양화는 유통에서 사라졌다 / 그리고 축적되었다

Meanwhile / the issuer, / normally a king / who had lost his treasure / on interminable warfare / and / other such dissolute living, / was behind the move.
한편 / 발행인은 / 대개 왕인 / 재산을 잃은 / 끝없는 전쟁으로 / 그리고 / 그 밖의 방탕한 생활로 / 이러한 움직임의 배후에 있었다

They collected all the good old coins they could, / melted them down / and / reissued them / at lower purity / and / pocketed the balance.
그들은 그들이 모을 수 있는 모든 양화들을 모았다 / 그것들을 녹였다 / 그리고 / 그것들을 재발행했다 / 낮은 순도로 / 그리고 / 차액을 횡령했다

It was often illegal / to keep the old stuff back / but / people did, / while the king replenished his treasury, / at least for a time.
종종 불법이었다 / 옛 물건들을 숨겨두는 것은 / 하지만 / 사람들은 그렇게 했다 / 왕이 국고를 다시 채우는 동안 / 적어도 한동안은

해석 악화 형태에 의한 양화의 화폐 가치 하락은 귀금속 함량이 높은 동전을 통해 일어났으며, 더 낮은 가치의 금속으로 희석된 더 낮은 비율의 금 또는 은으로 재발행되었다. 이렇게 불순물을 섞는 것은 양화를 악화로 몰아냈다. 누구도 양화를 쓰지 않고 보관했기 때문에, 양화는 유통에서 사라졌고 축적되었다. 한편, 대개 끝없는 전쟁과 그 밖의 방탕한 생활로 재산을 잃은 왕인 발행인이 이러한 움직임의 배후에 있었다. 그들은 그들이 모을 수 있는 모든 양화들을 모아서 그것들을 녹여 낮은 순도로 재발행했고, 차액을 횡령했다. 옛 물건들을 숨겨두는 것은 종종 불법이었지만, 왕이 국고를 다시 채우는 동안, 사람들이 적어도 한동안은 그렇게 했다.

① 악화가 어떻게 양화를 대체하는가
② 양화의 요소

③ 왜 동전을 녹이면 안 되는가?
④ 악화란 무엇인가?

해설 해설 지문 처음에서 악화 형태에 의한 양화의 화폐 가치 하락은 귀금속 함량이 높은 동전을 통해 일어났다고 언급하고, 불순물을 섞는 것이 양화를 악화로 몰아냈다고 하면서 지문 전반에 걸쳐 양화가 유통에서 사라지게 된 이유를 설명하고 있으므로, '① 악화가 어떻게 양화를 대체하는가'가 이 글의 제목이다.

어휘 **currency** 화폐, 통화 **debasement** 가치 하락, 저하
good money 양화(좋은 품질의 화폐)
bad money 악화(나쁜 품질의 화폐) **version** 형태
occur 일어나다, 발생하다 **via** ~을 통해 **precious metal** 귀금속
reissue 재발행하다 **dilute** 희석하다 **adulteration** 불순물 섞기
drive out (of) ~에서 몰아내다, 사라지게 하다
circulation 유통, 순환 **hoard** 축적, 저장 **issuer** 발행인
treasure 재산, 보물 **interminable** 끝없는 **warfare** 전쟁
dissolute 방탕한, 타락한 **purity** 순도 **pocket** 횡령하다
balance 차액, 잔고 **illegal** 불법인 **keep back** 숨기다
replenish 다시 채우다, 보충하다 **treasury** 국고 **element** 요소

16 독해 논리적 흐름 파악 (무관한 문장 삭제) 난이도 ★★★

끊어읽기 해석

In spite of all evidence to the contrary, / there are people / who seriously believe / that NASA's Apollo space program / never really landed men / on the moon.
반대되는 모든 증거에도 불구하고 / 사람들이 있다 / 진지하게 믿는 / NASA의 아폴로 우주 프로그램이 / 실제로 사람을 착륙시킨 적이 없다고 / 달에

These people claim / that the moon landings were nothing more than a huge conspiracy, / perpetuated by a government / desperately in competition with the Russians / and fearful of losing face.
이러한 사람들은 주장한다 / 달 착륙이 거대한 음모에 불과했다고 / 정부에 의해 지속된 / 러시아와 필사적으로 경쟁하는 / 그리고 체면을 잃을 것을 두려워하는

① These conspiracy theorists claim / that the United States knew / it couldn't compete with the Russians / in the space race / and / was therefore forced to fake a series of successful moon landings.
이 음모론자들은 주장한다 / 미국은 알았다고 / 그것(미국)이 러시아와 경쟁할 수 없다는 것을 / 우주 경쟁에서 / 그리고 / 그래서 일련의 성공적인 달 착륙을 가짜로 만들 수밖에 없었다고

② Advocates of a conspiracy / cite several pieces of what they consider evidence.
음모론의 옹호자들은 / 그들이 증거라고 생각하는 몇 가지를 인용한다

③ Crucial to their case / is the claim / that astronauts never could have safely passed through the Van Allen belt, / a region of radiation / trapped in Earth's magnetic field.
그들의 주장에서 결정적인 것은 / 주장이다 / 우주 비행사들이 밴앨런대를 결코 안전하게 통과할 수 없었을 것이라는 / 방사선의 지역인 / 지구의 자기장에 갇힌

④ They also point to the fact / that the metal coverings of the spaceship / were designed to block radiation.
그들은 또한 사실을 들먹인다 / 우주선의 금속 덮개가 / 방사선을 차단하도록 설계되었다는

If the astronauts had truly gone through the belt, / say conspiracy theorists, / they would have died.
만약 우주 비행사들이 진정으로 그 벨트를 통과했다면 / 음모론자들은 말한다 / 그들은 죽었을 것이라고

해석 반대되는 모든 증거에도 불구하고, NASA의 아폴로 우주 프로그램이 실제로 달에 사람을 착륙시킨 적이 없다고 진지하게 믿는 사람들이 있다. 이러한 사람들은 달 착륙이 러시아와 필사적으로 경쟁하며 체면을 잃을 것을 두려워하는 정부에 의해 지속된 거대한 음모에 불과했다고 주장한다. ① 이 음모론자들은 미국이 우주 경쟁에서 러시아와 경쟁할 수 없다는 것을 알았기 때문에 일련의 성공적인 달 착륙을 가짜로 만들 수밖에 없었다고 주장한다. ② 음모론의 옹호자들은 그들이 증거라고 생각하는 몇 가지를 인용한다. ③ 그들의 주장에서 결정적인 것은 우주 비행사들이 지구의 자기장에 갇힌 방사선의 지역인 밴앨런대를 결코 안전하게 통과할 수 없었을 것이라는 주장이다. ④ 그들은 또한 우주선의 금속 덮개가 방사선을 차단하도록 설계되었다는 사실을 들먹인다. 만약 우주 비행사들이 진정으로 그 벨트를 통과했다면, 그들은 죽었을 것이라고 음모론자들은 말한다.

해설 지문 처음에서 NASA의 아폴로 우주 프로그램이 실제로 달에 사람을 착륙시킨 적이 없다고 믿는 사람들에 대해 언급한 뒤, ①, ②, ③번에서 그들의 주장과 그 증거에 대해 설명하고 있으므로 모두 첫 문장과 관련이 있다. 그러나 ④번은 음모론의 옹호자들이 우주선의 금속 덮개가 방사선을 차단하도록 설계되었다는 사실을 들먹인다는 내용으로 아폴로 우주 프로그램이 달에 사람을 착륙시킨 적이 없다는 음모론자들의 주장에 대해 설명하는 지문 전반의 내용과 반대이다. 따라서 ④번이 정답이다.

어휘 **evidence** 증거, 근거 **contrary** 반대의 것 **land** 착륙하다
claim 주장하다 **conspiracy** 음모
perpetuate 지속하다, ~을 영속하게 하다
desperately 필사적으로, 절실하게 **lose face** 체면을 잃다
fake 가짜로 만들다, 가장하다 **advocate** 옹호자 **crucial** 결정적인
case 주장, 진술 **astronaut** 우주 비행사 **radiation** 방사선
trap 가두다 **magnetic field** 자기장 **spaceship** 우주선

17 독해 논리적 흐름 파악 (문장 삽입) 난이도 ★★★

끊어읽기 해석

Tribal oral history and archaeological evidence suggest / that sometime between 1500 and 1700 / a mudslide destroyed part of the village, / covering several longhouses and sealing in their contents.
부족의 구전 역사와 고고학적 증거는 암시한다 / 1500년에서 1700년 사이의 언젠가 / 진흙 사태가 그 마을의 일부를 파괴하여 / 여러 채의 전통 가옥을 뒤덮고 그 안에 있는 것들을 봉인했다는 것을

From the village of Ozette on the westernmost point of Washington's Olympic Peninsula, / members of the Makah tribe hunted whales.
워싱턴주 올림픽 반도의 가장 서쪽 지점에 위치한 오제트 마을에서 / 마카족의 사람들이 고래를 사냥했다

(①) They smoked their catch on racks and in smokehouses / and / traded with neighboring groups / from around the Puget Sound / and / nearby Vancouver Island.
그들은 선반 위와 훈제실에서 잡은 것들을 훈제했다 / 그리고 / 이웃 무리들과 거래했다 / 퓨젯 사운드에서 온 / 그리고 / 인근의 밴쿠버섬 주변에서

(②) Ozette was one of five main villages / inhabited by the Makah, / an Indigenous people / who have been based in the region / for millennia.
오제트는 다섯 개의 주요 마을 중 하나였다 / 마카족이 거주했던 / 토착민인 / 그 지역에 근거지를 두고 살아온 / 수천 년간

(③) Thousands of artifacts / that would not otherwise have survived, / including baskets, clothing, sleeping mats, and whaling tools, / were preserved / under the mud.

수천 개의 유물들이 / 그렇지 않았더라면 잔존하지 못했을 / 바구니, 옷, 수면 요, 그리고 고래잡이 도구를 포함하여 / 보존되었다 / 진흙 속에

(④) In 1970, / a storm caused coastal erosion / that revealed the remains of these longhouses and artifacts.
1970년에 / 한 폭풍이 해안 침식을 일으켰고 / 그것이 이 전통 가옥들과 유물들의 잔해를 드러냈다

해석 ┃ 부족의 구전 역사와 고고학적 증거는 1500년에서 1700년 사이의 언젠가 진흙 사태가 그 마을의 일부를 파괴하여 여러 채의 전통 가옥을 뒤덮고 그 안에 있는 것들을 봉인했다는 것을 암시한다.

워싱턴주 올림픽 반도의 가장 서쪽 지점에 위치한 오제트 마을에서 마카족의 사람들이 고래를 사냥했다. (①) 그들은 선반 위와 훈제실에서 잡은 것을 훈제했고, 퓨젯 사운드와 인근의 밴쿠버섬 주변에서 온 이웃 무리들과 거래했다. (②) 오제트는 수천 년간 그 지역에 근거지를 두고 살아온 토착민인 마카족이 거주했던 다섯 개의 주요 마을 중 하나였다. (③) 바구니, 옷, 수면 요, 그리고 고래잡이 도구를 포함하여, 그렇지 않았더라면 잔존하지 못했을 수천 개의 유물들이 진흙 속에 보존되었다. (④) 1970년에, 한 폭풍이 해안 침식을 일으켰고, 그것이 이 전통 가옥들과 유물들의 잔해를 드러냈다.

해설 ┃ 주어진 문장의 the village(그 마을)를 통해 주어진 문장 앞에는 마을에 대한 설명이 나오고, sealing in their contents(그 안에 있는 것들을 봉인했다)를 통해 주어진 문장 뒤에 진흙 속에 봉인되었던 것들에 대한 설명이 나올 것임을 예상할 수 있다. ③번 앞 문장에서 오제트가 마카족이 거주했던 다섯 개의 주요 마을 중 하나였다고 설명하고, ③번 뒤 문장에서 진흙이 봉인하지 않았더라면 잔존하지 못했을 수천 개의 유물들이 진흙 속에 보존되었다고 하고 있으므로 ③번 자리에 주어진 문장이 들어가야 글의 흐름이 자연스럽게 연결된다. 따라서 ③번이 정답이다.

어휘 ┃ tribal 부족의 oral 구전의, 구두의 archaeological 고고학적인 mudslide 진흙 사태 longhouse (미국 일부 원주민들의) 전통 가옥 seal 봉(인)하다 peninsula 반도 indigenous 토착의 coastal erosion 해안 침식

18 독해 논리적 흐름 파악 (문단 순서 배열)   난이도 ★★☆

끊어읽기 해석

Interest in movie and sports stars / goes beyond their performances / on the screen and in the arena.
영화와 스포츠 스타에 대한 관심은 / 그들의 활약의 범위를 넘어선다 / 스크린과 경기장에서의

(A) The doings of skilled baseball, football, and basketball players / out of uniform / similarly attract public attention.
뛰어난 야구, 축구, 그리고 농구 선수들의 행동은 / 유니폼을 벗고 하는 / 비슷하게 대중의 관심을 끈다

(B) Newspaper columns, specialized magazines, television programs, and Web sites record / the personal lives / of celebrated Hollywood actors, / sometimes accurately.
신문 칼럼, 전문 잡지, 텔레비전 프로그램, 그리고 웹사이트는 기록한다 / 개인 생활을 / 유명 할리우드 배우들의 / 때로는 정확하게

(C) Both industries / actively promote such attention, / which expands audiences / and thus increases revenues.
두 업계 모두 / 이러한 관심을 적극적으로 홍보한다 / 이는 관객을 확장한다 / 그리고 따라서 수익도 증가시킨다

But a fundamental difference / divides them: / What sports stars do for a living is authentic / in a way that what movie stars do is not.
그러나 근본적인 차이점이 / 그들을 나눈다 / 스포츠 스타가 생계를 위해 하는 일은 진짜이다 / 영화배우들이 하지 않는 방식으로

해석 ┃ 영화와 스포츠 스타에 대한 관심은 스크린과 경기장에서의 그들의 활약의 범위를 넘어선다.

(B) 신문 칼럼, 전문 잡지, 텔레비전 프로그램, 그리고 웹사이트는 유명 할리우드 배우들의 개인 생활을 때로는 정확하게 기록한다.

(A) 뛰어난 야구, 축구, 그리고 농구 선수들이 유니폼을 벗고 하는 행동도 비슷하게 대중의 관심을 끈다.

(C) 두 업계 모두 이러한 관심을 적극적으로 홍보하는데, 이는 관객을 확장하고 따라서 수익도 증가시킨다. 그러나 근본적인 차이점이 그들을 나눈다. 스포츠 스타가 생계를 위해 하는 일은 영화배우들이 하지 않는 방식으로 진짜이다.

해설 ┃ 주어진 문장에서 영화와 스포츠 스타에 대한 관심은 스크린과 경기장에서의 그들의 활약의 범위를 넘어선다고 하고, (B)에서 각종 매체들은 유명 배우들의 개인 생활을 기록한다고 설명하고 있다. 이어서 (A)에서 운동선수들이 경기 중이 아닐 때 하는 행동도 배우들과 비슷하게 대중의 관심을 끈다고 하고, (C)에서 배우와 운동선수 두 업계 모두 이러한 관심을 적극적으로 홍보한다고 설명하고 있다. 따라서 ② (B) – (A) – (C)가 정답이다.

어휘 ┃ arena 경기장, 시합장 attract 끌다, 유인하다 specialized 전문의 accurately 정확하게 actively 적극적으로 expand 확장하다, 확대하다 revenue 수익 fundamental 근본적인 divide 나누다 authentic 진짜의, 진정한

19 독해 추론 (빈칸 완성 - 절)   난이도 ★★★

끊어읽기 해석

Persuasion shows up / in almost every walk of life.
설득은 나타난다 / 거의 모든 직업에서

Nearly every major politician / hires / media consultants and political experts / to provide advice / on how to appeal / to the public.
거의 모든 주요 정치인들은 / 고용한다 / 미디어 컨설턴트와 정치 전문가를 / 조언을 제공하기 위해 / 어떻게 호소할 것인지에 대해 / 대중들에게

Virtually every major business and special-interest group / has hired a lobbyist / to take its concerns / to Congress / or / to state and local governments.
거의 모든 주요 사업체와 특수 이익 단체들은 / 로비스트를 고용해 왔다 / 그들의 우려 사항을 전달하기 위해 / 의회에 / 또는 / 주정부 및 지방정부에

In nearly every community, / activists try to persuade / their fellow citizens / on important policy issues.
거의 모든 지역사회에서 / 활동가들은 설득하려고 노력한다 / 그들의 동료 시민들을 / 중요한 정책 문제에 대해

The workplace, too, has always been fertile ground / for office politics and persuasion.
직장 또한 항상 비옥한 땅이었다 / 사내 정치와 설득을 위한

One study estimates / that general managers spend upwards of 80% of their time / in verbal communication / — most of it with the intent / of persuading their fellow employees.
한 연구는 추정한다 / 일반 관리자들이 그들의 시간의 80퍼센트 이상을 소비한다고 / 언어적 의사소통에 / 이 중 대부분은 의도를 가지고 있다 / 그들의 동료 직원들을 설득하려는

With the advent of the photocopying machine, / a whole new medium for office persuasion was invented / —the photocopied memo.
복사기의 출현으로 / 설득을 위한 완전히 새로운 매체가 발명되었다 / 즉 복사된 메모

The Pentagon alone / copies / an average of 350,000 pages / a day, / the equivalent of 1,000 novels.
국방부에서만 / 복사한다 / 평균 35만 페이지를 / 하루에 / 이것은 소설 1,000권에 해당한다

해석 설득은 거의 모든 직업에서 나타난다. 거의 모든 주요 정치인들은 미디어 컨설턴트와 정치 전문가를 고용하여 대중들에게 어떻게 호소할 것인지에 대한 조언을 제공하게 한다. 거의 모든 주요 사업체와 특수 이익 단체들은 의회나 주정부 및 지방정부에 그들의 우려 사항을 전달하기 위해 로비스트를 고용해 왔다. 거의 모든 지역사회에서, 활동가들은 중요한 정책 문제에 대해 동료 시민들을 설득하려고 노력한다. 직장 또한 항상 사내 정치와 설득을 위한 비옥한 땅이었다. 한 연구는 일반 관리자들이 그들의 시간의 80퍼센트 이상을 언어적 의사소통에 소비한다고 추정하는데, 이 중 대부분은 그들의 동료 직원들을 설득하려는 의도를 가지고 있다. 복사기의 출현으로 사내 설득을 위한 완전히 새로운 매체, 즉 복사된 메모가 발명되었다. 국방부에서만 하루에 평균 35만 페이지를 복사하는데, 이것은 소설 1,000권에 해당한다.

① 사업가들은 뛰어난 설득 기술을 지녀야 한다.
② 설득은 거의 모든 직업에서 나타난다.
③ 당신은 수많은 광고판과 포스터를 만나게 될 것이다.
④ 대중 매체 캠페인은 정부에 유용하다.

해설 지문 전반에 걸쳐 정치인들은 대중들에게 호소하기 위한 조언을 받고, 사업체와 특수 이익 단체들은 그들의 우려 사항을 정부에 전달하고, 활동가들은 동료 시민들을 설득하고, 일반 관리자들은 동료 직원들을 설득하는 데 언어적 의사소통의 대부분을 사용하는 등 여러 분야에서 설득이 이루어지는 예시를 설명하고 있으므로, 빈칸에는 '② 설득은 거의 모든 직업에서 나타난다'는 내용이 들어가야 한다.

어휘 politician 정치인 hire 고용하다 appeal 호소하다
virtually 거의, 사실상 lobbyist 로비스트(특정 압력 단체의 이익을 위해 입법에 영향을 줄 목적으로 정당이나 의원을 상대로 활동하는 전문가)
congress 의회 activist 활동가 persuade 설득하다
fellow 동료 citizen 시민 fertile 비옥한 estimate 추정하다
upwards 이상의 intent 의도 advent 출현, 도래
photocopy 복사하다 pentagon 국방부, 펜타곤(미국 국방부 건물)
equivalent 해당하는, 맞먹는 walk of life 직업, 사회적 계급
encounter 만나다, 마주치다 countless 수많은
billboard 광고판, 게시판 mass media 대중 매체

20 독해 추론 (빈칸 완성 - 절)   난이도 ★★☆

끊어읽기 해석

It is important to note / that for adults, / social interaction mainly occurs / through the medium of language.
유의하는 것이 중요하다 / 성인의 경우 / 사회적 상호작용은 주로 발생한다 / 언어라는 매개체를 통해

Few native-speaker adults / are willing to devote time / to interacting with someone / who does not speak the language, / with the result / that the adult foreigner will have little opportunity / to engage in meaningful and extended language exchanges.
원어민인 성인은 거의 없다 / 기꺼이 시간을 할애하려는 / 누군가와 상호작용을 하는 데 / 해당 언어를 구사하지 않는 / 그 결과 / 성인 외국인은 기

회가 거의 없게 될 것이다 / 의미 있고 확장된 언어 교환에 참여할

In contrast, / the young child is often readily accepted / by other children, / and even adults.
대조적으로 / 어린아이는 종종 쉽게 받아들여진다 / 다른 아이들에게 / 그리고 심지어 어른들에게도

For young children, / language is not as essential / to social interaction.
어린아이들에게 / 언어는 그만큼 필수적인 것은 아니다 / 사회적 상호작용에서

So-called 'parallel play', / for example, / is common / among young children.
소위 '병행 놀이'는 / 예를 들어 / 흔하다 / 어린아이들 사이에서

They can be content / just to sit in each other's company / speaking only occasionally / and / playing on their own.
그들은 만족할 수 있다 / 서로의 친구와 앉아 있는 것만으로도 / 가끔만 이야기하는 것 / 그리고 / 혼자 노는 것

Adults rarely find themselves in situations / where language does not play a crucial role / in social interaction.
성인들은 상황에 처하는 경우가 거의 없다 / 언어가 중요한 역할을 하지 않는 / 사회적 상호작용에서

해석 성인의 경우, 사회적 상호작용은 주로 언어라는 매개체를 통해 발생한다는 점에 유의하는 것이 중요하다. 해당 언어를 구사하지 않는 사람과 상호작용을 하는 데 기꺼이 시간을 할애하려는 원어민인 성인은 거의 없으며, 그 결과 성인 외국인은 의미 있고 확장된 언어 교환에 참여할 기회가 거의 없게 될 것이다. 대조적으로, 어린아이는 종종 다른 아이들, 그리고 심지어 어른들에게도 쉽게 받아들여진다. 어린아이들에게, 언어는 사회적 상호작용에서 그만큼 필수적인 것은 아니다. 예를 들어, 소위 '병행 놀이'는 어린아이들 사이에서 흔하다. 그들은 가끔만 서로의 친구와 앉아서 이야기하고 혼자 노는 것만으로도 만족할 수 있다. 성인들은 언어가 사회적 상호작용에서 중요한 역할을 하지 않는 상황에 처하는 경우가 거의 없다.

① 언어가 사회적 상호작용에서 중요한 역할을 하지 않는다
② 그들의 의견은 그들의 동료들에게 쉽게 받아들여진다
③ 그들은 다른 언어를 말하도록 요청받는다
④ 의사소통 능력이 매우 요구된다

해설 지문 처음에서 성인의 경우 사회적 상호작용은 주로 언어라는 매개체를 통해 발생하기 때문에 해당 언어를 구사하지 않는 사람과 상호작용을 하는 데 기꺼이 시간을 할애하려는 원어민 성인은 거의 없다고 했으므로, 빈칸에는 성인들은 '① 언어가 사회적 상호작용에서 중요한 역할을 하지 않는' 상황에 처하는 경우가 거의 없다는 내용이 들어가야 한다.

어휘 note 유의하다 medium 매개체 devote 할애하다, 헌신하다
engage in ~에 참여하다 meaningful 의미 있는
extended 확장된 readily 쉽게
parallel play 병행 놀이(유아가 같은 종류의 장난감을 사용해 나란히 앉아 독립적으로 노는 것) content 만족하는
occasionally 가끔, 때때로

정답
p.38

01	② 어휘 - 어휘 & 표현	**11**	② 어휘 - 생활영어
02	② 어휘 - 어휘 & 표현	**12**	③ 독해 - 세부내용 파악
03	① 어휘 - 어휘 & 표현	**13**	④ 독해 - 세부내용 파악
04	① 어휘 - 어휘 & 표현	**14**	③ 독해 - 전체내용 파악
05	③ 어휘 - 어휘 & 표현	**15**	③ 독해 - 전체내용 파악
06	④ 문법 - 부사절	**16**	③ 독해 - 논리적 흐름 파악
07	③ 문법 - 관계절	**17**	③ 독해 - 논리적 흐름 파악
08	② 문법 - 동사의 종류	**18**	④ 독해 - 논리적 흐름 파악
09	④ 어휘 - 생활영어	**19**	① 독해 - 추론
10	④ 어휘 - 생활영어	**20**	① 독해 - 추론

취약영역 분석표

영역	세부 유형	문항 수	소계
어휘	어휘 & 표현	5	/8
	생활영어	3	
문법	부사절	1	/3
	관계절	1	
	동사의 종류	1	
독해	전체내용 파악	2	/9
	세부내용 파악	2	
	추론	2	
	논리적 흐름 파악	3	
총계			**/20**

· 자신이 취약한 영역은 '공무원 영어, 이렇게 출제된다!'(p.6)를 통해 다시 한번 확인하고 학습하시기 바랍니다.

---

01 | 어휘 | 어휘&표현 markedly = obviously | 난이도 ★☆☆

해석 셰익스피어의 희극은 많은 유사점을 공유하지만, 또한 서로 현저하게 다르기도 하다.
① 부드럽게
② 분명히
③ 미미하게
④ 분간할 수 없게

어휘 comedy 희극 share 공유하다 similarity 유사점, 공통점
differ 다르다 markedly 현저하게, 두드러지게
obviously 분명히, 명백히 marginally 미미하게, 조금만
indiscernibly 분간할 수 없게

 이것도 알면 **합격!**

markedly(현저하게)의 유의어
= noticeably, decidedly, distinctly, remarkably

---

02 | 어휘 | 어휘&표현 dilute = weaken | 난이도 ★★☆

해석 Jane은 진하고 짙은 차를 따르고 그것을 우유로 희석했다.
① 씻다
② 묽게 하다
③ 연결하다
④ 발효시키다

어휘 pour 따르다, 붓다 strong (차가) 진한 dark (색이) 짙은, 어두운
dilute 희석하다, 묽게 하다 ferment ~을 발효시키다

이것도 알면 **합격!**

dilute(희석하다)와 유사한 의미의 표현
= make weaker, thin out, water down

---

03 | 어휘 | 어휘&표현 rule out = exclude | 난이도 ★★☆

해석 총리는 아동 수당이나 연금의 삭감을 배제했다고 여겨진다.
① 배제했다
② 지지했다
③ 제출했다
④ 인가했다

어휘 prime minister 총리, 수상 rule out 배제하다, 제외하다
cut 삭감, 인하 benefit 수당, 혜택 pension 연금
exclude 배제하다, 제외하다 submit 제출하다
authorize 인가하다, 승인하다

이것도 알면 **합격!**

rule out(배제하다)의 유의어
= preclude, dismiss, reject

---

04 | 어휘 | 어휘&표현 let on = reveal | 난이도 ★★☆

해석 우리가 깜짝 파티를 계획하고 있다고 털어놓으면, 아빠는 너에게 질문을 멈추지 않을 것이다.
① 밝히다
② 관찰하다
③ 믿다

④ 소유하다

어휘 **let on** 털어놓다, 폭로하다 **reveal** 밝히다, 드러내다
observe 관찰하다 **possess** 소유하다

---

05 **어휘** 어휘&표현 facilitate 난이도 ★★☆

해석 슈퍼마켓의 자동문은 가방이나 쇼핑 카트를 가진 고객의 출입을 용이하게 한다.

① 무시하다
② 용서하다
③ 용이하게 하다
④ 과장하다

어휘 **automatic** 자동의 **entry and exit** 출입
facilitate 용이하게 하다, 촉진하다 **exaggerate** 과장하다

---

06 **문법** 부사절 난이도 ★☆☆

해석 당신이 읽고 있는 책의 많은 장점 중 하나는 그것이 『의미의 지도』에 대한 진입점을 제공한다는 점인데, 이것은 작가가 이 책을 쓰면서 심리학에 대한 그의 접근법을 연구하고 있었기 때문에 매우 복잡한 작품이다.

해설 ④ 부사절 자리와 쓰임 전치사(because of)의 목적어 자리에는 명사 역할을 하는 것이 와야 하는데, 뒤에 완전한 절(the author ~ it)이 왔으므로 전치사 because of를 완전한 절 앞에 올 수 있는 부사절 접속사 because로 고쳐야 한다.

오답 분석 ① 수량 표현 수량 표현 One of(~ 중 하나)는 복수 명사 앞에 오는 수량 표현이므로 복수 명사 virtues가 올바르게 쓰였다.
② 수량 표현의 수 일치 주어 자리에 단수 취급하는 수량 표현 'One of + 명사'(One of the many virtues)가 왔으므로 단수 동사 is가 올바르게 쓰였다.
③ 관계대명사 선행사(*Maps of Meaning*)가 사물이고, 관계절 내에서 주어 역할을 하므로 주격 관계대명사 which가 올바르게 쓰였다.

어휘 **virtue** 장점, 덕목 **provide** 제공하다 **entry point** 진입점
approach 접근법 **psychology** 심리학

---

07 **문법** 관계절 난이도 ★☆☆

해석 ① 그 프로젝트에 너무 많은 시간을 들이지 않도록 계획해야 한다.
② 나의 개는 지난달에 사라졌고 그 이후로 보이지 않는다.
③ 내가 돌보던 딸을 가진 사람들이 이사를 가서 슬프다.
④ 나는 여행에서 책을 샀는데, 본국에서 사는 것보다 두 배만큼 비쌌다.

해설 ③ 관계대명사 선행사(the people)가 사람이고, 관계절 내에서 daughter가 누구의 딸인지 나타내므로, 주격 관계대명사 who를 사람을 가리키는 소유격 관계대명사 whose로 고쳐야 한다.

오답 분석 ① to 부정사의 형태 to 부정사(to spend)의 부정형은 to 부정사 앞에 not을 붙이므로 not to spend가 올바르게 쓰였다.
② 과거 시제 | 수동태로 쓸 수 없는 동사 문장에 시간 표현 last month(지난달)가 왔고 문맥상 '지난달에 사라졌다'라는 과거의 동작을 표현하고 있으므로 과거 시제 disappeared가 올바르게 쓰였다. 또한, 동사 disappear는 '사라지다'라는 의미일 때 목적어를 취하지 않는 자동사이며 수동태로 쓸 수 없으므로 능동태로 올바르게 쓰였다.
④ 원급 문맥상 '본국에서 사는 것보다 두 배만큼 비쌌다'라는 의미가 되어야 자연스러운데, '두 배만큼 비쌌다'는 '배수사 + as + 원급 + as'의 형태로 나타낼 수 있으므로 twice as expensive as가 올바르게 쓰였다.

어휘 **disappear** 사라지다 **expensive** 비싼

---

08 **문법** 동사의 종류 난이도 ★★☆

해설 ② 3형식 동사 that절을 목적어로 갖는 3형식 동사 mention 뒤에는 '사람(me)'이 혼자 올 수 없고 'to + 사람'(to me)의 형태로 와야 하므로 mentioned me that ~을 mention to me that ~으로 고쳐야 한다.

오답 분석 ① 5형식 동사 | 목적어 자리 동사 find(found)는 5형식 동사로 쓰일 때 'find(found) + 목적어 + 목적격 보어(exciting)'를 취하며 '~이 −이라는 것을 알다'라는 의미를 나타내는데, to 부정사구 목적어가 목적격 보어와 함께 오면 진짜 목적어(to 부정사구)를 목적격 보어 뒤로 보내고 목적어가 있던 자리에 가짜 목적어 it을 써서 '가짜 목적어 it + 목적격 보어(exciting) + 진짜 목적어(to work here)'의 형태가 되어야 하므로 found it ~ to work here가 올바르게 쓰였다. 참고로, 감정을 나타내는 분사가 목적격 보어일 때 목적어가 감정의 원인인 경우 현재분사를 쓰고, 감정을 느끼는 대상인 경우 과거분사를 쓰는데, 목적어가 '이곳에서 일하는 것은 흥미롭다'라는 의미로 감정의 원인이므로 현재분사 exciting이 올바르게 쓰였다.
③ 5형식 동사 동사 want는 to 부정사를 목적격 보어로 취하는 5형식 동사이므로 want him to come이 올바르게 쓰였다.
④ 가정법 과거완료 | 부사 자리 '좀 더 능숙하고 경험 많은 선생님이었다면'이라며 과거의 상황을 반대로 가정하고 있으므로 가정법 과거완료 would have treated가 올바르게 쓰였다. 참고로, 해당 문장은 if절이 생략된 상태이며, 문맥이나 상황에

가정하는 내용이 명백하게 드러나는 경우에는 가정법 문장에서 if절이 생략될 수 있다. 또한, 부사(otherwise)는 동사를 수식할 때 '동사 + 목적어'의 뒤에 올 수 있으므로, '동사 + 목적어(treated him)' 뒤에 부사 otherwise가 올바르게 쓰였다.

어휘 **mention** 언급하다 **skillful** 능숙한, 숙련된 **experienced** 경험 많은
treat 대하다, 다루다
otherwise 달리, 만약 그렇지 않았다면, 다른 상황에서는

👍 이것도 알면 **합격!**

목적어(that절/의문사절)를 하나만 가지는 3형식 동사와 목적어를 2개 가지는 4형식 동사를 구별해서 써야 한다는 것을 알아두자.

3형식 동사	say/mention/announce 말하다 suggest/propose/recommend 제안하다 explain/describe 설명하다	+ (to 사람)	+ 목적 (that절/ 의문사절)
4형식 동사	tell/inform/notify 말하다 assure/convince 확신시키다	+ 간접 목적어 (~에게)	+ 직접 목적어 (that절/ 의문사절)

---

09 어휘 생활영어 That's a lot more than I expected. 난이도 ★☆☆

해석
A: Charles, 다가오는 행사에 의자가 더 필요할 것 같아요.
B: 정말요? 의자가 이미 충분하다고 생각했는데요.
A: 부장님께서 350명 이상 올 거라고 말씀하셨어요.
B: 제가 예상했던 것보다 훨씬 더 많네요.
A: 동의해요. 저도 조금 놀랐어요.
B: 그럼 제가 더 주문해야 할 것 같네요. 감사해요.

① 부장님이 행사에 참석하실지 궁금해요.
② 350명 이상 올 거라고 생각했어요.
③ 그것은 사실 많은 숫자가 아니네요.
④ 제가 예상했던 것보다 훨씬 더 많네요.

해설 부장님이 350명 이상 올 거라고 말했다는 A의 말에 B가 대답하고, 빈칸 뒤에서 A가 I agree. I am also a bit surprised(동의해요. 저도 조금 놀랐어요)라고 말하고 있으므로, 빈칸에는 '④ 제가 예상했던 것보다 훨씬 더 많네요(That's a lot more than I expected)'가 오는 것이 자연스럽다.

어휘 **upcoming** 다가오는, 곧 있을 **attend** 참석하다
expect 예상하다, 기대하다

👍 이것도 알면 **합격!**

놀라움을 나타낼 때 쓸 수 있는 다양한 표현을 알아두자.

· **What a surprise!** 정말 놀랐어요!
· **I'm astonished!** 놀랐어요!
· **No way!** 말도 안 돼요!
· **You must be kidding!** 농담이죠!

---

10 어휘 생활영어 Thank you for letting me know. I'll contact him. 난이도 ★☆☆

해석
A: 어제 회의에서 말씀하신 서류를 받아볼 수 있을까요?
B: 물론이죠. 서류 제목이 어떻게 되나요?
A: 제목은 기억이 안 나는데, 지역사회 축제에 관한 내용이었어요.

B: 아, 무엇을 말씀하시는지 알겠어요.
A: 좋아요. 이메일로 보내주실 수 있나요?
B: 저는 가지고 있지 않아요. Park 씨가 프로젝트를 담당하고 있으니, 그가 가지고 있을 거예요.
A: 알려주셔서 감사해요. 그에게 연락해 볼게요.
B: 행운을 빌어요. 원하시는 서류를 꼭 받으시길 바라요.

① 그가 사무실에 있는지 확인해 주시겠어요?
② Park 씨가 당신에게 이메일을 다시 보냈어요.
③ 지역사회 축제에 오시나요?
④ 알려주셔서 감사해요. 그에게 연락해 볼게요.

해설 Park 씨가 프로젝트를 담당하고 있으니 그가 서류를 가지고 있을 거라는 B의 말에 A가 대답하고, 빈칸 뒤에서 B가 Good luck. Hope you get the document you want(행운을 빌어요. 원하시는 서류를 꼭 받으시길 바라요)라고 말하고 있으므로, 빈칸에는 '④ 알려주셔서 감사해요. 그에게 연락해 볼게요(Thank you for letting me know. I'll contact him)'가 오는 것이 자연스럽다.

어휘 **document** 서류, 문서 **refer to** 말하다, 참고하다
via ~을 통하여, ~에 의해 **in charge of** 담당하는, 책임이 있는

👍 이것도 알면 **합격!**

행운을 빌어줄 때 쓸 수 있는 다양한 표현을 알아두자.

· **Best of luck!** 행운을 빌어요!
· **Wishing you all the best!** 모든 일이 잘 되길 바라요!
· **I'll keep my fingers crossed for you!** 행운을 빌어요!
· **I hope everything goes well!** 모든 일이 잘 되길 바라요!

---

11 어휘 생활영어 When can I have a rehearsal for my presentation? 난이도 ★★☆

해석
A: 안녕하세요, 다음 주 화요일에 있을 발표에 관해 질문을 하나 해도 될까요?
B: 자원봉사 프로그램 홍보에 관한 발표 말씀이신가요?
A: 네. 발표는 어디에서 진행되나요?
B: 확인해 볼게요. 201호입니다.
A: 그렇군요. 방에서 제 노트북을 사용할 수 있나요?
B: 물론이죠. 방에 컴퓨터가 있지만, 원하시면 본인 것을 사용하셔도 돼요.
A: 발표 리허설은 언제 할 수 있나요?
B: 발표 두 시간 전에 방에서 만날 수 있어요. 괜찮으시겠어요?
A: 네. 정말 감사해요!

① 한 시간 전에 컴퓨터 기술자가 여기에 왔어요.
② 발표 리허설은 언제 할 수 있나요?
③ 우리 프로그램을 위해 더 많은 자원봉사자를 모집해야 할까요?
④ 제 노트북을 방에 두고 가는 것이 불편합니다.

해설 빈칸 뒤에서 B가 We can meet in the room two hours before the presentation(발표 두 시간 전에 방에서 만날 수 있어요)이라고 말하고 있으므로, 빈칸에는 '② 발표 리허설은 언제 할 수 있나요(When can I have a rehearsal for my presentation)'가 오는 것이 자연스럽다.

어휘 **presentation** 발표, 설명 **promote** 홍보하다, 촉진하다
volunteer 자원봉사 **laptop** 노트북 **technician** 기술자
rehearsal 리허설, 예행연습 **recruit** 모집하다, 채용하다
comfortable 편한, 편안한

이것도 알면 **합격!**

감사를 표현할 때 쓸 수 있는 다양한 표현을 알아두자.

- **Thanks a lot!** 정말 감사합니다!
- **I appreciate it.** 감사합니다.
- **I'm deeply grateful.** 진심으로 감사드립니다.
- **I owe you one!** 정말 고맙습니다! (당신에게 신세를 졌습니다!)
- **I can't thank you enough.** 얼마나 감사한지 몰라요.
- **You've been very helpful.** 많은 도움이 되었습니다.

---

12 **독해** **세부내용 파악** (내용 불일치 파악) 난이도 ★☆☆

끊어읽기 해석

To: reserve@metropolitan.com
수신: reserve@metropolitan.com

From: BruceTaylor@westcity.com
발신: BruceTaylor@westcity.com

Date: June 22, 2024
날짜: 2024년 6월 22일

Subject: Venue facilities
제목: 행사장 시설

Dear Sir,
담당자분께,

I am writing / to ask for information / about Metropolitan Conference Center.
저는 글을 씁니다 / 정보를 요청하기 위해 / 메트로폴리탄 컨퍼런스 센터에 대한

We are looking for a venue / for a three-day conference / in September / this year.
저희는 장소를 찾고 있습니다 / 3일간의 컨퍼런스를 위한 / 9월에 있을 / 올해

We need to have enough room / for over 200 delegates / in your main conference room, / and / we would also like three small conference rooms / for meetings.
저희는 충분한 공간이 필요합니다 / 200명 이상의 대표자들을 위한 / 주 회의실에 / 그리고 / 세 개의 작은 회의실도 필요합니다 / 회의용으로

Each conference room needs / wi-fi as well.
각 회의실은 필요합니다 / wi-fi도

We need to have coffee available / mid-morning and mid-afternoon, / and we would also like to book your restaurant / for lunch / on all three days.
저희는 커피가 필요합니다 / 오전과 오후 중반에 / 그리고 귀사의 식당을 예약하고 싶습니다 / 점심 식사를 위해 / 3일 모두

In addition, / could you please let me know / if there are any local hotels / with discount rates / for Metropolitan clients or large groups?
또한 / 알려주실 수 있나요 / 현지 호텔이 있는지 / 할인율이 있는 / 메트로폴리탄 고객이나 대규모 그룹을 위한

We will need accommodations / for over 100 delegates / each night.
저희는 숙박시설이 필요합니다 / 100명 이상의 대표자를 위한 / 매일 밤

I look forward to hearing from you.
답장 기다리겠습니다

Best regards,
Bruce Taylor, Event Manager
행사 기획자 Bruce Taylor 드림

해석 수신: reserve@metropolitan.com
발신: BruceTaylor@westcity.com
날짜: 2024년 6월 22일
제목: 행사장 시설

담당자분께,

저는 메트로폴리탄 컨퍼런스 센터에 대한 정보를 요청하기 위해 글을 씁니다.

저희는 올해 9월에 있을 3일간의 컨퍼런스를 위한 장소를 찾고 있습니다. 주 회의실에 200명 이상의 대표자들이 사용할 수 있는 충분한 공간이 필요하며, 회의용으로 세 개의 작은 회의실도 필요합니다. 각 회의실에는 wi-fi도 필요합니다. 오전과 오후 중반에 커피가 필요하며, 3일 모두 점심 식사를 위해 귀사의 식당을 예약하고 싶습니다.

또한, 메트로폴리탄 고객이나 대규모 그룹을 위한 할인율이 있는 현지 호텔이 있는지 알려주실 수 있나요? 매일 밤 100명 이상의 대표자를 수용할 숙박시설이 필요합니다.

답장 기다리겠습니다.

행사 기획자 Bruce Taylor 드림

해설 지문 중간에서 3일 모두 점심 식사를 위해 식당을 예약하고 싶다고 했으므로 '③ 3일간의 저녁 식사를 위한 식당 예약이 필요하다'는 지문의 내용과 일치하지 않는다.

어휘 **metropolitan** 메트로폴리탄, 대도시의 **venue** 행사장, 장소 **facility** 시설, 설비 **delegate** 대표자, 사절 **conference room** 회의실 **book** 예약하다 **discount** 할인 **client** 고객 **accommodation** 숙박시설, 수용

---

13 **독해** **세부내용 파악** (내용 불일치 파악) 난이도 ★★☆

끊어읽기 해석

According to the historians, / neckties date back to 1660.
역사가들에 따르면 / 넥타이의 역사는 1660년까지 거슬러 올라간다

In that year, / a group of soldiers from Croatia / visited Paris.
그 해에 / 크로아티아에서 온 한 무리의 군인들이 / 파리를 방문했다

These soldiers were war heroes / whom King Louis XIV admired very much.
이 군인들은 전쟁 영웅들이었다 / 루이 14세가 매우 존경했던

Impressed with the colored scarves / that they wore around their necks, / the king decided to honor the Croats / by creating a military regiment / called the Royal Cravattes.
색깔이 있는 스카프에 감명을 받아서 / 그들이 목에 둘렀던 / 그 왕은 크로아티아인들을 기리기로 결정했다 / 군사 연대를 창설하여 / Royal Cravattes라고 불리는

The word *cravat* / comes from the word *Croat*.
'크라바트'라는 단어는 / 'Croat'라는 단어에서 왔다

All the soldiers in this regiment / wore colorful scarves or cravats / around their necks.
이 연대의 모든 군인들은 / 다채로운 스카프나 크라바트를 둘렀다 / 그들의 목에

This new style of neckwear / traveled to England.
이 새로운 스타일의 넥웨어는 / 영국으로 전파되었다

Soon / all upper class men were wearing cravats.
곧 / 모든 상류층 남성들이 크라바트를 맸다

Some cravats were quite extreme.
어떤 크라바트는 상당히 지나쳤다

At times, / they were so high / that a man could not move his head / without turning his whole body.
때때로 / 그것들은 너무 높아서 / 남자는 그의 머리를 움직일 수 없었다 / 그의 온몸을 돌리지 않고는

때때로 / 그것들은 너무 높아서 / 머리를 움직일 수 없었다 / 전신을 돌리지 않고는

The cravats were made of many different materials / from plaid to lace, / which made them suitable / for any occasion.
크라바트는 다양한 재료들로 만들어졌다 / 격자무늬 천부터 레이스까지 / 이는 그것들을 적합하게 만들었다 / 어떤 경우에도

해석 역사가들에 따르면, 넥타이의 역사는 1660년까지 거슬러 올라간다. 그 해에, 크로아티아에서 온 한 무리의 군인들이 파리를 방문했다. 이 군인들은 루이 14세가 매우 존경했던 전쟁 영웅들이었다. 그들이 목에 둘렀던 색깔이 있는 스카프에 감명을 받은 왕은 Royal Cravattes라고 불리는 군사 연대를 창설하여 크로아티아인들을 기리기로 결정했다. '크라바트'라는 단어는 'Croat'라는 단어에서 왔다. 이 연대의 모든 군인들은 목에 다채로운 스카프나 크라바트를 둘렀다. 이 새로운 스타일의 넥웨어는 영국으로 전파되었다. 곧 모든 상류층 남성들이 크라바트를 맸다. 어떤 크라바트는 상당히 지나쳤다. 때때로, 그것들은 너무 높아서 전신을 돌리지 않고는 머리를 움직일 수 없었다. 크라바트는 격자무늬 천부터 레이스까지 다양한 재료들로 만들어졌고, 이는 그것들을 어떤 경우에도 적합하게 만들었다.

① 1660년에 한 무리의 크로아티아 군인들이 파리를 방문했다.
② Royal Cravattes는 스카프를 맨 크로아티아 군인들을 기리기 위해 창설되었다.
③ 일부 크라바트는 머리를 자유롭게 움직이기에 너무 불편했다.
④ 크라바트를 만드는 데 사용된 재료들은 제한적이었다.

해설 ④번의 키워드인 'materials(재료들)'가 그대로 언급된 지문 주변의 내용에서 크라바트는 격자무늬 천부터 레이스까지 다양한 재료들(many different materials)로 만들어졌다고 했으므로 '④ 크라바트를 만드는 데 사용된 재료들은 제한적이었다'는 지문의 내용과 일치하지 않는다.

어휘 historian 역사가, 사학자 necktie 넥타이
date back to ~까지 거슬러 올라가다 soldier 군인, 병사
admire 존경하다, 동경하다 impress 감명을 주다, 감동시키다
honor 기리다, 예우하다 military 군사의, 군대의
regiment (군사) 연대
cravat 크라바트(넥타이처럼 매는 남성용 스카프)
neckwear 넥웨어(넥타이·스카프 등 목에 두르는 물건들)
extreme (유행 등이) 지나친, 극심한 material 재료
plaid 격자무늬 천 lace 레이스 suitable 적합한
occasion 경우, 때 limited 제한적인, 한정된

14 독해 전체내용 파악 (주제 파악) 난이도 ★★☆

끊어읽기 해석

In recent years / Latin America has made huge strides / in exploiting / its incredible wind, solar, geothermal and biofuel energy resources.
최근 몇 년 동안 / 라틴 아메리카는 큰 진전을 이루었다 / 개발하는 데 / 엄청난 풍력, 태양열, 지열 및 바이오 연료 에너지 자원을

Latin America's electricity sector / has already begun to gradually decrease / its dependence on oil.
라틴 아메리카의 전력 부문은 / 이미 점차 낮추기 시작했다 / 그것의 석유에 대한 의존도를

Latin America is expected to / almost double its electricity output / between 2015 and 2040.
라틴 아메리카는 예상된다 / 그것의 전력 생산량을 거의 두 배로 늘릴 것으로 / 2015년과 2040년 사이에

Practically / none of Latin America's new large-scale power

plants / will be oil-fueled, / which opens up the field / for different technologies.
사실상 / 라틴 아메리카의 새로운 대규모 발전소 중 어떤 것도 / 석유를 연료로 사용하지 않을 것이다 / 이는 장을 열어준다 / 다른 기술들을 위한

Countries in Central America and the Caribbean, / which traditionally imported oil, / were the first to move away / from oil-based power plants, / after suffering a decade of high and volatile prices / at the start of the century.
중앙아메리카와 카리브해 국가들은 / 전통적으로 석유를 수입했던 / 가장 먼저 벗어났다 / 석유 기반 발전소에서 / 10년 동안 높고 변동성이 큰 가격을 겪은 후에 / 금세기 초에

해석 최근 몇 년 동안 라틴 아메리카는 엄청난 풍력, 태양열, 지열 및 바이오 연료 에너지 자원을 개발하는 데 큰 진전을 이루었다. 라틴 아메리카의 전력 부문은 이미 석유에 대한 의존도를 점차 낮추기 시작했다. 라틴 아메리카는 2015년에서 2040년 사이에 전력 생산량을 거의 두 배로 늘릴 것으로 예상된다. 사실상 라틴 아메리카의 새로운 대규모 발전소 중 어떤 것도 석유를 연료로 사용하지 않을 것이고, 이는 다른 기술들을 위한 장을 열어준다. 전통적으로 석유를 수입했던 중앙아메리카와 카리브해 국가들은 금세기 초에 10년 동안 높고 변동성이 큰 가격을 겪은 후에 석유 기반 발전소에서 가장 먼저 벗어났다.

① 라틴 아메리카에서의 석유 산업 호황
② 라틴 아메리카에서의 전력 사업 감소
③ 라틴 아메리카에서의 재생 가능 에너지 발전
④ 라틴 아메리카에서의 석유 기반 자원의 적극적인 개발

해설 지문 전반에 걸쳐 라틴 아메리카는 풍력 등의 에너지 자원을 개발하는 데 큰 진전을 이루었으며, 이미 석유에 대한 의존도를 점차 낮추기 시작했고, 2015년에서 2040년 사이에 전력 생산량을 거의 두 배로 늘릴 것으로 예상된다고 설명하고 있다. 따라서 '③ 라틴 아메리카에서의 재생 가능 에너지 발전'이 이 글의 주제이다.

어휘 stride 진전, 발전 exploit 개발하다, 활용하다
incredible 엄청난, 믿을 수 없는 geothermal 지열의
biofuel 바이오 연료 electricity 전력, 전기 sector 부문, 분야
gradually 점차, 점진적으로 dependence 의존
output 생산량, 출력 practically 사실상, 실제로
power plant 발전소 import 수입하다
volatile 변동성이 큰, 변덕스러운 renewable 재생 가능한
aggressive 적극적인, 공격적인

15 독해 전체내용 파악 (제목 파악) 난이도 ★★☆

끊어읽기 해석

Every organization has resources / that it can use / to perform its mission.
모든 조직은 자원이 있다 / 사용할 수 있는 / 임무를 수행하는 데

How well your organization does its job / is partly a function of / how many of those resources you have, / but mostly / it is a function of / how well you use the resources you have, / such as people and money.
당신의 조직이 임무를 얼마나 잘 수행하는가는 / 부분적으로는 ~에 달려 있다 / 당신이 얼마나 많은 자원을 가지고 있느냐 / 하지만 대부분은 / ~에 달려 있다 / 당신이 가진 자원을 얼마나 잘 사용하느냐 / 인력과 돈과 같은

You as the organization's leader / can always make the use of those resources / more efficient and effective, / provided that / you have control of / the organization's personnel and agenda, / a condition / that does not occur automatically.
조직의 리더로서 당신이 / 항상 이러한 자원을 사용할 수 있다 / 더 효율적이고 효과적으로 / ~한 경우에 / 당신이 ~를 통제하는 / 조직의 인력과 의

제를 / 조건인 / 자동으로 발생하지 않는

By managing your people and your money carefully, / by treating the most important things as the most important, / by making good decisions, / and by solving the problems / that you encounter, / you can get the most out of / what you have available to you.
직원과 돈을 신중하게 관리함으로써 / 가장 중요한 문제를 가장 중요한 것으로 취급함으로써 / 올바른 결정을 내림으로써 / 그리고 문제를 해결함으로써 / 당신이 직면한 / 당신은 최대한 활용할 수 있다 / 당신이 이용할 수 있는

해석 모든 조직은 임무를 수행하는 데 사용할 수 있는 자원이 있다. 당신의 조직이 임무를 얼마나 잘 수행하는가는 부분적으로는 당신이 얼마나 많은 자원을 가지고 있느냐에 달려 있지만, 대부분은 당신이 가진 인력과 돈과 같은 자원을 얼마나 잘 사용하느냐에 달려 있다. 조직의 리더로서 당신이 자동으로 발생하지 않는 조건인 조직의 인력과 의제를 통제할 수 있는 경우에, 당신은 항상 이러한 자원을 더 효율적이고 효과적으로 사용할 수 있다. 직원과 돈을 신중하게 관리하고, 가장 중요한 것을 가장 중요한 것으로 취급하고, 올바른 결정을 내리고, 직면한 문제를 해결함으로써, 당신은 당신이 이용할 수 있는 것을 최대한 활용할 수 있다.

① 조직 내 자원의 교환
② 외부 통제를 설정하는 리더의 능력
③ 자원을 최대한 활용하기: 리더의 방법
④ 조직의 기술적 역량: 성공의 장벽

해설 지문 처음에서 조직이 임무를 얼마나 잘 수행하는가의 대부분은 가진 자원을 얼마나 잘 사용하느냐에 달려 있다고 했고, 지문 마지막에서 조직의 리더로서 직원과 돈을 신중하게 관리하고, 직면한 문제를 해결하는 등의 방법을 통해 이용할 수 있는 것을 최대한 활용할 수 있다고 했다. 따라서 '③ 자원을 최대한 활용하기: 리더의 방법'이 이 글의 제목이다.

어휘 organization 조직 resource 자원 mission 임무
partly 부분적으로 efficient 효율적인 effective 효과적인
personnel 인력, 직원 agenda 의제, 안건 condition 조건
occur 발생하다 automatically 자동으로
encounter 직면하다, 마주치다 external 외부의
technical 기술적인, 기술의 capacity 역량, 능력 barrier 장벽

16 독해 논리적 흐름 파악 (무관한 문장 삭제) 난이도 ★★☆

끊어읽기 해석

Critical thinking sounds / like an unemotional process / but it can engage emotions / and even passionate responses.
비판적 사고는 들린다 / 비감정적인 과정처럼 / 하지만 감정을 끌 수 있다 / 그리고 심지어 격렬한 반응을

In particular, / we may not like evidence / that contradicts our own opinions or beliefs.
특히 / 우리는 증거를 좋아하지 않을 수도 있다 / 우리 자신의 의견이나 신념과 모순되는

① If the evidence points in a direction / that is challenging, / that can rouse / unexpected feelings of anger, frustration or anxiety.
만약 그 증거가 방향을 가리키면 / 어려운 / 그것은 일으킬 수 있다 / 예상치 못한 분노, 좌절, 또는 불안의 감정을

② The academic world / traditionally likes to consider itself / as logical and free of emotions, / so / if feelings do emerge, / this can be especially difficult.
학계는 / 전통적으로 그 자체를 생각하기를 좋아한다 / 논리적이고 감정이 없다고 / 그래서 / 감정이 나타나면 / 이것은 특히 어려울 수 있다

③ For example, / looking at the same information / from several points of view / is not important.
예를 들어 / 같은 정보를 보는 것은 / 여러 관점에서 / 중요하지 않다

④ Being able to manage your emotions / under such circumstances / is a useful skill.
당신의 감정을 관리할 수 있는 것은 / 그러한 상황에서 / 유용한 기술이다

If you can remain calm, / and present your reasons logically, / you will be better able to argue your point of view / in a convincing way.
만약 당신이 침착함을 유지할 수 있다면 / 그리고 당신의 이유를 논리적으로 제시한다면 / 당신은 당신의 관점을 더 잘 주장할 수 있을 것이다 / 설득력 있는 방식으로

해석 비판적 사고는 비감정적인 과정처럼 들리지만, 감정과 심지어 격렬한 반응을 끌 수 있다. 특히, 우리는 우리 자신의 의견이나 신념과 모순되는 증거를 좋아하지 않을 수도 있다. ① 만약 그 증거가 어려운 방향을 가리키면, 그것은 예상치 못한 분노, 좌절, 또는 불안의 감정을 불러일으킬 수 있다. ② 학계는 전통적으로 그 자체를 논리적이고 감정이 없다고 생각하기를 좋아하기 때문에, 감정이 나타나면, 이것(비판적 사고)이 특히 어려울 수 있다. ③ 예를 들어, 같은 정보를 여러 관점에서 보는 것은 중요하지 않다. ④ 그러한 상황에서 당신의 감정을 관리할 수 있는 것은 유용한 기술이다. 만약 당신이 침착함을 유지하고, 당신의 이유를 논리적으로 제시할 수 있다면, 당신은 당신의 관점을 설득력 있는 방식으로 더 잘 주장할 수 있을 것이다.

해설 지문 처음에서 비판적 사고는 감정과 격렬한 반응을 끌 수 있다고 한 뒤, ①, ②, ④번에서 비판적 사고가 분노, 좌절, 불안과 같은 감정을 불러일으킬 수 있고, 감정이 나타나면 비판적 사고가 특히 어려울 수 있으며, 감정을 관리할 수 있는 것이 유용한 기술이라고 설명하고 있으므로 모두 첫 문장과 관련이 있다. 그러나 ③번은 같은 정보를 여러 관점에서 보는 것은 중요하지 않다는 내용으로 비판적 사고가 비감정적인 과정처럼 들리지만 감정을 수반할 수 있다는 지문 전반의 내용과 관련이 없다.

어휘 critical thinking 비판적 사고 unemotional 비감정적인, 이지적인
process 과정 engage (마음·주의 등을) 끌다, 관여하다
emotion 감정 passionate 격렬한, 열정적인 evidence 증거
contradict 모순되다 challenging 어려운, 도전적인
rouse 불러일으키다 anger 분노 frustration 좌절
anxiety 불안 academic world 학계 traditionally 전통적으로
logical 논리적인 emerge 나타나다, 떠오르다
circumstance 상황, 환경 convincing 설득력 있는, 그럴듯한

17 독해 논리적 흐름 파악 (문단 순서 배열) 난이도 ★★☆

끊어읽기 해석

Computer assisted language learning (CALL) / is both exciting and frustrating / as a field of research and practice.
컴퓨터 보조 언어 학습(CALL)은 / 흥미롭기도 하고 좌절감을 주기도 한다 / 연구 및 실습 분야로서

(A) Yet / the technology changes so rapidly / that CALL knowledge and skills / must be constantly renewed / to stay apace / of the field.
하지만 / 그 기술은 매우 빠르게 변화한다 / 그래서 CALL 지식과 기술은 / 지속적으로 새로 교체되어야 한다 / 발맞추어 나가기 위해 / 그 분야에

(B) It is exciting / because it is complex, dynamic and quickly changing / —and it is frustrating / for the same reasons.
그것은 흥미롭다 / 그것은 복잡하고, 역동적이며, 빠르게 변화하기 때문

(C) Technology adds dimensions / to the domain of language learning, / requiring new knowledge and skills / for those who wish to apply it / into their professional practice.
기술은 차원을 추가한다 / 언어 학습 영역에 / 새로운 지식과 기술을 요구한다 / 이를 적용하려는 사람들에게 / 그들의 전문적인 실습에

해석

> 컴퓨터 보조 언어 학습(CALL)은 연구 및 실습 분야로서 흥미롭기도 하고 좌절감을 주기도 한다.

(B) 그것은 복잡하고, 역동적이며, 빠르게 변화하기 때문에 흥미롭고, 같은 이유로 좌절감을 준다.

(C) 기술은 언어 학습 영역에 차원을 추가하여 이를 전문적인 실습에 적용하려는 사람들에게 새로운 지식과 기술을 요구한다.

(A) 하지만 그 기술은 매우 빠르게 변화하기 때문에 CALL 지식과 기술은 그 분야에 발맞추어 나가기 위해 지속적으로 새로 교체되어야 한다.

해설 주어진 문장에서 컴퓨터 보조 언어 학습(CALL)은 흥미롭기도 하고 좌절감을 주기도 한다고 하고, (B)에서 그것(It)이 복잡하고, 역동적이며, 빠르게 변화하기 때문에 흥미롭고 좌절감을 준다며 주어진 문장을 부연 설명하고 있다. 이어서 (C)에서 기술은 언어 학습 영역에 차원을 추가한다고 하면서 앞서 언급한 흥미로운 예시를 설명하고, (A)에서 하지만(Yet) 그 기술은 매우 빠르게 변화하기 때문에 지속적으로 새로 교체되어야 한다고 하며 좌절감을 주는 예시를 설명하고 있다. 따라서 ③ (B) – (C) – (A)가 정답이다.

어휘 **assist** 보조하다, 조력하다 **frustrating** 좌절감을 주는 **field** 분야 **rapidly** 빠르게 **constantly** 지속적으로, 끊임없이 **renew** 새로 교체하다, 갱신하다 **apace** 발맞추어 **dynamic** 역동적인 **dimension** 차원 **domain** 영역 **require** 요구하다 **professional** 전문적인, 직업적인

(③) The little mermaid was so startled / that she dove down / under the water.
인어공주는 너무 놀랐다 / 그녀는 뛰어들었다 / 물속으로

(④) And look!
그리고 보아라

It was just as if / all the stars up in heaven / were falling down / on her.
마치 ~인 것 같았다 / 하늘에 있는 모든 별들이 / 떨어지는 것 / 그녀 위로

Never had she seen such fireworks.
그녀는 그런 불꽃놀이를 본 적이 없었다.

해석

> 하지만 그녀는 재빨리 다시 고개를 내밀었다.

인어공주는 선실의 작은 창문으로 헤엄쳐 올라갔고, 파도가 그녀를 들어 올릴 때마다, 그녀는 투명한 유리를 통해 옷을 잘 차려입은 사람들의 무리를 볼 수 있었다. 그들 중에는, 크고 어두운 눈을 가진, 그곳에서 가장 잘생긴 사람인 어린 왕자가 있었다. (①) 그날은 그의 생일이었고, 그래서 신나는 일이 매우 많았다. (②) 어린 왕자가 선원들이 춤을 추고 있는 갑판으로 나왔을 때, 백 개가 넘는 로켓이 하늘로 솟아올라 반짝이는 불빛으로 부서져 하늘을 대낮처럼 밝게 만들었다. (③) 인어공주는 너무 놀라서 물속으로 뛰어들었다. (④) 그리고 보아라! 마치 하늘에 있는 모든 별들이 그녀 위로 떨어지는 것 같았다. 그녀는 그런 불꽃놀이를 본 적이 없었다.

해설 ④번 앞 문장에 인어공주가 물속으로 뛰어들었다는 내용이 있고, ④번 뒤 문장에 마치 하늘에 있는 모든 별들이 그녀 위로 떨어지는 것 같았다는 내용이 있으므로, ④번 자리에 하지만 그녀는 재빨리 다시 고개를 내밀었다는 내용의 주어진 문장이 나와야 지문이 자연스럽게 연결된다.

어휘 **the little mermaid** 인어공주 **cabin** (배의) 선실, 오두막 **deck** 갑판 **sailor** 선원 **glitter** 반짝이는 불빛 **firework** 불꽃놀이

---

18 독해 논리적 흐름 파악 (문장 삽입)   난이도 ★☆☆

끊어읽기 해석

But / she quickly popped her head out / again.
하지만 / 그녀는 재빨리 고개를 내밀었다 / 다시

The little mermaid swam right up / to the small window / of the cabin, / and / every time a wave lifted her up, / she could see a crowd / of well-dressed people / through the clear glass.
인어공주는 헤엄쳐 올라갔다 / 작은 창문으로 / 선실의 / 그리고 / 파도가 그녀를 들어 올릴 때마다 / 그녀는 무리를 볼 수 있었다 / 옷을 잘 차려입은 사람들의 / 투명한 유리를 통해

Among them was a young prince, / the handsomest person there, / with large dark eyes.
그들 중에는 어린 왕자가 있었다 / 그곳에서 가장 잘생긴 사람인 / 크고 어두운 눈을 가진

(①) It was his birthday, / and / that's why there was so much excitement.
그날은 그의 생일이었다 / 그리고 / 그래서 신나는 일이 매우 많았다

(②) When the young prince came out / on the deck, / where the sailors were dancing, / more than a hundred rockets / went up into the sky / and / broke into a glitter, / making the sky / as bright as day.
어린 왕자가 나왔을 때 / 갑판으로 / 선원들이 춤을 추고 있는 / 백 개가 넘는 로켓이 / 하늘로 솟아올랐다 / 그리고 / 불빛으로 부서졌다 / 하늘을 만들며 / 대낮처럼 밝게

---

19 독해 추론 (빈칸 완성 - 단어)   난이도 ★☆☆

끊어읽기 해석

Javelin Research noticed / that not all Millennials are currently in the same stage of life.
Javelin 리서치는 주목했다 / 모든 밀레니얼 세대가 현재 동일한 삶의 단계에 있는 것은 아니라는 점에

While all Millennials were born / around the turn of the century, / some of them are still in early adulthood, / wrestling with new careers / and / settling down.
모든 밀레니얼 세대는 태어났지만 / 세기가 바뀔 무렵에 / 그들 중 일부는 여전히 성인 초기에 있다 / 새로운 직업과 씨름하면서 / 그리고 / 정착하며

On the other hand, / the older Millennials have a home / and / are building a family.
반면에 / 더 나이가 많은 밀레니얼 세대는 집을 가지고 있다 / 그리고 / 가족을 이루고 있다

You can imagine / how having a child / might change your interests and priorities, / so / for marketing purposes, / it's useful to split this generation / into Gen Y.1 and Gen Y.2.
당신은 상상할 수 있다 / 아이를 갖는 것이 어떻게 / 당신의 관심사와 우선순위를 바꿀 수 있는지 / 그러므로 / 마케팅 목적으로 / 이 세대를 나누는 것이 유용하다 / Y.1 세대와 Y.2 세대로

Not only are the two groups culturally different, / but they're in vastly different phases / of their financial life.
두 그룹은 문화적으로 다를 뿐만 아니라 / 그들은 매우 다른 단계에 있다 / 그들의 경제적 생활에서

The younger group is financial beginners, / just starting to show their buying power.
더 어린 그룹은 금융 초보자이다 / 이제 막 그들의 구매력을 보여주기 시작하는

The latter group / has a credit history, / may have their first mortgage / and / is raising young children.
후자의 그룹은 / 신용 이력이 있다 / 그들의 첫 번째 주택 담보 대출을 가지고 있을 수 있다 / 그리고 / 어린아이들을 키우고 있다

The <u>contrast</u> in priorities and needs / between Gen Y.1 and Gen Y.2 / is vast.
우선순위와 필요한 것에 있어서의 <u>차이</u>는 / Y.1 세대와 Y.2 세대 사이의 / 엄청나다

해석 Javelin 리서치는 모든 밀레니얼 세대가 현재 동일한 삶의 단계에 있는 것은 아니라는 점에 주목했다. 모든 밀레니얼 세대는 세기가 바뀔 무렵에 태어났지만, 그들 중 일부는 여전히 성인 초기에 있으며, 새로운 직업과 씨름하면서 정착하고 있다. 반면에, 더 나이가 많은 밀레니얼 세대는 집을 가지고 있고 가족을 이루고 있다. 아이를 갖는 것이 관심사와 우선순위를 어떻게 바꿀 수 있는지 상상할 수 있으므로, 마케팅 목적으로 이 세대를 Y.1세대와 Y.2세대로 나누는 것이 유용하다. 두 그룹은 문화적으로 다를 뿐만 아니라, 그들은 경제적 생활에서 매우 다른 단계에 있다. 더 어린 그룹은 이제 막 그들의 구매력을 보여주기 시작하는 금융 초보자이다. 후자의 그룹은 신용 이력이 있고, 그들의 첫 번째 주택 담보 대출을 가지고 있을 수 있으며 어린아이들을 키우고 있다. Y.1 세대와 Y.2 세대 사이의 우선순위와 필요한 것에 있어서의 <u>차이</u>는 엄청나다.

① 차이
② 감소
③ 반복
④ 능력

해설 지문 처음에서 모든 밀레니얼 세대가 현재 동일한 삶의 단계에 있는 것은 아니라고 했고 지문 전반에 걸쳐 더 나이가 어린 밀레니얼 (Y.1) 세대와 더 나이가 많은 밀레니얼(Y.2) 세대의 문화적, 경제적 차이에 대해 설명하고 있으므로, 빈칸에는 Y.1 세대와 Y.2 세대 사이의 우선순위와 필요한 것에 있어서의 '① 차이'는 엄청나다는 내용이 들어가야 한다.

어휘 **settle down** 정착하다, 안정되다 **priority** 우선순위 **split** 나누다 **generation** 세대 **vastly** 매우 **phase** 단계 **financial** 금융의, 경제적인 **buying power** 구매력 **latter** 후자의 **credit history** 신용 이력 **mortgage** 주택 담보 대출 **reduction** 감소 **repetition** 반복

20 **독해** 추론 (빈칸 완성 - 구) 난이도 ★★★

끊어읽기 해석

Cost pressures / in liberalized markets / have different effects / on existing and future hydropower schemes.
비용 압박은 / 자유화된 시장에서의 / 서로 다른 영향을 미친다 / 기존 및 미래의 수력 발전 계획에

Because of the cost structure, / existing hydropower plants / will always be able to earn / a profit.
비용 구조 때문에 / 기존의 수력 발전소는 / 항상 얻을 수 있을 것이다 / 이익을

Because / the planning and construction / of future hydropower schemes / is not a short-term process, / it is not a popular investment, / in spite of low electricity generation costs.
~이기 때문에 / 구상과 건설은 / 미래 수력 발전 계획의 / 단기적인 과정

이 아니다 / 그것은 대중적인 투자가 아니다 / 낮은 전기 생산 비용에도 불구하고

Most private investors / would prefer to finance / <u>more short-term technologies</u>, / leading to / the paradoxical situation / that although an existing hydropower plant seems / to be a cash cow, / nobody wants to invest / in a new one.
대부분의 민간 투자자들은 / 자금을 조달하는 것을 선호할 것이다 / 더 단기적인 기술에 / 이는 이어진다 / 역설적인 상황으로 / 비록 기존 수력 발전소가 ~인 것처럼 보이지만 / 효자 사업 / 누구도 투자하고 싶어 하지 않는다는 / 새로운 것(수력 발전소)에

Where public shareholders/owners (states, cities, municipalities) are involved, / the situation looks very different / because they can see / the importance of the security of supply / and / also appreciate / long-term investments.
공공 주주/소유주(주, 도시, 지방 자치 단체)가 참여하는 경우 / 상황은 매우 다르게 보인다 / 그들이 인식할 수 있기 때문에 / 공급 보안의 중요성을 / 그리고 / 또한 이해한다 / 장기적인 투자를

해석 자유화된 시장에서의 비용 압박은 기존 및 미래의 수력 발전 계획에 서로 다른 영향을 미친다. 비용 구조 때문에, 기존의 수력 발전소는 항상 이익을 얻을 수 있을 것이다. 미래 수력 발전 계획의 구상과 건설은 단기적인 과정이 아니기 때문에, 낮은 전기 생산 비용에도 불구하고 대중적인 투자가 아니다. 대부분의 민간 투자자들은 더 단기적인 기술에 자금을 조달하는 것을 선호할 것이고, 이는 기존 수력 발전소가 효자 사업인 것처럼 보이지만, 누구도 새로운 수력 발전소에 투자하고 싶어 하지 않는다는 역설적인 상황으로 이어진다. 공공 주주/소유주(주, 도시, 지방 자치 단체)가 참여하는 경우, 공급 보안의 중요성을 인식하고 장기적인 투자를 이해할 수 있기 때문에 상황은 매우 다르게 보인다.

① 더 단기적인 기술
② 모든 첨단 기술 산업
③ 공익의 증진
④ 전력 공급의 강화

해설 빈칸 앞 문장에서 미래 수력 발전 계획의 구상과 건설은 단기적인 과정이 아니기 때문에 대중적인 투자가 아니라고 언급하고 있고, 빈칸이 있는 문장에서 기존 수력 발전소가 효자 사업인 것처럼 보이지만 누구도 새로운 수력 발전소에 투자하고 싶어 하지 않는 상황으로 이어진다고 설명하고 있으므로, 빈칸에는 대부분의 민간 투자자들은 '① 더 단기적인 기술'에 자금을 조달하는 것을 선호할 것이라는 내용이 들어가야 한다.

어휘 **cost** 비용, 가격 **pressure** 압박, 압력
liberalize 자유화하다, 완화하다 **existing** 기존의
hydropower 수력 발전력 **scheme** 계획, 기획 **structure** 구조
plant 발전소 **earn** 얻다 **profit** 이익 **short-term** 단기적인
investment 투자 **private** 민간의, 개인의 **investor** 투자자
paradoxical 역설적인, 모순적인
cash cow 효자 사업, 캐시 카우(시장점유율이 높아 꾸준한 수익을 가져다주지만 시장의 성장 가능성은 낮은 제품이나 산업) **shareholder** 주주
municipality 지방 자치 단체 **security** 보안
appreciate 이해하다, 감사하다 **long-term** 장기적인
promotion 증진, 진흥 **public interest** 공익
enhancement 강화, 증대

정답

p.46

01	③ 어휘 – 어휘 & 표현	**11**	① 독해 – 논리적 흐름 파악
02	④ 어휘 – 어휘 & 표현	**12**	③ 독해 – 세부내용 파악
03	② 어휘 – 어휘 & 표현	**13**	③ 독해 – 논리적 흐름 파악
04	④ 어휘 – 어휘 & 표현	**14**	③ 독해 – 논리적 흐름 파악
05	① 어휘 – 어휘 & 표현	**15**	④ 독해 – 추론
06	② 어휘 – 생활영어	**16**	② 독해 – 전체내용 파악
07	② 어휘 – 생활영어	**17**	① 독해 – 전체내용 파악
08	① 문법 – 전치사	**18**	③ 독해 – 추론
09	② 문법 – 부사절	**19**	④ 독해 – 추론
10	① 문법 – 수 일치	**20**	③ 독해 – 추론

취약영역 분석표

영역	세부 유형	문항 수	소계
어휘	어휘 & 표현	5	/7
	생활영어	2	
문법	전치사	1	/3
	부사절	1	
	수 일치	1	
독해	전체내용 파악	2	/10
	세부내용 파악	1	
	추론	4	
	논리적 흐름 파악	3	
총계			**/20**

· 자신이 취약한 영역은 '공무원 영어, 이렇게 출제된다!'(p.6)를 통해 다시 한번 확인하고 학습하시기 바랍니다.

---

01 어휘 어휘＆표현 spurn = decline 난이도 ★★☆

해석 유명한 회사로부터 매력적인 일자리 제안을 받은 후에, 그녀는 자신의 사업을 시작하겠다는 꿈을 추구하기 위해 결국 그것을 <u>거절</u>하기로 결정했다.

① 숙고하다　② 연기하다
③ 거절하다　④ 비난하다

어휘 **attractive** 매력적인　**offer** 제안　**renowned** 유명한
spurn 거절하다, 일축하다　**pursue** 추구하다
contemplate 숙고하다　**postpone** 연기하다, 미루다
decline 거절하다　**denounce** 비난하다, 비판하다

👍 이것도 알면 **합격!**

spurn(거절하다)과 유사한 의미의 표현
= refuse, reject, rebuff, turn down

02 어휘 어휘＆표현 boast = brag 난이도 ★☆☆

해석 1918년에 레드삭스가 베이브 루스를 양키스와 트레이드한 이후로, 보스턴 스포츠 팬들은 좋은 점과 나쁜 점을 함께 받아들이는 법을 배웠다. 그들은 다른 어떤 도시보다 더 많은 농구 선수권 대회를 경험했지만 75년 넘게 월드 시리즈 타이틀을 <u>자랑하지</u> 못했다.

① 포기했다　② 산출했다
③ 포기했다　④ 자랑했다

어휘 **trade** (선수를) 트레이드하다, 교환하다　**see** 경험하다, 체험하다
championship 선수권 대회　**boast** 자랑하다
title (스포츠에서) 타이틀　**waive** 포기하다, 보류하다
yield 산출하다, 내다　**renounce** 포기하다　**brag** 자랑하다

👍 이것도 알면 **합격!**

boast(자랑하다)와 유사한 의미의 표현
= show off, bluster, talk big

03 어휘 어휘＆표현 singular = exceptional 난이도 ★☆☆

해석 Nell은 말썽을 피우는 데 뛰어난 재능이 있다. 어느 날 아침, 그녀는 용케도 다리를 부러뜨리고, 우체국에서 한 여자를 모욕하고, 식료품점에서 달걀을 떨어뜨리고, 침실을 초록색으로 칠하고, 옆집에 사는 이웃의 앞마당에 있는 큰 단풍나무를 베었다.

① 전통적인　② 뛰어난
③ 호전적인　④ 복수의

어휘 **singular** 뛰어난, 단수의　**talent** 재능　**insult** 모욕하다
grocery store 식료품점　**maple tree** 단풍나무
front yard 앞마당　**conventional** 전통적인, 관습의
exceptional 뛰어난, 예외적인　**martial** 호전적인, 전쟁의
plural 복수의, 다원적인

👍 이것도 알면 **합격!**

singular(뛰어난)의 유의어
= remarkable, extraordinary, outstanding

04 어휘 어휘＆표현 platitude 난이도 ★★☆

해석 우리에게 현재 다루고 있는 문제에 대한 혁신적인 아이디어를 제시하는 대신, 기조연설자는 장황했던 <u>진부한 이야기</u>를 꺼냈고 우리가 꽤 오랫동안 지루함을 느끼게 했다.

① 브레인스토밍 　　　② 재담
③ 비문 　　　④ 진부한 이야기

어휘 **innovative** 혁신적인, 획기적인　**matter** 문제
in hand 현재 다루고 있는(일·문제 등)
keynote speaker 기조연설자
bring up (의제·제안·화제 등을) 꺼내다　**lengthy** 장황한, 긴
tedium 지루함, 단조로움
brainstorming 브레인스토밍(무엇에 대해 여러 사람들이 동시에 자유롭게 자기 생각을 제시하는 방법)　**witticism** 재담, 재치 있는 말
epigraph (건물·동상 등에 새기는) 비문　**platitude** 진부한 이야기

👍 이것도 알면 **합격!**

platitude(진부한 이야기)의 유의어
= cliché, truism

05　어휘　어휘&표현　vigilant　　　난이도 ★★★

해석 지난 6년 동안 캘리포니아에는 비가 거의 오지 않았기 때문에 산림 경비원들은 산불을 감시할 때 특히 **경계하고 있어야** 한다.
① 경계하고 있는　　　② 느긋한
③ 무관심한　　　④ 주의가 산만한

어휘 **ranger** 경비원, 관리원　**especially** 특히
vigilant 경계하고 있는, 방심 않는　**indifferent** 무관심한
distracted 주의가 산만한

👍 이것도 알면 **합격!**

vigilant(경계하고 있는)와 유사한 의미의 표현
= watchful, alert, on the lookout

06　어휘　생활영어　No need for that. Come at 11:00 and I'll have your documents ready.　　　난이도 ★★★

해석
A: 기다리시게 해서 죄송합니다, Krauss 씨.
B: 음, 오늘은 할 일이 많은 것 같군요. 당신을 더 이상 붙잡아 두지 않을게요.
A: 걱정하지 마세요, Krauss 씨. 주문을 제시간에 완료해 드리겠습니다.
B: 제가 전화를 드려야 할까요?
A: 그러실 필요 없습니다. 11시에 오시면 서류를 준비해 드리겠습니다.

① 음, 당신은 좋은 고객이시군요. 제가 무엇을 할 수 있는지 알아보겠습니다.
② 그러실 필요 없습니다. 11시에 오시면 서류를 준비해 드리겠습니다.
③ 내일 아침이요? 걱정하지 마세요. 정오 전에 서류를 저에게 가져다주실 수 있나요?
④ 그건 어려울 것 같습니다. 오늘 아침에 완료해야 할 주문이 많습니다.

해설 주문을 제시간에 완료해 주겠다는 A의 말에 B가 전화를 해야 하는지 물었으므로, 빈칸에는 '② 그러실 필요 없습니다. 11시에 오시면 서류를 준비해 드리겠습니다(No need for that. Come at 11:00 and I'll have your documents ready)'가 오는 것이 자연스럽다.

어휘 **have a lot on one's plate** 해야 할 일이 산더미처럼 있다
order 주문　**on time** 제시간에　**customer** 고객　**document** 서류
no sweat 걱정 마라

👍 이것도 알면 **합격!**

전화할 때 쓸 수 있는 다양한 표현을 알아두자.

· **Could you please repeat that?**
다시 한번 말씀해 주시겠어요?
· **I'll just put you on hold for a second.**
잠시만 전화를 보류하겠습니다. (잠시만 기다려주십시오.)
· **Let me transfer your call to our customer service team.**
저희 고객지원팀으로 전화를 연결해 드리겠습니다.
· **May I ask who's calling please?**
전화 주신 분이 누구신지 여쭤봐도 될까요?
· **Can you call me back later?**
나중에 다시 전화해 주시겠습니까?

07　어휘　생활영어　out of the blue　　　난이도 ★☆☆

해석
A: Emily의 새로 자른 머리 보셨어요?
B: 네, 갑자기 다 잘라버렸더라고요!
A: 정말 깜짝 놀랐어요. 이전이랑 너무 달라요.
B: 그녀는 변화가 필요하다고 말했어요.
A: 음, 확실히 잘 어울려요.
B: 동의요, 그녀는 멋져요!

① 하늘을 둥둥 떠다니는 듯한
② 갑자기
③ 아직 미정인
④ 몸이 좀 안 좋은

해설 Emily의 새로 자른 머리를 봤냐는 A의 말에 B가 대답하고, 빈칸 뒤에서 A가 I was so surprised(정말 깜짝 놀랐어요)라고 말하고 있으므로, 빈칸에는 '② 갑자기(out of the blue)' 다 잘라버렸다는 내용이 오는 것이 자연스럽다.

어휘 **chop** 자르다　**definitely** 확실히　**suit** 어울리다
over the moon 하늘을 둥둥 떠다니는 듯한(너무나도 황홀한)
out of the blue 갑자기, 난데없이　**up in the air** 아직 미정인
under the weather 몸이 좀 안 좋은

👍 이것도 알면 **합격!**

색깔이 들어간 다양한 표현을 알아두자.

· **green with envy** 몹시 샘을 내는
· **caught red-handed** 현행범으로 잡다
· **a little white lie** 선의의 거짓말
· **once in a blue moon** 극히 드물게
· **black sheep** (집안·조직의) 골칫덩어리, 말썽꾼

08　문법　전치사　　　난이도 ★★★

해석 집단 사고에 관한 일관되지 않고 상당히 부족한 실험실 데이터에도 불구하고, 그 이론은 설명적인 잠재력을 가지고 있다고 믿어져 왔다. 이러한 지속적인 확신 중 일부는 의심할 여지 없이 모델의 다양한 가설을 입증하기 위해 발전되어 온 일련의 창의적인 역사적 분석에서 비롯된다. 확실히, 우리는 몇 가지 이유로 그러한 역

3회
서울시 9급
해커스공무원 최신 1개년 기출문제집 영어

3회 2024년 서울시 9급 (2월 추가)　**97**

사적 분석에 주의해야 하는데, 왜냐하면 우리는 모순되는 사례들이 간과되지 않았다고 확신할 수 없기 때문이다. 그러나, 그러한 사례 연구는 선행 조건이 모델에 의해 필요하다고 여겨지는 조건을 만들 수 있을 만큼 충분히 강했던 사례들을 살펴볼 수 있는 장점이 있다.

해설 ① <mark>전치사 4: 양보</mark> 문맥상 '부족한 실험실 데이터에도 불구하고'라는 의미가 되어야 자연스러운데, '~에도 불구하고'는 양보를 나타내는 전치사 Despite를 사용하여 나타낼 수 있으므로 Despite가 올바르게 쓰였다. 또한, 전치사 뒤에는 명사 역할을 하는 것이 와야 하므로 전치사 Despite 뒤에 명사구 the inconsistent ~ regarding groupthink가 올바르게 쓰였다.

오답 ② <mark>수량 표현</mark> 복수 명사 앞에 쓰이는 수량 표현 a series of(일련의)가 왔으므로 단수 명사 analysis를 복수 명사 analyses로 고쳐야 한다.

③ <mark>능동태·수동태 구별 | 현재완료 시제</mark> 주어 contradictory examples와 동사가 '모순되는 사례들이 간과되다'라는 의미의 수동 관계이므로 현재완료 능동태 have not overlook을 현재완료 수동태 have not been overlooked로 고쳐야 한다.

④ <mark>관계부사와 관계대명사 비교</mark> 선행사(cases)가 장소를 나타내고 관계사 뒤에 완전한 절(the antecedent conditions ~ by the model)이 왔으므로 불완전한 절을 이끄는 관계대명사 which를 완전한 절을 이끌며 장소를 나타내는 선행사와 함께 쓰이는 관계부사 where로 고쳐야 한다. 참고로 관계부사는 '전치사 + 관계대명사'로 바꾸어 쓸 수 있는데, 문맥상 '사례들에서 선행 조건이 ~ 충분히 강했다'라는 의미가 되어야 자연스러우므로 전치사 in(~에서)이 관계대명사 which 앞에 온 in which로 고쳐도 맞다.

어휘 **inconsistent** 일관되지 않는 **fairly** 상당히, 꽤
sparse 부족한, 희박한 **laboratory** 실험실 **regarding** ~에 관하여
groupthink 집단 사고(집단 구성원의 토의에 의한 문제 해결법)
explanatory 설명적인, 설명을 위한 **potential** 잠재력
confidence 확신, 자신감 **undoubtedly** 의심할 여지 없이
stem from ~에서 비롯되다, ~의 결과로 알게 되다
historical analysis 역사적 분석(과거의 자료를 이용하여 가격이나 추세를 분석하고 예측하는 것) **substantiate** 입증하다, ~을 구체화하다
hypothesis 가설, 가정 **contradictory** 모순되는
overlook 간과하다 **case study** 사례 연구 **virtue** 장점, 미덕
antecedent 선행하는, 전에 존재하는 **condition** 조건
deem 여기다, 간주하다

👍 이것도 알면 **합격!**

전치사 숙어 표현을 추가로 알아두자.

· with no doubt 의심할 바 없이	· absent from ~에 결석한
· with the aim of ~을 목적으로	· identical to ~와 똑같은
· with no exception 예외 없이	· renowned for ~으로 유명한
· against the law 불법인, 법에 저촉되는	

09 <mark>문법</mark> 부사절　　　　　　난이도 ★★☆

해석 연구는 차를 마시는 사람들이 어떤 종류의 음료를 선택하든 상관없이 심장병, 암, 그리고 스트레스로부터 더 큰 보호를 누릴 수 있다는 것을 보여준다. 전문가들은 찻잎의 항산화제가 주요한 건강상의 이점을 준다고 말한다. 그것이 우리가 일부 창의적인 요리사들이 컵을 넘어 전채 요리, 식사, 그리고 디저트와 차를 혼합하는 맛있는 방법을 찾아낸 것에 감탄하는 이유이다.

해설 ② <mark>부사절 접속사 3: 복합관계대명사</mark> 문맥상 '어떤 종류의 음료를 선택하든 상관없이'라는 의미가 되어야 자연스러운데, '어떤 종류의 음료를 선택하든'은 no matter which(어느 것을 ~하더라도) 또는 no matter what(무엇을 ~하더라도)으로 나타낼 수 있으므로, '아무리 ~하더라도'의 의미를 갖는 no matter how를 no matter which 또는 no matter what으로 고쳐야 한다.

오답 ① <mark>비교급 형태 | 병치 구문</mark> 문맥상 '차를 마시는 사람들은 더 큰 보호를 누릴 수 있다'라는 의미가 되어야 자연스러운데 1음절 단어는 '원급 + er'의 형태로 비교급을 만들 수 있으므로 greater가 올바르게 쓰였다. 또한, 접속사(and)로 연결된 병치 구문에서는 같은 구조끼리 연결되어야 하는데, and 앞에 명사 disease와 cancer가 왔으므로 and 뒤에도 명사 stress가 올바르게 쓰였다.

③ <mark>관계부사</mark> 관계사 뒤에 완전한 절(we admire ~ desserts)이 왔고 문맥상 '그것이 우리가 감탄하는 이유이다'라는 의미가 되어야 자연스러우므로 관계부사 why가 올바르게 쓰였다. 참고로, 관계부사는 선행사의 종류에 따라 선택하는데, 관계부사 why는 선행사와 관계부사 둘 중 하나를 생략할 수 있으므로 선행사(the reason)가 생략된 형태이다.

④ <mark>to 부정사의 역할 | 병치 구문</mark> 문맥상 '전채 요리, 식사, 디저트와 차를 혼합하는 방법'이라는 의미가 되어야 자연스러우므로 형용사처럼 명사(ways)를 수식하는 to 부정사 to meld가 올바르게 쓰였다. 또한, 접속사(and)로 연결된 병치 구문에서는 같은 구조끼리 연결되어야 하는데, and 앞에 명사 appetizers와 meals가 왔으므로 and 뒤에도 명사 desserts가 올바르게 쓰였다.

어휘 **protection** 보호 **cancer** 암 **brew** (커피 등의) 뜨거운 음료
expert 전문가 **antioxidant** 항산화제, 산화 방지제
confer 주다, 수여하다 **admire** 감탄하다, 칭찬하다 **meld** 혼합하다
appetizer 전채

👍 이것도 알면 **합격!**

복합관계부사 however(얼마나 ~하든 상관없이)는 형용사나 부사를 수식하며, 주로 'however + 형용사/부사 + 주어 + 동사' 형태로 쓴다는 것을 알아두자.
(ex) The children had to wait patiently for the bus, however excited they were.
　　　　　　　　　　　　　　　　　　　　형용사　주어　동사
그들이 얼마나 신이 났든 상관없이, 아이들은 버스를 참을성 있게 기다려야 했다.

10 <mark>문법</mark> 수 일치　　　　　　난이도 ★★★

해석 1910년에서 1930년 사이에 모더니즘 소설과 시의 부흥은 우리가 알고 있는 것처럼 문학 비평의 출현을 수반했다. 이는 비평이 점점 학문적이고 기술적으로 되면서 태도뿐 아니라 직업에 있어서도 19세기에 존재했던 것과는 매우 다른 일종의 문학 비평이다.

해설 ① <mark>주어와 동사의 수 일치</mark> 주어 자리에 단수 명사 The rise가 왔으므로 복수 동사 were를 단수 동사 was로 고쳐야 한다. 참고로 주어와 동사 사이의 수식어 거품(of ~ poetry)은 동사의 수 결정에 영향을 주지 않는다.

오답 ② <mark>부사절 접속사 2: 기타</mark> 문맥상 '우리가 알고 있는 것처럼'이라는 의미가 되어야 자연스러운데, '~처럼'은 부사절 접속사 as를 사용하여 나타낼 수 있고, 부사절 접속사 뒤에는 완전한 절이 와야 하므로 부사절 접속사 as 뒤에 '주어(we) + 동사(know) + 목적어(it)'가 갖추어진 as we know it이 올바르게 쓰였다.

③ **강조 부사 | 부정대명사: one** 강조 부사 very는 보통 형용사 (different)를 앞에서 강조하므로 very different가 올바르게 쓰였다. 또한, 대명사가 지칭하는 명사(a kind)가 단수이므로 단수 부정대명사 one이 올바르게 쓰였다.

④ **상관접속사** 문맥상 '태도뿐 아니라 직업에 있어서도'라는 의미가 되어야 자연스러운데, 'A뿐만 아니라 B도'는 상관접속사 not only A but (also) B를 사용하여 나타낼 수 있으므로 not only in attitude but in vocation이 올바르게 쓰였다.

어휘 **rise** 부흥, 출현 **novel** 소설 **poetry** 시
accompany 수반하다, 함께 ~하다 **literary** 문학의
criticism 비평 **exist** 존재하다 **attitude** 태도
vocation 직업, 소명 의식, 천직 **academic** 학문적인
technical 기술적인

👍 **이것도 알면 합격!**

강조 부사를 추가로 알아두자.

· **very** 매우	· **much** 너무, 많이
· **too** (부정적 의미로) 너무	· **pretty** 꽤, 제법
· **quite** 꽤, 상당히	· **ever** 항상, 도대체
· **so** (긍정적·부정적 의미로) 매우, 너무	
· **much/even/still/far/a lot/by far** (비교급 앞에서) 훨씬	

11 독해 논리적 흐름 파악 (문단 순서 배열) 난이도 ★★★

끊어읽기 해석

During the first few times / you choose to celebrate / the achievements of members of the group, / you may want to explain / your thinking / behind the small ceremony.
처음 몇 번 동안에는 / 당신이 축하하기로 선택한 / 그룹 구성원의 성취를 / 당신은 설명하는 것이 좋다 / 당신의 생각을 / 작은 의식 뒤에 숨겨진

By simply stating your intention / to thank members of the group / for their courage or hard work, / people become aware / of the meaning of the celebration / and / are less apt to dismiss it.
단순히 당신의 의도를 표명함으로써 / 그룹 구성원들에게 감사하고자 하는 / 그들의 용기나 노고에 대해 / 사람들은 인식하게 된다 / 그 기념행사의 의미를 / 그리고 / 그것을 무시하는 경향이 줄어든다

(A) It is quite possible / as you begin this process / that the member of the group / being honored / will feel self-conscious and awkward.
틀림없이 ~할 수 있다 / 당신이 이 과정을 시작하면서 / 그룹 구성원은 / 영광스러워진 / 남의 시선을 의식하고 이색해할 것이다

(B) Coupled with the fact / that the event being celebrated / is based on authentic achievement, / it is likely / that the members of the group / will feel encouraged / to participate / in future celebrations.
~라는 사실과 더불어 / 기념되고 있는 그 행사가 / 진정한 성취에 기반을 두고 있다는 / ~할 가능성이 높다 / 그룹의 구성원들이 / 격려를 받을 / 참여하도록 / 향후 축하 행사에

(C) This is a natural response, / especially in groups / that do not know each other well / or / in organizations / in which celebration is not a part of the culture.
이것은 자연스러운 반응이다 / 특히 그룹에서 / 서로 잘 모르는 / 또는 / 조직에서 / 축하가 문화의 일부가 아닌

해석 그룹 구성원의 성취를 축하하기로 선택한 처음 몇 번 동안에는, 작은 의식 뒤에 숨겨진 당신의 생각을 설명하는 것이 좋다. 단순히 그룹 구성원들의 용기나 노고에 대해 감사하고자 하는

당신의 의도를 표명함으로써, 사람들은 그 기념행사의 의미를 인식하게 되고 그것을 무시하는 경향이 줄어든다.

(B) 기념되고 있는 그 행사가 진정한 성취에 기반을 두고 있다는 사실과 더불어, 그룹의 구성원들이 향후 축하 행사에 참여하도록 격려를 받을 가능성이 높다.

(A) 이 과정을 시작하면서 영광스러워진 그룹 구성원은 남의 시선을 의식하고 어색해할 수 있다.

(C) 이것은 특히 서로 잘 모르는 그룹이나 축하가 문화의 일부가 아닌 조직에서 자연스러운 반응이다.

해설 주어진 글에서 그룹 구성원들에게 단순히 감사의 뜻을 표명함으로써 사람들은 기념행사의 의미를 무시하는 경향이 줄어든다고 하고, (B)에서 기념되고 있는 그 행사(the event)가 진정한 성취에 기반을 두고 있다는 사실과 더불어, 그룹 구성원들이 향후 행사에 참여하도록 격려를 받을 가능성이 높다고 설명하고 있다. 이어서 (A)에서 이 과정(this process)을 시작하면서 영광스러워진 그룹 구성원은 남의 시선을 의식하고 어색해할 수 있다고 한 뒤, (C)에서 이것(This)은 자연스러운 반응이라고 설명하고 있다. 따라서 ① (B) – (A) – (C)가 정답이다.

어휘 **celebrate** 축하하다 **achievement** 성취, 업적 **ceremony** 의식
state 표명하다, 분명히 말하다 **courage** 용기
apt ~하는 경향이 있는 **dismiss** 무시하다, 일축하다
self-conscious 남의 시선을 의식하는, 자의식이 강한
awkward 어색한 **coupled with** 더불어
authentic 진정한, 믿을 만한 **organization** 조직

12 독해 세부내용 파악 (내용 불일치 파악) 난이도 ★★☆

끊어읽기 해석

The work of human body's immune system / is carried out / by the body's trillions of immune cells / and / specialized molecules.
인체의 면역체계의 임무는 / 수행된다 / 신체의 수조 개의 면역 세포에 의해 / 그리고 / 특수 분자(에 의해)

The first line of defense / lies in the physical barriers of the skin and mucous membranes, / which block and trap invaders.
첫 번째 방어선은 / 피부와 점막의 물리적 장벽에 있다 / 침입자를 차단하고 가두는

A second, / the innate system, / is composed of cells / including phagocytes, / whose basic job / is to eat the invaders.
두 번째인 / 선천적인 체계는 / 세포로 구성된다 / 포식세포를 포함한 / 이것의 기본적인 임무는 / 침입자를 잡아먹는 것이다

In addition to these immune cells, / many chemical compounds / respond to infection and injury, / move in / to destroy pathogens, / and / begin repairing tissue.
이러한 면역 세포 외에도 / 많은 화학적 화합물들이 / 감염과 부상에 반응하고 / 접근한다 / 병원체를 파괴하기 위해 / 그리고 / 조직을 복구하기 시작한다

The body's third line of defense is / a final, more specific response.
신체의 세 번째 방어선은 / 최종적이고, 보다 구체적인 대응이다

Its elite fighting units / are trained on the job; / that is, / they are created / in response to a pathogen / that the body has not seen before.
그것의 정예 전투 부대는 / 그 일에 대해 훈련을 받는다 / 즉 / 그것들은 생성된다 / 병원균에 대한 반응으로 / 신체가 이전에 본 적이 없는

Once activated / in one part of the body, / the adaptive system / functions throughout, / and / it memorizes the

antigens / (a substance that provokes an immune system response).
일단 활성화되면 / 신체의 한 부분에서 / 적응 체계는 / 전체적으로 기능한다 / 그리고 / 그것은 항원을 기억한다 / (면역체계 반응을 일으키는 물질)

The next time they come along, / the body hits back quicker and harder.
다음번에 그것들이 올 때 / 신체는 더 빠르고 더 세게 반격한다

해석   인체의 면역체계의 임무는 신체의 수조 개의 면역 세포와 특수 분자에 의해 수행된다. 첫 번째 방어선은 침입자를 차단하고 가두는 피부와 점막의 물리적 장벽에 있다. 두 번째인 선천적인 체계는 포식세포를 포함한 세포로 구성되며, 이것의 기본적인 임무는 침입자를 잡아먹는 것이다. 이러한 면역 세포 외에도, 많은 화학적 화합물들이 감염과 부상에 반응하고, 병원체를 파괴하기 위해 접근하고, 조직을 복구하기 시작한다. 신체의 세 번째 방어선은 최종적이고, 보다 구체적인 대응이다. 그것의 정예 전투 부대는 그 일에 대해 훈련을 받는다. 즉, 그것들은 신체가 이전에 본 적이 없는 병원균에 대한 반응으로 생성된다. 일단 신체의 한 부분에서 활성화되면, 적응 체계는 전체적으로 기능하고, 그것은 항원(면역체계 반응을 일으키는 물질)을 기억한다. 다음번에 그것들이(병원균이) 올 때, 신체는 더 빠르고 더 세게 반격한다.

해설   지문 중간에서 신체의 세 번째 방어선은 신체가 이전에 본 적이 없는 병원균에 대한 반응으로 생성된다고 했으므로 '③ 면역체계의 세 번째 방어선은 몸에 이전부터 지니고 있던 병원체에 반응한다'는 지문의 내용과 일치하지 않는다.

어휘   **immune system** 면역체계   **carry out** 수행하다   **trillion** 조(兆)
cell 세포   **specialize** 특수화하다, 전문화하다   **molecule** 분자
defense 방어, 수비   **barrier** 장벽   **invader** 침입자
innate 선천적인, 타고난   **compose** 구성하다   **chemical** 화학적인
compound 화합물   **infection** 감염   **injury** 부상
move in (무엇을 처리하기 위하여) 접근하다   **repair** 복구하다, 고치다
tissue 조직   **elite** 정예의, 선발된   **fighting unit** 전투 부대
activate 활성화시키다   **adaptive** 적응하는, 적응할 수 있는
function 기능하다   **substance** 물질   **provoke** 일으키다, 유발하다

---

13   독해   논리적 흐름 파악 (문장 삽입)   난이도 ★★☆

끊어읽기 해석

International management is applied / by managers of enterprises / that attain their goals and objectives / across unique multicultural, multinational boundaries.
국제적 경영은 적용된다 / 기업의 관리자들에 의해 / 그들의 목표와 목적을 달성하는 / 고유한 다문화, 다국적 경계를 넘어

The term management is defined / in many Western textbooks / as the process of completing activities efficiently / with and through other individuals.
관리라는 용어는 정의된다 / 많은 서양 교과서에서 / 효율적으로 활동을 완료하는 과정으로 / 다른 개인들과 함께 그리고 그들을 통해

(①) The process consists of / the functions or main activities / engaged in by managers.
그 과정은 구성된다 / 기능이나 주요 활동으로 / 관리자들이 수행하는

These functions or activities are usually labeled / planning, organizing, staffing, coordinating(leading and motivating), and controlling.
이러한 기능이나 활동은 보통 ~라고 불린다 / 계획, 조직, 직원 채용, 조정(이끌고 동기부여 하는 것), 그리고 통제

(②) The management process is affected / by the organization's home country environment, / which includes / the shareholders, creditors, customers, employees,

government, and community, / as well as technological, demographic, and geographic factors.
관리 과정은 영향을 받는다 / 조직의 본국 환경에 의해 / 그것은 포함한다 / 주주, 채권자, 고객, 직원, 정부, 그리고 지역사회를 / 기술적, 인구 통계학적, 그리고 지리적 요인뿐만 아니라

(③) These business enterprises are generally referred to as / international corporations, multinational corporations(MNCs), or global corporations.
이러한 기업체들은 일반적으로 ~이라고 불린다 / 국제 기업, 다국적 기업(MNCs), 또는 글로벌 기업

(④) This means / that the process is affected by the environment / where the organization is based, / as well as by the unique culture, / including views on ethics and social responsibility, / existing in the country or countries / where it conducts its business activities.
이것은 의미한다 / 그 과정이 환경에 영향을 받는다는 것을 / 조직이 기반을 두고 있는 / 고유한 문화뿐만 아니라 / 윤리 및 사회적 책임에 대한 견해를 포함한 / 국가나 국가들에 존재하는 / 그것이 사업 활동을 수행하는

해석   국제적 경영은 고유한 다문화, 다국적 경계를 넘어 그들의 목표와 목적을 달성하는 기업의 관리자들에 의해 적용된다.

관리라는 용어는 많은 서양 교과서에서 다른 개인들과 함께 그리고 그들을 통해 효율적으로 활동을 완료하는 과정으로 정의된다. (①) 그 과정은 관리자들이 수행하는 기능이나 주요 활동으로 구성된다. 이러한 기능이나 활동은 보통 계획, 조직, 직원 채용, 조정(이끌고 동기부여 하는 것), 그리고 통제라고 불린다. (②) 관리 과정은 조직의 본국 환경에 의해 영향을 받는데, 그것은 기술적, 인구 통계학적, 그리고 지리적 요인뿐만 아니라 주주, 채권자, 고객, 직원, 정부, 그리고 지역사회를 포함한다. (③) 이러한 기업체들은 일반적으로 국제 기업, 다국적 기업(MNCs), 또는 글로벌 기업이라고 불린다. (④) 이것은 그 과정이 사업 활동을 수행하는 국가나 국가들에 존재하는 윤리 및 사회적 책임에 대한 견해를 포함한 고유한 문화뿐만 아니라 그 조직이 기반을 두고 있는 환경에 영향을 받는다는 것을 의미한다.

해설   ③번 앞 문장에 관리 과정은 조직의 본국 환경에 의해 영향을 받는다는 내용이 있고, ③번 뒤 문장에 이러한(These) 기업체들은 일반적으로 국제 기업, 다국적 기업, 또는 글로벌 기업이라고 불린다는 내용이 있으므로, ③번 자리에 국제적 경영은 고유한 다문화, 다국적 경계를 넘어 그들의 목표와 목적을 달성하는 기업의 관리자들에 의해 적용된다는 내용의 주어진 문장이 나와야 지문이 자연스럽게 연결된다.

어휘   **management** 경영, 관리   **apply** 적용하다   **enterprise** 기업, 사업
attain 달성하다   **objective** 목적, 목표   **unique** 고유한, 독특한
multicultural 다문화의   **multinational** 다국적의   **boundary** 경계
term 용어   **staffing** 직원 채용   **coordinate** 조정하다, 조직하다
lead 이끌다   **motivate** 동기부여 하다   **shareholder** 주주
creditor 채권자   **demographic** 인구 통계학적인
geographic 지리적인   **factor** 요인   **corporation** 기업, 회사, 법인
ethics 윤리   **responsibility** 책임, 의무
conduct 수행하다, 실시하다

---

14   독해   논리적 흐름 파악 (문장 삽입)   난이도 ★★★

끊어읽기 해석

This kind of development / makes us realize / that removing safety hazards is far better / than creating alarms / to detect them.
이러한 종류의 개발은 / 우리가 깨닫게 해준다 / 안전상의 위험을 제거하는

질 수 있도록 돕는 것 외에도, 깨끗한 물에 접근할 수 있는 것 또한 모든 사람들에게 매우 중요하다. NASA 공학자들은 우주 비행사들이 우주에서 마실 깨끗하고, 마시기 알맞은 물을 위한 더 나은 시스템을 만들기 위해 민간 회사들과 협력해 왔다. (④) 우주 비행사들을 위해 개발된 이러한 시스템은, 사용 가능한 모든 물을 빠르고 저렴하게 정화할 수 있다. 이것은 물이 부족하거나 오염된 외딴 곳이나 개발도상국에 사는 지구상의 사람들에게 주요한 이점이다.

해설 ③번 앞 문장에 NASA가 유독가스인 일산화탄소를 무해한 이산화탄소로 산화시키는 에어컨 시스템을 개발했다는 내용이 있고, ③번 뒤 문장에 사람들이 깨끗한 공기를 가질 수 있도록 돕는 것 외에도 깨끗한 물에 접근할 수 있는 것 또한 모든 사람들에게 매우 중요하다는 새로운 주제(깨끗한 물)를 다루는 내용이 있으므로, ③번 자리에 이러한 종류의 개발(This kind of development)은 우리가 안전상의 위험을 제거하는 것이 그것들을 감지하기 위한 경보를 생성하는 것보다 훨씬 더 낫다는 것을 깨닫게 해준다는 내용의 주어진 문장이 나와야 지문이 자연스럽게 연결된다.

어휘 **hazard** 위험 **detect** 감지하다 **spinoff technology** 스핀오프 기술(NASA의 기술이나 전문 지식을 접목해 상용화하는 기술) **carbon monoxide** 일산화탄소 **buildup** 축적, 비축 **faulty** 결함이 있는 **furnace** 아궁이, 용광로 **fireplace** 벽난로 **alert** 경보를 발하다 **oxidize** 산화시키다 **toxic** 유독한 **carbon dioxide** 이산화탄소 **astronaut** 우주 비행사 **affordably** 저렴하게, 감당할 수 있게 **remote** 외딴, 먼 **scarce** 부족한, 희귀한 **polluted** 오염된

것이 훨씬 더 낫다는 것을 / 경보를 생성하는 것보다 / 그것들을 감지하기 위한

Spinoff technology can help / to make our homes and communities safer and more comfortable places / to live.
스핀오프 기술은 도움이 될 수 있다 / 우리의 집과 지역사회를 더 안전하고 더 편안한 곳으로 만드는 데 / 살기에

Most people are aware / that carbon monoxide(CO) buildup in our homes / can be very dangerous.
대부분의 사람들은 알고 있다 / 우리의 집에 일산화탄소가 축적되는 것이 / 매우 위험할 수 있다는 것을

This may come from / a faulty furnace or fireplace.
이것은 발생할 수 있다 / 결함이 있는 아궁이나 벽난로에서

(①) Consequently, / some people have carbon monoxide detectors / in their homes, / but / these detectors only alert them / if the level of carbon monoxide is unsafe.
결과적으로 / 일부 사람들은 일산화탄소 감지기를 가지고 있다 / 그들의 집에 / 하지만 / 이러한 감지기는 경보를 발한다 / 일산화탄소의 수준이 안전하지 않을 때만

(②) However, / using space technology, / NASA developed an air-conditioning system / that can not only detect dangerous amounts of carbon monoxide, / but actually oxidizes the toxic gases / into harmless carbon dioxide.
그러나 / 우주 기술을 사용하여 / NASA는 에어컨 시스템을 개발했다 / 위험한 양의 일산화탄소를 감지할 수 있을 뿐만 아니라 / 실제로 그 유독가스를 산화시키는 / 무해한 이산화탄소로

(③) In addition to helping people / to have clean air, / having access to clean water / is also of major importance / for everyone.
사람들을 돕는 것 외에도 / 깨끗한 공기를 가질 수 있도록 / 깨끗한 물에 접근할 수 있는 것은 / 또한 매우 중요하다 / 모든 사람들에게

NASA engineers have been working with private companies / to create better systems / for clean, drinkable water / for astronauts in space.
NASA 공학자들은 민간 회사들과 협력해 왔다 / 더 나은 시스템을 만들기 위해 / 깨끗하고, 마시기 알맞은 물을 위한 / 우주에 있는 우주 비행사들을 위한

(④) These systems, / which have been developed / for the astronauts, / can quickly and affordably cleanse / any available water.
이러한 시스템은 / 개발된 / 우주 비행사들을 위해 / 빠르고 저렴하게 정화할 수 있다 / 사용 가능한 모든 물을

This is a major advantage / to the people on Earth / who live in remote or developing areas / where water is scarce or polluted.
이것은 주요한 이점이다 / 지구상의 사람들에게 / 외딴곳이나 개발도상국에 사는 / 물이 부족하거나 오염된

해석
이러한 종류의 개발은 우리가 안전상의 위험을 제거하는 것이 그것들을 감지하기 위한 경보를 생성하는 것보다 훨씬 더 낫다는 것을 깨닫게 해준다.

스핀오프 기술은 우리의 집과 지역사회를 살기에 더 안전하고 더 편안한 곳으로 만드는 데 도움이 될 수 있다. 대부분의 사람들은 우리의 집에 일산화탄소가 축적되는 것이 매우 위험할 수 있다는 것을 알고 있다. 이것은 결함이 있는 아궁이나 벽난로에서 발생할 수 있다. (①) 결과적으로, 일부 사람들은 그들의 집에 일산화탄소 감지기를 가지고 있지만, 이러한 감지기는 일산화탄소의 수준이 안전하지 않을 때만 경보를 발한다. (②) 그러나, NASA는 우주 기술을 사용하여 위험한 양의 일산화탄소를 감지할 수 있을 뿐만 아니라, 실제로 그 유독가스를 무해한 이산화탄소로 산화시키는 에어컨 시스템을 개발했다. (③) 사람들이 깨끗한 공기를 가

---

15 독해 추론 (빈칸 완성 - 연결어) 난이도 ★★☆

끊어읽기 해석

Antibiotics are among the most commonly prescribed drugs / for people.
항생제는 가장 흔하게 처방되는 약들 중 하나이다 / 사람들에게

Antibiotics are effective / against bacterial infections, / such as strep throat, / some types of pneumonia, / eye infections, / and ear infections.
항생제는 효과적이다 / 박테리아 감염에 / 패혈성 인두염과 같은 / 일부 유형의 폐렴 / 눈 감염 / 그리고 귀 감염

But / these drugs / don't work at all / against viruses, / such as those that cause colds or flu.
하지만 / 이 약들은 / 전혀 효과가 없다 / 바이러스에 / 감기나 독감을 유발하는 것과 같은

Unfortunately, / many antibiotics / prescribed to people and to animals / are unnecessary.
불행하게도 / 많은 항생제는 / 사람과 동물에게 처방되는 / 불필요하다

(A) Furthermore, / the overuse and misuse of antibiotics / help to create / drug-resistant bacteria.
(A) 게다가 / 항생제의 남용과 오용은 / 생성하는 것을 돕는다 / 약물에 내성이 있는 박테리아를

Here's how that might happen.
그것이 어떻게 일어날 수 있는지는 다음과 같다

When used properly, / antibiotics can help / destroy disease-causing bacteria.
적절하게 사용되면 / 항생제는 도움이 될 수 있다 / 질병을 일으키는 박테리아를 파괴하는 데

(B) However, / if you take an antibiotic / when you have a viral infection / like the flu, / the drug won't affect the viruses / making you sick.
(B) 하지만 / 항생제를 복용하면 / 당신이 바이러스 감염이 있을 때 / 독감과 같은 / 그 약은 바이러스에 영향을 미치지 않는다 / 당신을 아프게 하는

해석 항생제는 사람들에게 가장 흔하게 처방되는 약들 중 하나이다. 항생제는 패혈성 인두염, 일부 유형의 폐렴, 눈 감염, 그리고 귀 감염과 같은 박테리아 감염에 효과적이다. 하지만 이 약들은 감기나 독감을 유발하는 것과 같은 바이러스에는 전혀 효과가 없다. 불행하게도, 사람과 동물에게 처방되는 많은 항생제는 불필요하다. (A) 게다가, 항생제의 남용과 오용은 약물에 내성이 있는 박테리아를 생성하는 것을 돕는다. 그것이 어떻게 일어날 수 있는지는 다음과 같다. 항생제는 적절하게 사용되면 질병을 일으키는 박테리아를 파괴하는 데 도움이 될 수 있다. (B) 하지만, 독감과 같은 바이러스 감염이 있을 때 항생제를 복용하면, 그 약은 당신을 아프게 하는 바이러스에 영향을 미치지 않는다.

	(A)	(B)
①	하지만	대신에
②	게다가	그러므로
③	반면에	예를 들어
④	게다가	하지만

해설 **(A)** 빈칸 앞 문장은 사람과 동물에게 처방되는 많은 항생제는 불필요하다는 내용이고, 빈칸 뒤 문장은 항생제의 남용과 오용은 약물에 내성이 있는 박테리아를 생성하는 것을 돕는다는 추가적인 내용이다. 따라서 빈칸에는 추가를 나타내는 연결어인 Furthermore(게다가)가 들어가야 한다. **(B)** 빈칸 앞 문장은 항생제는 적절하게 사용되면 질병을 일으키는 박테리아를 파괴하는 데 도움이 될 수 있다는 내용이고, 빈칸 뒤 문장은 바이러스 감염이 있을 때 항생제를 복용하면 그 약은 바이러스에 영향을 미치지 않는다는 내용으로 앞 문장과 대조적인 내용이다. 따라서 빈칸에는 대조를 나타내는 연결어인 However(하지만)가 들어가야 한다. 따라서 ④ (A) Furthermore(게다가) - (B) However(하지만)가 정답이다.

어휘 antibiotic 항생제, 항균 prescribe 처방하다 effective 효과적인 infection 감염 strep throat 패혈성 인두염 pneumonia 폐렴 overuse 남용 misuse 오용 resistant 내성이 있는, 저항력이 있는 properly 적절하게, 제대로 viral 바이러스의

16 독해 전체내용 파악 (제목 파악) 난이도 ★★★

끊어읽기 해석

The assumption that politics and administration could be separated / was ultimately disregarded / as utopian.
정치와 행정이 분리될 수 있다는 가정은 / 결국 무시되었다 / 비현실적이라고

Wilson and Goodnow's idea / of apolitical public administration / proved unrealistic.
Wilson과 Goodnow의 생각은 / 정파와 관련되지 않은 공공 행정에 대한 / 비현실적인 것으로 판명되었다

A more realistic view / —the so-called "politics school" / —is that politics is very much a part of administration.
더 현실적인 견해는 / 소위 '정치 학파'라고 불리는 / 정치가 행정의 일부라는 것이다

The politics school maintains / that in a pluralistic political system / in which many diverse groups have a voice, / public administrators with considerable knowledge / play key roles.
정치 학파는 주장한다 / 다원적 정치 체제에서 / 다양한 집단이 목소리를 내는 / 상당한 지식을 갖춘 공공 행정가가 / 핵심적인 역할을 한다고

Legislation, / for instance, / is written by public administrators / as much as by legislators.
법령은 / 예를 들어 / 공공 행정가에 의해 작성된다 / 입법자 못지않게

The public bureaucracy / is as capable of engendering support for its interests / as any other participant / in the political process, / and / public administrators / are as likely as any to be part of a policymaking partnership.
공공 관료는 / 자신의 이익에 대한 지원을 발생시킬 수 있다 / 다른 어떤 참여자와 마찬가지로 / 정치 과정의 / 그리고 / 공공 행정가는 / 정책 입안 파트너십의 일부가 될 가능성이 크다

Furthermore, / laws are interpreted / by public administrators / in their execution, / which includes many and often unforeseen scenarios.
게다가 / 법률은 해석된다 / 공공 행정가에 의해 / 그것들이 집행될 때 / 여기에는 많은 그리고 종종 예치기 않은 시나리오가 포함된다

해석 정치와 행정이 분리될 수 있다는 가정은 결국 비현실적이라고 무시되었다. 정파와 관련되지 않은 공공 행정에 대한 Wilson과 Goodnow의 생각은 비현실적인 것으로 판명되었다. 소위 '정치 학파'라고 불리는 더 현실적인 견해는 정치가 행정의 일부라는 것이다. 정치 학파는 다양한 집단이 목소리를 내는 다원적 정치 체제에서 상당한 지식을 갖춘 공공 행정가가 핵심적인 역할을 한다고 주장한다. 예를 들어, 법령은 입법자 못지않게 공공 행정가에 의해 작성된다. 공공 관료는 정치 과정의 다른 어떤 참여자와 마찬가지로 자신의 이익에 대한 지원을 발생시킬 수 있고, 공공 행정가는 정책 입안 파트너십의 일부가 될 가능성이 크다. 게다가, 법률은 집행될 때 공공 행정가에 의해 해석되는데, 여기에는 많은 그리고 종종 예치기 않은 시나리오가 포함된다.

① 정치에서 예측 불가능한 상황에 대처하는 방법
② 공공 행정가의 정치 체제에 대한 놀라운 영향력
③ 정치와 행정을 분리하려는 반복적인 시도
④ 정치와 행정은 분리될 수 없다는 견해의 허점

해설 지문 전반에 걸쳐 정치가 행정의 일부라는 것이 현실적인 견해이며 다원적 정치 체제에서는 공공 행정가가 핵심적인 역할을 한다는 점을 예시를 들어 설명하고 있다. 따라서, '② 공공 행정가의 정치 체제에 대한 놀라운 영향력'이 이 글의 제목이다.

어휘 assumption 가정, 추정 politics 정치 administration 행정, 정부 separate 분리하다 ultimately 결국, 마침내 disregard 무시하다 utopian 비현실적인, 이상적인 apolitical 어떤 정파[정당]와 관련되지 않은 prove 판명하다, 증명하다 unrealistic 비현실적인 so-called 소위 pluralistic 다원적인 diverse 다양한 considerable 상당한 legislation 법령, 입법 legislator 입법자, 법률 제정자 bureaucracy 관료, 관료제 capable ~할 수 있는 engender ~을 발생시키다, 일으키다 policymaking 정책 입안 interpret 해석하다, 판단하다 execution 집행, 실행 unforeseen 예기치 않은, 의외의 cope with ~에 대처하다 unpredictable 예측 불가능한 repetitive 반복적인 attempt 시도 loophole 허점, 빠져나갈 구멍 inseparable 분리할 수 없는

17 독해 전체내용 파악 (제목 파악) 난이도 ★☆☆

끊어읽기 해석

We are living in perhaps the most exciting times / in all human history.
우리는 아마도 가장 흥미로운 시기에 살고 있다 / 인류 역사상

The technological advances / we are witnessing today / are giving birth to / new industries / that are producing / devices, systems, and services / that were once only reflected / in the realm of science fiction and fantasy.
기술 발전은 / 오늘날 우리가 목격하고 있는 / 탄생시키고 있다 / 새로운 산업을 / 생산하는 / 기기, 시스템, 그리고 서비스를 / 한때 반영되었던 / 공상 과학과 판타지의 영역에만

Industries are being completely restructured / to become better, faster, stronger, and safer.
산업은 완전히 재구성되고 있다 / 더 좋고, 더 빠르고, 더 강하고, 더 안전해지기 위해

You no longer have to settle for something / that is "close enough," / because customization is reaching levels / that provide you with / exactly what you want or need.
당신은 더 이상 무언가에 만족할 필요가 없다 / '충분히 가까운' / 맞춤화는 수준에 도달하고 있기 때문에 / 당신에게 제공하는 / 당신이 원하거나 필요로 하는 것을

We are on the verge of / releasing the potential of / genetic enhancement, nanotechnology, and other technologies / that will lead to curing many diseases / and / maybe even slowing the aging process itself.
우리는 직전에 있다 / 잠재력을 공개하기 / 유전자 향상, 나노 기술 및 기타 기술의 / 많은 질병을 치료하도록 이끌 / 그리고 / 심지어 어쩌면 노화 과정 자체를 늦추도록 이끌

Such advances are due to discoveries / in separate fields / to produce these wonders.
그러한 발전은 발견에 기인한다 / 별개의 분야에서의 / 이러한 경이로움을 만들어내는

In the not so distant future, / incredible visions of imagination / such as robotic surgeons / that keep us healthy, / self-driving trucks / that deliver our goods, / and / virtual worlds / that entertain us / after a long day / will be commonplace.
그리 머지않은 미래에, / 놀라운 상상의 모습이 / 로봇 외과 의사와 같은 / 우리를 계속 건강하게 해주는 / 자율 주행 트럭 / 우리의 상품을 배달하는 / 그리고 / 가상 세계 / 우리를 즐겁게 해주는 / 긴 하루 끝에 / 흔해질 것이다

If ever there were a time / that we were about to capture perfection, / it is now / —and the momentum is only increasing.
때가 있었다면 / 우리가 완벽함을 정확히 포착하려고 했던 / 그것은 바로 지금이다 / 그리고 그 기세는 점점 더 커지기만 할 뿐이다

해석 우리는 아마도 인류 역사상 가장 흥미로운 시기에 살고 있다. 오늘날 우리가 목격하고 있는 기술 발전은 한때 공상 과학과 판타지의 영역에만 반영되었던 기기, 시스템, 그리고 서비스를 생산하는 새로운 산업을 탄생시키고 있다. 산업은 더 좋고, 더 빠르고, 더 강하고, 더 안전해지기 위해 완전히 재구성되고 있다. 맞춤화는 당신이 원하거나 필요로 하는 것을 정확하게 제공하는 수준에 도달하고 있기 때문에 당신은 더 이상 '충분히 가까운' 것에 만족할 필요가 없다. 우리는 많은 질병을 치료하고 심지어 어쩌면 노화 과정 자체를 늦추도록 이끌 유전자 향상, 나노 기술 및 기타 기술의 잠재력을 공개하기 직전에 있다. 그러한 발전은 이러한 경이로움을 만들어내는 별개의 분야에서의 발견에 기인한다. 그리 머지않은 미래에, 우리를 계속 건강하게 해주는 로봇 외과 의사, 우리의 상품을 배달하는 자율 주행 트럭, 그리고 긴 하루 끝에 우리를 즐겁게 해주는 가상 세계와 같은 놀라운 상상의 모습이 흔해질 것이다. 우리가 완벽함을 정확히 포착하려고 했던 때가 있었다면, 그것은 바로 지금이고, 그 기세는 점점 더 커지기만 할 뿐이다.
① 전례 없는 기술 발전의 시대
② 현대 산업의 불완전한 해결책과의 분투
③ 기술 진보에 대한 역사적 관점
④ 현대 산업의 정체된 상태

해설 지문 전반에 걸쳐 산업은 더 좋고, 더 빠르고, 더 강하고, 더 안전해지기 위해 완전히 재구성되고 있고, 우리가 완벽함을 정확히 포착하려고 했던 때가 있었다면 그것은 바로 지금이라고 설명하고 있다. 따라서 '① 전례 없는 기술 발전의 시대'가 이 글의 제목이다.

어휘 witness 목격하다 reflect 반영하다, 나타내다 realm 영역 science fiction 공상 과학 restructure 재구성하다 settle for ~에 만족하다 customization 맞춤화, 주문에 따라 만듦 on the verge of ~하기 직전에 genetic 유전자의, 유전(학)의 enhancement 향상, 증대 nanotechnology 나노 기술 incredible 놀라운, 믿을 수 없는 vision 모습 surgeon 외과 의사 commonplace 흔한 capture 정확히 포착하다, 포획하다 momentum 기세, 추진력 era 시대 unprecedented 전례 없는 advancement 발전, 진보 imperfect 불완전한 perspective 관점 stagnant 정체된 contemporary 현대의, 동시대의

18 독해 추론 (빈칸 완성 - 단어) 난이도 ★☆☆

끊어읽기 해석

Emotional strength isn't about / maintaining a stiff upper lip, / being stoic / or / never showing emotion / —actually, / it's the opposite.
정서적 힘은 ~에 대한 게 아니다 / 윗입술을 뻣뻣하게 유지하는 것 / 금욕적인 것 / 또는 / 감정을 전혀 나타내지 않는 것 / 사실 / 그 반대이다

"Emotional strength is about / having the skills you need / to regulate your feelings," / says psychotherapist Amy Morin.
"정서적 힘은 ~와 관련이 있다 / 여러분이 필요한 기술을 갖는 것 / 여러분의 감정을 조절하기 위해" / 라고 심리치료사인 Amy Morin이 말한다

"You don't need to chase happiness / all the time.
"여러분은 행복을 좇을 필요가 없습니다 / 항상

Instead, / you can develop the courage you need / to work through uncomfortable feelings, / like anxiety and sadness."
대신에, / 여러분은 필요한 용기를 기를 수 있습니다 / 불편한 감정을 헤쳐 나가기 위해 / 불안과 슬픔 같은"

Someone with emotional strength, / for instance, / will know / when to shift their emotional state, / says Morin.
정서적 힘을 가진 사람은 / 예를 들어 / 알 것이다 / 그들의 감정 상태를 언제 전환해야 하는지 / 라고 Morin은 말한다

"If their anxiety isn't serving them well, / they have strategies they can use / to calm themselves.
"만약 그들의 불안이 그들에게 도움이 되지 않는다면 / 그들은 사용할 수 있는 전략을 가지고 있습니다 / 자신을 진정시키기 위해"

They also have the ability / to tolerate difficult emotions, / but / they do so / by embracing them, / not suppressing them.
그들은 또한 능력을 가지고 있습니다 / 어려운 감정을 견딜 수 있는 / 하지만 / 그들은 그렇게 합니다 / 그것들을 받아들임으로써 / 그것들을 억누르는 것이 아니라

They don't distract themselves / from painful feelings, / like loneliness."
그들은 그들 자신의 주의를 돌리지 않습니다 / 고통스러운 감정으로부터 / 외로움과 같은"

해석 정서적 힘은 윗입술을 뻣뻣하게 유지하는 것, 금욕적인 것, 또는 감정을 전혀 나타내지 않는 것에 대한 게 아니라 사실 그 반대이다. "정서적 힘은 여러분의 감정을 조절하는 데 필요한 기술을 갖는 것과 관련이 있습니다"라고 심리치료사인 Amy Morin이 말한다. "여러분은 항상 행복을 좇을 필요가 없습니다. 대신에, 여러분은 불안과 슬픔 같은 불편한 감정을 헤쳐 나가는 데 필요한 용기를 기를 수 있습니다." 예를 들어, 정서적 힘을 가진 사람은 그들의 감정 상태를 언제 전환해야 하는지 알 수 있을 것이라고 Morin은 말한다. "만약 그들의 불안이 그들에게 도움이 되지 않는다면, 그들은 자신을 진정시키기 위해 사용할 수 있는 전략을 가지고 있습니다. 그들은 또한 어려운 감정을 견딜 수 있는 능력도 가지고 있지만, 그것들을 억누르는 것이 아니라 받아들임으로써 그렇게 합니

다. 그들은 외로움과 같은 고통스러운 감정으로부터 주의를 돌리지 않습니다."

① 과장함
② 추구함
③ 받아들임
④ 무시함

해설 지문 처음에서 정서적 힘은 감정을 전혀 나타내지 않는 것에 대한 게 아니라 사실 그 반대라고 했고, 지문 마지막에서 정서적 힘을 가진 사람은 외로움과 같은 고통스러운 감정으로부터 주의를 돌리지 않는다고 했으므로, 빈칸에는 그들(정서적 힘을 가진 사람들)은 어려운 감정을 견딜 수 있는 능력도 가지고 있지만, 그것들을 억누르는 것이 아니라 '③ 받아들임'으로써 그렇게 한다는 내용이 들어가야 한다.

어휘 **emotional** 정서적인, 감정적인 **strength** 힘, 용기
maintain 유지하다 **stiff** 뻣뻣한 **upper lip** 윗입술 **stoic** 금욕적인
opposite 반대인, 다른 편의 **regulate** 조절하다
psychotherapist 심리치료사 **courage** 용기
work through 헤쳐 나가다 **uncomfortable** 불편한
anxiety 불안 **sadness** 슬픔 **shift** 전환하다, 옮기다 **state** 상태
serve 도움이 되다 **strategy** 전략 **calm** 진정시키다
tolerate 견디다 **suppress** 억누르다 **distract** 주의를 돌리다
loneliness 외로움 **exaggerate** 과장하다
pursue 추구하다, 계속하다 **embrace** 받아들이다 **ignore** 무시하다

---

19 독해 추론 (빈칸 완성 - 단어) 난이도 ★★★

끊어읽기 해석

Like many small organisms, / fungi are often overlooked, / but / their planetary significance / is outsize.
많은 작은 유기체와 마찬가지로 / 곰팡이들은 종종 간과된다 / 하지만 / 그것들의 지구상의 중요성은 / 너무나 크다

Plants managed to leave water / and / grow on land / only because of their collaboration with fungi, / which acted / as their root systems / for millions of years.
식물들이 물을 떠난 것은 / 그리고 / 땅에서 자란 것은 / 오직 곰팡이와의 협력 덕분이었다 / 역할을 했던 / 그들의 뿌리 체계의 / 수백만 년 동안

Even today, / roughly 90 percent of plants / and / nearly all the world's trees / depend on fungi, / which supply crucial minerals / by breaking down rock / and / other substances.
심지어 오늘날에도 / 식물의 대략 90퍼센트 / 그리고 / 전 세계의 거의 모든 나무가 / 곰팡이에 의존하고 있다 / 중요한 미네랄을 공급하는 / 암석을 분해함으로써 / 그리고 / 다른 물질들을

They can also be a scourge, / eradicating forests / and / killing humans.
그것들은 또한 재앙이 될 수도 있다 / 숲을 뿌리 뽑는 / 그리고 / 인간을 죽이는

At times, / they even seem to think.
때때로 / 그것들은 심지어 생각하는 것처럼 보이기도 한다

When Japanese researchers released slime molds / into mazes / molded on Tokyo's streets, / the molds found the most efficient route / between the city's urban hubs / in a day, / instinctively recreating / a set of paths / almost identical / to the existing rail network.
일본의 연구원들이 점액 곰팡이를 방출했을 때 / 미로에 / 도쿄의 거리에 만들어진 / 그 곰팡이들은 가장 효율적인 경로를 발견했다 / 도시의 중심지 사이에서 / 하루 만에 / 본능적으로 재현했다 / 일련의 경로를 / 거의 동일한 / 기존의 철도망과

When put in a miniature floor map of Ikea, / they quickly found / the shortest route / to the exit.
이케아의 축소된 평면도에 넣었을 때 / 그것들은 빠르게 발견했다 / 최단 경로를 / 출구로 가는

해석 많은 작은 유기체와 마찬가지로, 곰팡이들은 종종 간과되지만, 그것들의 지구상의 중요성은 너무나 크다. 식물들이 물을 떠나 땅에서 자란 것은 오직 수백만 년 동안 그들의 뿌리 체계 역할을 했던 곰팡이와의 협력 덕분이었다. 심지어 오늘날에도, 식물의 대략 90퍼센트와 전 세계의 거의 모든 나무가 암석과 다른 물질들을 분해함으로써 중요한 미네랄을 공급하는 곰팡이에 의존하고 있다. 그것들은 또한 숲을 뿌리 뽑고 인간을 죽이는 재앙이 될 수도 있다. 때때로, 그것들(곰팡이)은 심지어 생각하는 것처럼 보이기도 한다. 일본의 연구원들이 도쿄의 거리에 만들어진 미로에 점액 곰팡이를 방출했을 때, 그 곰팡이들은 하루 만에 도시의 중심지 사이에서 가장 효율적인 경로를 발견했고, 본능적으로 기존의 철도망과 거의 동일한 일련의 경로를 재현했다. 이케아의 축소된 평면도에 넣었을 때, 그것들은 출구로 가는 최단 경로를 빠르게 발견했다.

① 모이다
② 번식하다
③ 즐기다
④ 생각하다

해설 빈칸 뒤 문장에서 일본의 연구원들이 도쿄의 거리에 만들어진 미로에 점액 곰팡이를 방출했을 때, 그 곰팡이들은 하루 만에 도시의 중심지 사이에서 가장 효율적인 경로를 발견했고, 이케아의 축소된 평면도에 넣었을 때는 출구로 가는 최단 경로를 빠르게 발견했다는 예시를 언급하고 있으므로, 빈칸에는 때때로 그것들(곰팡이)은 심지어 '④ 생각하는' 것처럼 보인다는 내용이 들어가야 한다.

어휘 **organism** 유기체 **fungus** 곰팡이(복수형: fungi)
overlook 간과하다 **planetary** 지구상의, 행성상의
significance 중요성 **outsize** 너무 큰, 특대의
collaboration 협력 **roughly** 대략, 거의 **supply** 공급하다
crucial 중요한, 결정적인 **mineral** 미네랄, 무기물 **substance** 물질
scourge 재앙, 사회악 **eradicate** 뿌리 뽑다, 박멸하다
slime mold 점액 곰팡이 **maze** 미로 **mold** 만들다, 형성하다
urban 도시의 **hub** 중심지 **instinctively** 본능적으로
path 경로, 길 **identical** 동일한 **miniature** 축소된
route 경로, 노선 **gather** 모이다, 수집하다 **breed** 번식하다, 낳다

---

20 독해 추론 (빈칸 완성 - 절) 난이도 ★★★

끊어읽기 해석

Species (or higher taxa) may go extinct / for two reasons.
종(또는 더 높은 분류군)은 멸종될 수 있다 / 두 가지 이유로

One is "real" extinction / in the sense / that the lineage has died out / and / left no descendants.
하나는 '진짜' 멸종이다 / ~는 의미에서 / 혈통이 사라졌다는 / 그리고 / 후손이 남지 않았다는

For modern species, / the meaning is unambiguous, / but for fossil / real extinction has to be distinguished / from *pseudoextinction*.
현대 종의 경우 / 그 의미는 명확하다 / 하지만 화석의 경우 / 진짜 멸종은 구분되어야 한다 / '유사 멸종'과

Pseudoextinction means / that the taxon appears to go extinct, / but only because of an error or artifact in the evidence, / and not because the underlying lineage really ceased to exist.
유사 멸종은 의미한다 / 분류군이 멸종된 것처럼 보이는 것을 / 하지만 증거의 오류 또는 인공 유물 때문일 뿐 / 근원적인 혈통이 실제로 소멸했기 때문은 아니라는 것을

For instance, / a continuously evolving lineage / may change its taxonomic name.
예를 들어 / 지속적으로 진화하는 혈통은 / 그것의 분류학적 명칭을 바꿀 수도 있다

As a lineage evolves, / later forms may look / sufficiently different from earlier ones / that a taxonomist may classify them / as different species, / even though there is a continuous breeding lineage.
혈통이 진화함에 따라 / 이후의 형태는 보일 수 있다 / 이전의 형태와 충분히 다르게 / 그래서 분류학자들은 그것들을 분류할 수 있다 / 다른 종으로 / 지속적인 번식 혈통이 있음에도 불구하고

This may be because the species are classified phonetically, / or / it may be because the taxonomist only has a few specimens, / some from early in the lineage / and / some from late in the lineage / such that the continuous lineage is undetectable.
이것은 그 종들이 음성학적으로 분류되기 때문일 수도 있다 / 또는 / 분류학자가 몇몇 표본만 가지고 있기 때문일 수도 있다 / 일부는 혈통 초기부터 / 그리고 / 일부는 혈통 후기부터 / 그래서 연속적인 혈통을 찾아낼 수 없다

해석 종(또는 더 높은 분류군)은 두 가지 이유로 멸종될 수 있다. 하나는 혈통이 사라지고 후손이 남지 않았다는 의미에서 '진짜' 멸종이다. 현대 종의 경우, 그 의미는 명확하지만, 화석의 경우 진짜 멸종은 '유사 멸종'과 구분되어야 한다. 유사 멸종은 분류군이 멸종된 것처럼 보이지만, 증거의 오류 또는 인공 유물 때문일 뿐, 근원적인 혈통이 실제로 소멸했기 때문은 아니라는 것을 의미한다. 예를 들어, 지속적으로 진화하는 혈통은 그것의 분류학적 명칭을 바꿀 수도 있다. 혈통이 진화함에 따라, 이후의 형태는 이전의 형태와 충분히 다르게 보일 수 있기 때문에 지속적인 번식 혈통이 있음에도 불구하고 분류학자들은 그것들을 다른 종으로 분류할 수 있다. 이것은 그 종들이 음성학적으로 분류되기 때문일 수도 있고, 분류학자가 일부는 혈통 초기부터, 일부는 혈통 후기부터의 몇몇 표본만 가지고 있어서 연속적인 혈통을 찾아낼 수 없기 때문일 수도 있다.

① 멸종에 대한 단서는 많은 지역에서 발견된다
② 혈통은 화석 기록에서 일시적으로 사라질 수도 있다
③ 지속적으로 진화하는 혈통은 그것의 분류학적 명칭을 바꿀 수도 있다
④ 일부 서로 다른 혈통은 완전히 식별되었다

해설 빈칸 앞 문장에서 유사 멸종은 분류군이 멸종된 것처럼 보이지만 증거의 오류 또는 인공 유물 때문일 뿐, 근원적인 혈통이 실제로 소멸했기 때문은 아니라고 했고, 빈칸 뒤 문장에서 혈통이 진화함에 따라 지속적인 번식 혈통이 있음에도 불구하고 분류학자들은 그것들을 다른 종으로 분류할 수 있다고 설명하고 있으므로, 빈칸에는 '③ 지속적으로 진화하는 혈통은 그것의 분류학적 명칭을 바꿀 수도 있다'는 내용이 들어가야 한다.

어휘 species 종 taxon 분류군(복수형: taxa) extinct 멸종된, 사라진
lineage 혈통, 계통 die out 사라지다, 사멸하다 descendant 후손
unambiguous 명확한, 모호하지 않은 fossil 화석
distinguish 구분하다, 구별하다 pseudoextinction 유사 멸종
artifact 인공 유물 underlying 근원적인 cease to exist 소멸하다
evolve 진화하다 sufficiently 충분히 taxonomist 분류학자
classify 분류하다 continuous 지속적인 breed 번식하다
phonetically 음성학적으로 specimen 표본
undetectable 찾아낼 수 없는 clue 단서 temporarily 일시적으로
divergent 서로 다른, 분기하는 identify 식별하다, 확인하다

정답 p.54

01	④ 독해 - 논리적 흐름 파악	11	② 독해 - 세부내용 파악	21	② 독해 - 추론
02	① 독해 - 추론	12	② 독해 - 논리적 흐름 파악	22	① 독해 - 추론
03	② 독해 - 세부내용 파악	13	② 독해 - 전체내용 파악	23	② 독해 - 전체내용 파악
04	② 독해 - 추론	14	③ 독해 - 논리적 흐름 파악	24	① 독해 - 전체내용 파악
05	④ 독해 - 세부내용 파악	15	① 독해 - 논리적 흐름 파악	25	④ 독해 - 세부내용 파악
06	② 독해 - 추론	16	④ 독해 - 세부내용 파악		
07	④ 독해 - 전체내용 파악	17	② 독해 - 논리적 흐름 파악		
08	④ 독해 - 논리적 흐름 파악	18	② 문법 - 분사&관계절& 수 일치		
09	① 독해 - 논리적 흐름 파악	19	② 독해 - 세부내용 파악		
10	③ 문법 - 대명사	20	④ 문법 - 분사		

취약영역 분석표

영역	세부 유형	문항 수	소계
문법	대명사	1	/3
	분사&관계절&수 일치	1	
	분사	1	
독해	전체내용 파악	4	/22
	세부내용 파악	6	
	추론	5	
	논리적 흐름 파악	7	
총계			**/25**

· 자신이 취약한 영역은 '공무원 영어, 이렇게 출제된다!'(p.6)를 통해 다시 한번 확인하고 학습하시기 바랍니다.

---

01 독해 논리적 흐름 파악 (문단 순서 배열) 난이도 ★★★

끊어읽기 해석

Now / we stand at the edge of a turning point / as we face / the rise of a coming wave of technology / that includes / both advanced AI and biotechnology.
이제 / 우리는 전환점의 가장자리에 서 있다 / 우리가 직면하면서 / 다가오는 기술 물결의 도래에 / 포함하는 / 첨단 인공지능과 생명공학을 모두

Never before have we witnessed technologies / with such transformative potential, / promising to reshape our world / in ways / that are both awe-inspiring and daunting.
우리는 이전에 기술을 본 적이 없다 / 이렇게 혁신적인 잠재력을 가진 / 우리의 세상을 개조할 것을 보장하는 / 방식으로 / 경외심을 불러일으키고 겁먹게 하는

(A) With AI, / we could create systems / that are beyond our control / and / find ourselves at the mercy of algorithms / that we don't understand.
인공지능으로 / 우리는 시스템을 만들 수 있다 / 우리가 통제할 수 없는 / 그리고 / 알고리즘에 좌우될 수 있다 / 우리가 이해할 수 없는

With biotechnology, / we could manipulate / the very building blocks of life, / potentially creating / unintended consequences / for both individuals and entire ecosystem.
생명공학으로 / 우리는 조작할 수 있다 / 생명의 구성 요소 자체를 / 어쩌면 초래할 수 있다 / 의도되지 않은 결과를 / 개인과 생태계 전체에

(B) With biotechnology, / we could engineer life / to tackle diseases / and / transform agriculture, / creating a world / that is healthier and more sustainable.
생명공학으로 / 우리는 삶을 설계할 수 있다 / 질병과 싸우도록 / 그리고 / 농업을 변화시키도록 / 세상을 만들 수 있다 / 더 건강하고 더 지속 가능한

But / on the other hand, / the potential dangers / of these technologies / are equally vast and profound.
그러나 / 다른 한편으로 / 잠재적인 위험은 / 이러한 기술들의 / 마찬가지로 방대하고 심오하다

(C) On the one hand, / the potential benefits / of these technologies / are vast and profound.
반면에 / 잠재적인 이점들은 / 이 기술들의 / 방대하고 심오하다

With AI, / we could unlock the secrets of the universe, / cure diseases / that have long eluded us / and / create new forms of art and culture / that stretch the bounds of imagination.
인공지능으로 / 우리는 우주의 비밀을 풀 수 있고 / 질병을 치료할 수 있고 / 오랫동안 우리에게 이해되지 않았던 / 그리고 / 새로운 형태의 예술과 문화를 창조할 수 있다 / 상상의 경계를 넓히는

해석

> 이제 우리는 첨단 인공지능과 생명공학을 모두 포함하는 다가오는 기술 물결의 도래에 직면하면서 전환점의 가장자리에 서 있다. 우리는 이전에 경외심을 불러일으키고 겁먹게 하는 방식으로 세상을 개조할 것을 보장하는 이렇게 혁신적인 잠재력을 가진 기술을 본 적이 없다.

(C) 반면에, 이 기술들의 잠재적인 이점들은 방대하고 심오하다. 인공지능으로, 우리는 우주의 비밀을 풀고, 오랫동안 우리에게 이해되지 않았던 질병을 치료하고, 상상의 경계를 넓히는 새로운 형태의 예술과 문화를 창조할 수 있다.

(B) 생명공학으로, 우리는 질병과 싸우고 농업을 변화시키도록 삶을 설계할 수 있으며, 더 건강하고 더 지속 가능한 세상을 만들 수 있다. 그러나 다른 한편으로, 이러한 기술들의 잠재적인 위험은 마찬가지로 방대하고 심오하다.

(A) 인공지능으로, 우리는 우리가 통제할 수 없는 시스템을 만들고 우리가 이해할 수 없는 알고리즘에 좌우될 수 있다. 생명공학으로, 우리는 생명의 구성 요소 자체를 조작하여, 어쩌면 개인과 생태계 전체에 의도되지 않은 결과를 초래할 수 있다.

해설 주어진 문장에서 우리는 첨단 인공지능과 생명공학을 모두 포함하는 기술 물결의 도래에 직면했는데, 이전에 이렇게 혁신적인 잠재력을 가진 기술을 본 적이 없다고 하고, (C)에서 반면에 이 기술들의 잠재적인 이점들은 방대하고 심오하다고 하면서 인공지능의

장점에 대해 설명하고 있다. 이어서 (B)에서 생명공학으로 우리는 더 건강하고 더 지속 가능한 세상을 만들 수 있지만 이러한 기술들의 잠재적인 위험도 마찬가지로 방대하고 심오하다고 설명하고 있다. 마지막으로 (A)에서 인공지능으로 우리가 통제할 수 없는 시스템을 만들거나 생명공학으로 개인과 생태계 전체에 의도되지 않은 결과를 초래할 수 있다고 하면서 인공지능과 생명공학의 잠재적인 위험에 대해 설명하고 있다. 따라서 ④ (C) - (B) - (A)가 정답이다.

어휘 **edge** 가장자리 **turning point** 전환점 **biotechnology** 생명공학 **witness** 보다, 목격하다 **transformative** 혁신적인, 변화시키는 **potential** 잠재력, 가능성 **promise** 보장하다, 약속하다 **reshape** 개조하다, 새 형태로 만들다 **awe** 경외심, 두려움 **at the mercy of** ~에 좌우되는, ~의 처분대로 **manipulate** 조작하다 **building block** 구성 요소, 필요한 것 **potentially** 어쩌면, 잠재적으로 **unintended** 의도하지 않은 **consequence** 결과 **agriculture** 농업 **sustainable** 지속 가능한 **vast** 방대한, 막대한 **profound** 심오한, 깊은 **bound** 경계, 한계 **imagination** 상상

02 독해 추론 (빈칸 완성 - 구) 난이도 ★★☆

끊어읽기 해석

Controversy over new art-making technologies / is nothing new.
새로운 예술 제작 기술에 대한 논란은 / 새로운 것이 아니다

Many painters recoiled / at the invention of the camera, / which they saw / as a debasement / of human artistry.
많은 화가들은 움츠러들었다 / 카메라의 발명에 / 그것은 그들이 본 것이다 / 저하로 / 인간 예술성의

Charles Baudelaire, / the 19th-century French poet and art critic, / called photography / "art's most mortal enemy."
Charles Baudelaire는 / 19세기 프랑스 시인이자 예술 평론가인 / 사진을 불렀다 / '예술의 가장 치명적인 적'이라고

In the 20th century, / digital editing tools and computer-assisted design programs / were similarly dismissed / by purists / for requiring too little skill / of their human collaborators.
20세기에 / 디지털 편집 도구와 컴퓨터 보조 디자인 프로그램은 / 비슷하게 무시되었다 / 순수주의자들에 의해 / 기술을 너무 적게 요구한다는 이유로 / 인간 협력자들의

What makes the new breed of A.I. image generating tools different / is not just that they're capable of / producing beautiful works of art / with minimal effort.
인공지능 이미지 생성 도구의 새로운 유형을 다르게 만드는 것은 / 그것들이 ~할 수 있다는 것만이 아니다 / 아름다운 예술 작품을 생산하는 것 / 최소한의 노력으로

It's how they work.
그것들이 어떻게 작동하는지이다

These tools are built / by scraping millions of images / from the open web, / then teaching algorithms / to recognize patterns and relationships in those images / and / generate new ones / in the same style.
이 도구들은 만들어진다 / 수백만 개의 이미지를 스크랩함으로써 / 오픈 웹에서 / 그다음 알고리즘을 가르침으로써 / 그 이미지들의 양식과 관계를 인식하도록 / 그리고 / 새로운 것(이미지)을 생성하도록 / 동일한 스타일로

That means / that artists / who upload their works / to the internet / may be unwittingly helping / to train their algorithmic competitors.
이는 의미한다 / 예술가들이 / 자신의 작품을 올리는 / 인터넷에 / 자신도 모르게 도울 수 있다는 것을 / 그들의 알고리즘 경쟁자를 훈련시키는 것을

해석 새로운 예술 제작 기술에 대한 논란은 새로운 것이 아니다. 많은 화가들은 카메라의 발명에 움츠러들었는데, 그것(카메라의 발명)은 그들이 인간 예술성의 저하로 본 것이다. 19세기 프랑스 시인이자 예술 평론가인 Charles Baudelaire는 사진을 '예술의 가장 치명적인 적'이라고 불렀다. 20세기에, 디지털 편집 도구와 컴퓨터 보조 디자인 프로그램은 인간 협력자들의 기술을 너무 적게 요구한다는 이유로 순수주의자들에 의해 비슷하게 무시되었다. 인공지능 이미지 생성 도구의 새로운 유형을 다르게 만드는 것은 그것들이 최소한의 노력으로 아름다운 예술 작품을 생산할 수 있다는 것만이 아니다. 그것들이 어떻게 작동하는지이다. 이 도구들은 오픈 웹에서 수백만 개의 이미지를 스크랩한 다음, 알고리즘에게 그 이미지들의 양식과 관계를 인식하고 동일한 스타일로 새로운 이미지를 생성하도록 가르침으로써 만들어진다. 이는 인터넷에 자신의 작품을 올리는 예술가들이 자신도 모르게 그들의 알고리즘 경쟁자를 훈련시키는 것을 도울 수 있다는 것을 의미한다.

① 그들의 알고리즘 경쟁자를 훈련시키는 것을 돕는
② 인공지능이 만든 예술의 윤리에 대한 논쟁을 촉발하는
③ 디지털 기술을 창의적인 과정의 일부로 수용하는
④ 독창적인 창작물을 만들기 위해 인터넷을 활용하는 기술을 습득하는

해설 빈칸 앞 문장에서 인공지능 이미지 생성 도구는 오픈 웹에서 수백만 개의 이미지를 스크랩한 다음 알고리즘에게 동일한 스타일로 새로운 이미지를 생성하도록 가르친다고 설명하고 있으므로, 빈칸에는 이는 인터넷에 자신의 작품을 올리는 예술가들이 자신도 모르게 '① 그들의 알고리즘 경쟁자를 훈련시키는 것을 도울' 수 있다는 것을 의미한다는 내용이 들어가야 한다.

어휘 **controversy** 논란, 논쟁 **recoil** 움츠러들다, 반동하다 **debasement** 저하, 타락 **artistry** 예술성 **poet** 시인 **mortal** 치명적인 **dismiss** 무시하다, 일축하다 **purist** 순수주의자 **collaborator** 협력자 **breed** 유형, 품종 **generate** 생성하다, 발생시키다 **spark** 촉발하다, 야기하다 **ethics** 윤리 **embrace** 수용하다, 포용하다 **acquire** 습득하다, 얻다 **utilize** 활용하다 **craft** 만들다 **original** 독창적인, 원래의

03 독해 세부내용 파악 (내용 불일치 파악) 난이도 ★★☆

끊어읽기 해석

Duke Kahanamoku, born August 26, 1890, near Waikiki, Hawaii, / was a Hawaiian surfer and swimmer / who won three Olympic gold medals / for the United States / and / who for several years / was considered / the greatest freestyle swimmer / in the world.
1890년 8월 26일에 하와이 와이키키 근처에서 태어난 Duke Kahanamoku는 / 하와이의 서퍼이자 수영 선수였다 / 올림픽 금메달 세 개를 획득한 / 미국을 대표해 / 그리고 / 수년 동안 / 여겨진 / 가장 위대한 자유형 수영 선수로 / 세계에서

He was perhaps most widely known / for developing the flutter kick, / which largely replaces / the scissors kick.
그는 아마도 가장 널리 알려져 있을 것이다 / 플러터 킥을 개발한 것으로 / 주로 대체하는 / 시저스 킥을

Kahanamoku set three universally recognized world records / in the 100-yard freestyle / between July 5, 1913, and September 5, 1917.
Kahanamoku는 세계적으로 인정되는 세 개의 세계 기록을 세웠다 / 100야드 자유형에서 / 1913년 7월 5일과 1917년 9월 5일 사이에

In the 100-yard freestyle / Kahanamoku was U.S. indoor champion / in 1913, / and / outdoor titleholder / in 1916-17 and 1920.

1000야드 자유형에서 / Kahanamoku는 미국 실내 챔피언이었다 / 1913년에 / 그리고 / 실외 타이틀 보유자였다 / 1916-17년과 1920년에

At the Olympic Games in Stockholm / in 1912, / he won the 100-metre freestyle event, / and / he repeated that triumph / at the 1920 Olympics in Antwerp, Belgium, / where he also was a member of the victorious U.S. team / in the 800-metre relay race.
스톡홀름 올림픽에서 / 1912년에 / 그는 100미터 자유형 경기에서 우승했다 / 그리고 / 그는 그 승리를 거듭했다 / 1920년 벨기에 앤트워프 올림픽에서 / 그곳에서 그는 우승한 미국 팀의 일원이기도 했다 / 800미터 계주에서

Kahanamoku also excelled at surfing, / and / he became viewed / as one of the icons / of the sport.
Kahanamoku는 서핑에도 뛰어났다 / 그리고 / 그는 여겨지게 되었다 / 우상 중 하나로 / 그 스포츠의

Intermittently from the mid-1920s, / Kahanamoku was a motion-picture actor.
1920년 중반부터 간헐적으로 / Kahanamoku는 영화배우였다

From 1932 to 1961 / he was sheriff / of the city and county of Honolulu.
1932년부터 1961년까지 / 그는 보안관이었다 / 호놀룰루시와 자치주의

He served in the salaried office / of official greeter / of famous personages / for the state of Hawaii / from 1961 until his death.
그는 유급 사무실에서 근무했다 / 공식적으로 맞이하는 / 유명 인사들을 / 하와이주의 / 1961년부터 사망할 때까지

해석 1890년 8월 26일에 하와이 와이키키 근처에서 태어난 Duke Kahanamoku는 미국을 대표해 올림픽 금메달 세 개를 획득하고 수년 동안 세계에서 가장 위대한 자유형 수영 선수로 여겨진 하와이의 서퍼이자 수영 선수였다. 그는 아마도 주로 시저스 킥을 대체하는 플러터 킥을 개발한 것으로 가장 널리 알려져 있을 것이다. Kahanamoku는 1913년 7월 5일과 1917년 9월 5일 사이에 100야드 자유형에서 세계적으로 인정되는 세 개의 세계 기록을 세웠다. 1000야드 자유형에서 Kahanamoku는 1913년에 미국 실내 챔피언이었고, 1916-17년과 1920년에 실외 타이틀 보유자였다. 1912년 스톡홀름 올림픽에서, 그는 100미터 자유형 경기에서 우승했고, 1920년 벨기에 앤트워프 올림픽에서도 그 승리를 거듭했으며, 그곳에서 그는 800미터 계주에서 우승한 미국 팀의 일원이기도 했다. Kahanamoku는 서핑에도 뛰어났고, 그는 그 스포츠의 우상 중 하나로 여겨지게 되었다. 1920년 중반부터 간헐적으로 Kahanamoku는 영화배우였다. 1932년부터 1961년까지 그는 호놀룰루시와 자치주의 보안관이었다. 그는 1961년부터 사망할 때까지 하와이주의 유명 인사들을 공식적으로 맞이하는 유급 사무실에서 근무했다.

해설 ②번의 키워드인 시저스 킥(the scissors kick)과 플러터 킥(the flutter kick)이 그대로 언급된 지문 주변의 내용에서 Duke Kahanamoku는 시저스 킥을 대체하는 플러터 킥을 개발한 것으로 가장 널리 알려져 있을 것이라고 했으므로 '② 그는 플러터 킥을 대체하는 시저스 킥을 개발한 것으로 널리 알려져 있다'는 지문의 내용과 일치하지 않는다.

어휘 **freestyle** (수영·레슬링 등에서) 자유형 **largely** 주로, 대부분은
replace 대체하다 **triumph** 승리 **excel** 뛰어나다, 두드러지다
motion-picture 영화 **salaried** 유급의, 월급을 받는
official 공식적인 **greeter** 맞이하는 사람 **personage** 인사, 명사

끊어읽기 해석

The understandings / that children bring to the classroom / can already be quite powerful / in the early grades.
지식은 / 아이들이 교실에 가져오는 / 이미 꽤 강력할 수 있다 / 저학년 때

For example, / some children have been found / to hold onto their preconception / of a flat earth / by imagining a round earth / to be shaped like a pancake.
예를 들어 / 어떤 아이들은 밝혀졌다 / 그들의 선입견을 고수하는 것으로 / 평평한 지구에 대한 / 둥근 지구를 상상함으로써 / 팬케이크처럼 생겼다고

This construction of a new understanding / is guided / by a model of the earth / that helps the child explain / how people can stand or walk / on its surface.
이러한 새로운 지식의 구성은 / 이루어진다 / 지구의 모형에 의해 / 아이가 설명하는 것을 돕는 / 어떻게 사람들이 서 있거나 걸을 수 있는지를 / 그것의(지구의) 표면에서

Many young children have trouble / giving up the notion / that one-eighth is greater than one-fourth, / because 8 is more than 4.
많은 어린아이들은 어려움을 겪는다 / 개념을 포기하는 데 / 8분의 1이 4분의 1보다 크다는 / 8이 4보다 크기 때문에

If children were blank slates, / just telling them / that the earth is round / or / that one-fourth is greater than one-eighth / would be adequate.
만약 아이들이 백지상태라면 / 단지 그들에게 말하는 것만으로 / 지구가 둥글다고 / 또는 / 4분의 1이 8분의 1보다 크다고 / 충분할 것이다

But / since they already have ideas / about the earth / and / about numbers, / those ideas / must be directly addressed / in order to transform or expand them.
하지만 / 그들은 이미 개념을 가지고 있기 때문에 / 지구에 대한 / 그리고 / 숫자에 대한 / 그 개념들은 / 직접적으로 다뤄져야 한다 / 그것들을 변형하거나 확장하기 위해서는

해석 아이들이 교실에 가져오는 지식은 이미 저학년 때 꽤 강력할 수 있다. 예를 들어, 어떤 아이들은 둥근 지구가 팬케이크처럼 생겼다고 상상함으로써 평평한 지구에 대한 그들의 선입견을 고수하는 것으로 밝혀졌다. 이러한 새로운 지식의 구성은 아이가 어떻게 사람들이 지구 표면에서 서 있거나 걸을 수 있는지를 설명하는 것을 돕는 지구의 모형에 의해 이루어진다. 많은 어린아이들은 8이 4보다 크기 때문에 8분의 1이 4분의 1보다 크다는 개념을 포기하는 데 어려움을 겪는다. 만약 아이들이 백지상태라면, 지구가 둥글다거나 4분의 1이 8분의 1보다 크다고 말하는 것만으로도 충분할 것이다. 하지만 그들은 이미 지구와 숫자에 대한 개념을 가지고 있기 때문에, 그것들을 변형하거나 확장하기 위해서는 그 개념들이 직접적으로 다뤄져야 한다.

① 익숙한
② 충분한
③ 부적절한
④ 무관한

해설 지문 처음에서 아이들이 교실에 가져오는 지식은 이미 저학년 때 꽤 강력할 수 있다고 했고, 빈칸 뒤 문장에서 하지만 그들은 이미 지구와 숫자에 대한 개념을 가지고 있기 때문에 그것들을 변형하거나 확장하기 위해서는 그 개념들이 직접적으로 다뤄져야 한다고 설명하고 있으므로, 빈칸에는 만약 아이들이 백지상태라면 지구가 둥글다거나 4분의 1이 8분의 1보다 크다고 말하는 것만으로도 '② 충분할' 것이라는 내용이 들어가야 한다.

어휘 **hold onto** 고수하다, 계속 유지하다 **preconception** 선입견, 편견
flat 평평한 **construction** 구성, 건설 **surface** 표면
notion 개념, 생각 **blank slate** 백지상태, 빈 석판

address 다루다, 해결하다 transform 변형하다, 변화시키다
expand 확장하다, 확대하다 adequate 충분한, 적당한
improper 부적절한 irrelevant 무관한, 부적절한

05 독해　세부내용 파악 (내용 불일치 파악)　난이도 ★★★

끊어읽기 해석

Urban farming, / also known as urban agriculture, / involves growing food / within city environments, / utilizing spaces / like rooftops, abandoned buildings, and community gardens.
도시 농사는 / 도시 농업이라고도 알려진 / 식량을 재배하는 것을 포함한다 / 도시 환경 내에서 / 공간들을 활용하여 / 옥상, 버려진 건물, 그리고 공동체 정원과 같은

This sustainable practice is gaining traction / in cities / across the world, / including New York, Chicago, San Francisco, London, Amsterdam, and Berlin, / as well as in many African and Asian cities / where it plays a crucial role / in food supply and local economies.
이 지속 가능한 관행은 흡입력을 얻고 있다 / 도시들에서 / 전 세계의 / 뉴욕, 시카고, 샌프란시스코, 런던, 암스테르담, 그리고 베를린을 포함한 / 많은 아프리카와 아시아 도시들뿐만 아니라 / 중요한 역할을 하는 / 식량 공급과 지역 경제에서

Urban farming / not only helps reduce carbon footprints / by minimizing transport emissions / but also increases / access to fresh, healthy food / in urban areas.
도시 농사는 / 탄소 발자국을 줄이는 것을 도울 뿐만 아니라 / 운송 배출을 최소화함으로써 / 또한 증가시킨다 / 신선하고 건강한 식량에 대한 접근성을 / 도시 지역에서

It bolsters local economies / by creating jobs / and / keeping profits / within the community.
그것은 지역 경제를 강화시킨다 / 일자리를 창출함으로써 / 그리고 / 이익을 보유함으로써 / 지역 사회 내에

Additionally, / urban farms enhance cityscapes, / improve air quality, / conserve water, / provide educational opportunities, / promote biodiversity, / connect people with nature, / and / improve food security / by producing food locally, / making cities more resilient / to disruptions / like natural disasters.
게다가 / 도시 농장은 도시 경관을 향상시키고 / 대기질을 개선하고 / 물을 보존하고 / 교육 기회를 제공하고 / 생물 다양성을 촉진하고 / 사람들과 자연을 연결하고 / 그리고 / 식량 안정성을 향상시킨다 / 지역에서 식량을 생산함으로써 / 도시를 더 회복력 있게 만든다 / 혼란에 대해 / 자연 재해와 같은

해석　도시 농업이라고도 알려진 도시 농사는 옥상, 버려진 건물, 그리고 공동체 정원과 같은 공간들을 활용하여 도시 환경 내에서 식량을 재배하는 것을 포함한다. 이 지속 가능한 관행은 식량 공급과 지역 경제에서 중요한 역할을 하는 많은 아프리카와 아시아 도시들뿐만 아니라 뉴욕, 시카고, 샌프란시스코, 런던, 암스테르담, 그리고 베를린을 포함한 전 세계의 도시들에서 흡입력을 얻고 있다. 도시 농사는 운송 배출을 최소화함으로써 탄소 발자국을 줄이는 것을 도울 뿐만 아니라 도시 지역에서 신선하고 건강한 식량에 대한 접근성을 증가시킨다. 그것(도시 농업)은 일자리를 창출하고 지역 사회 내에 이익을 보유함으로써 지역 경제를 강화시킨다. 게다가, 도시 농장은 도시 경관을 향상시키고, 대기질을 개선하고, 물을 보존하고, 교육 기회를 제공하고, 생물 다양성을 촉진하고, 사람들과 자연을 연결하고 지역에서 식량을 생산함으로써 식량 안정성을 향상시켜 도시를 자연 재해와 같은 혼란에 대해 더 회복력 있게 만든다.

해설　④번의 키워드인 '회복력(resilient)'이 그대로 언급된 지문 주변의 내용에서 도시 농장은 생물 다양성을 촉진하고, 지역에서 식량

을 생산함으로써 식량 안정성을 향상시켜 도시를 자연 재해와 같은 혼란에 대해 더 회복력 있게 만든다고 했으므로 '④ 생물 다양성을 촉진하고, 지역에서 식량을 생산함으로써 식량의 안정성을 향상시키나, 자연 재해와 같은 혼란에 대한 도시의 회복력은 약화시킨다'는 지문의 내용과 일치하지 않는다.

어휘　urban 도시의 farming 농사, 농업 agriculture 농업
utilize 활용하다 rooftop 옥상 abandoned 버려진
sustainable 지속 가능한 practice 관행 gain 얻다
supply 공급 carbon footprint 탄소 발자국
emission 배출, 방출 enhance 향상시키다 cityscape 도시 경관
conserve 보존하다 biodiversity 생물 다양성
resilient 회복력 있는, 탄력이 있는 disruption 혼란

06 독해　추론 (함축 의미 추론)　난이도 ★★★

끊어읽기 해석

Ideas or theories about human nature / have a unique place / in the sciences.
인간 본성에 대한 생각이나 이론은 / 독특한 위치를 차지한다 / 과학에서

We don't have to worry / that the cosmos will be changed / by our theories / about the cosmos.
우리는 걱정할 필요가 없다 / 우주가 바뀔 것이라고 / 우리의 이론에 의해 / 우주에 대한

The planets really don't care / what we think / or / how we theorize / about them.
행성들은 상관하지 않는다 / 우리가 무엇을 생각하는지 / 또는 / 우리가 어떻게 이론을 세우는지를 / 그것들에 대해

But / we do have to worry / that human nature will be changed / by our theories / of human nature.
하지만 / 우리는 걱정해야만 한다 / 인간 본성이 바뀔 것이라는 점은 / 우리의 이론에 의해 / 인간 본성에 대한

Forty years ago, / the distinguished anthropologist said / that human beings are "unfinished animals."
40년 전에 / 저명한 인류학자가 말했다 / 인간은 '미완성의 동물'이라고

What he meant is / that it is human nature / to have a human nature / that is very much the product of the society / that surrounds us.
그가 의미한 것은 / 인간 본성이라는 것이다 / 인간 본성을 갖는 것이 / 사회의 산물인 / 우리를 둘러싸고 있는

That human nature is more created / than discovered.
인간 본성은 창조된 것이다 / 발견되었다기보다는

We "design" human nature, / by designing the institutions / within which people live.
우리는 인간 본성을 '설계한다' / 사회 제도를 설계함으로써 / 사람들이 살고 있는

So / we must ask ourselves / just what kind of a human nature / we want to help design.
그러므로 / 우리는 자문해야 한다 / 어떤 종류의 인간 본성을 / 우리가 설계하는 것을 돕고자 하는지

해석　인간 본성에 대한 생각이나 이론은 과학에서 독특한 위치를 차지한다. 우리는 우주에 대한 우리의 이론에 의해 우주가 바뀔 것이라고 걱정할 필요가 없다. 행성들은 우리가 그것들에 대해 무엇을 생각하는지, 또는 그것들에 대해 어떻게 이론을 세우는지를 상관하지 않는다. 하지만 우리는 인간 본성에 대한 우리의 이론에 의해 인간 본성이 바뀔 것이라는 점은 걱정해야만 한다. 40년 전에, 저명한 인류학자가 인간은 '미완성의 동물'이라고 말했다. 그가 의미한 것은 우리를 둘러싸고 있는 사회의 산물인 인간 본성을 갖는 것이 인간 본성이라는 것이다. 인간 본성은 발견되었다기보다는 창

조된 것이다. 우리는 사람들이 살고 있는 사회 제도를 설계함으로써 인간 본성을 '설계한다'. 그러므로 우리는 우리가 어떤 종류의 인간 본성을 설계하는 것을 돕고자 하는지 자문해야 한다.

① 불완전한 발달 단계에 갇혀 있는
② 생물학에 의해 고정된 것이 아니라 사회에 의해 형성된
③ 환경적 맥락으로부터 유례없이 자유로운
④ 동물적인 면과 정신적인 면을 겸비하여 태어난

해설　지문 중간에서 우리는 인간 본성에 대한 우리의 이론에 의해 인간 본성이 바뀔 것이라는 점은 걱정해야만 한다고 했고, 지문 마지막에서 인간 본성은 발견되었다기보다는 창조된 것이며, 우리는 사람들이 살고 있는 사회 제도를 설계함으로써 인간 본성을 설계한다고 설명하고 있다. 따라서 '② 생물학에 의해 고정된 것이 아니라 사회에 의해 형성된'이 밑줄 친 unfinished animals(미완성의 동물)의 의미로 가장 적절하다.

어휘　**theory** 이론, 견해　**unique** 독특한, 특별한　**cosmos** 우주
planet 행성　**distinguished** 저명한, 뛰어난
anthropologist 인류학자　**surround** 둘러싸다
institution 사회 제도, 관습　**biology** 생물학
animalistic 동물적인, 동물성의　**spiritual** 정신적인
aspect 면, 측면

07　독해　전체내용 파악 (문단 요약)　난이도 ★★☆

끊어읽기 해석

Passive House is a standard / and / an advanced method / of designing buildings / using the precision of building physics / to ensure / comfortable conditions / and / to deeply reduce / energy costs.
'패시브 하우스'는 표준이다 / 그리고 / 진보된 방법이다 / 건물을 설계하는 / 건축 물리학의 정밀함을 사용하여 / 보장하기 위해 / 쾌적한 환경을 / 그리고 / 크게 절감하기 위해 / 에너지 비용을

It removes all guesswork / from the design process.
이는 모든 어림짐작을 제거한다 / 설계 과정에서

It does / what national building regulations / have tried to do.
이는 수행한다 / 국가의 건축 규제가 / 하려고 시도했던 것을

Passive House methods don't affect "buildability", / yet / they close the gap / between design and performance / and / deliver a much higher standard / of comfort and efficiency / than government regulations, / with all their good intentions, / have managed to achieve.
'패시브 하우스' 방법은 '시공성'에 영향을 미치지 않는다 / 하지만 / 그것들은 격차를 줄인다 / 디자인과 성능 사이의 / 그리고 / 훨씬 높은 수준을 제공한다 / 쾌적함과 효율성의 / 정부 규제보다 / 그것들의 좋은 의도로 / 간신히 달성하려고 했던

When we use Passive House methods, / we learn / how to use insulation / and / freely available daylight, / in the most sensible way / and / in the right amounts / for both comfort and energy efficiency.
우리가 '패시브 하우스' 방법을 사용할 때 / 우리는 배운다 / 단열재를 사용하는 방법을 / 그리고 / 자유롭게 이용할 수 있는 햇빛을 (사용하는 방법을) / 가장 합리적인 방법으로 / 그리고 / 적절한 양으로 / 쾌적함과 에너지 효율성 모두에

This is, / I believe, / fundamental to good design, / and / is the next step / we have to make / in the evolution / of our dwellings and places of work.
이것이 ~이다 / 내가 믿는 / 좋은 디자인의 기본 / 그리고 / 다음 단계이다 / 우리가 해야 할 / 변화에서 / 우리의 거주지와 일터의

The improvements / that are within our grasp / are potentially transformative / for mankind and the planet.
개선 사항은 / 우리가 이해할 수 있는 / 잠재적으로 변화시킨다 / 인류와 지구를

↓

Passive House utilizes / precise building physics / to ensure comfort and energy efficiency, / (A) surpassing traditional regulations / and / offering transformative potential / for (B) sustainable design.
'패시브 하우스'는 활용한다 / 정밀한 건축 물리학을 / 쾌적함과 에너지 효율성을 보장하기 위해 / 전통적인 규정을 (A) 뛰어넘는다 / 그리고 / 변화시키는 잠재력을 제공한다 / (B) 지속 가능한 설계를 위한

해석　'패시브 하우스'는 쾌적한 환경을 보장하고 에너지 비용을 크게 절감하기 위해 건축 물리학의 정밀함을 사용하여 건물을 설계하는 표준이자 진보된 방법이다. 이는 설계 과정에서 모든 어림짐작을 제거한다. 이는 국가의 건축 규제가 하려고 시도했던 것을 수행한다. '패시브 하우스' 방법은 '시공성'에 영향을 미치지 않지만, 디자인과 성능 사이의 격차를 줄이고 정부 규제가 좋은 의도로 간신히 달성하려고 했던 것보다 훨씬 높은 수준의 쾌적함과 효율성을 제공한다. 우리가 '패시브 하우스' 방법을 사용할 때, 우리는 단열재와 자유롭게 이용할 수 있는 햇빛을 가장 합리적인 방법으로, 그리고 쾌적함과 에너지 효율성 모두에 적절한 양으로 사용하는 방법을 배운다. 이것이 내가 믿는 좋은 디자인의 기본이며, 우리의 주거지와 일터의 변화에서 우리가 해야 할 다음 단계이다. 우리가 이해할 수 있는 개선 사항은 잠재적으로 인류와 지구를 변화시킨다.

'패시브 하우스'는 쾌적함과 에너지 효율성을 보장하기 위해 정밀한 건축 물리학을 활용하여 전통적인 규정을 (A) 뛰어넘고 (B) 지속 가능한 설계를 위한 변화시키는 잠재력을 제공한다.

　　　(A)　　　　　　(B)
① 지속하는　　　　지속 가능한
② 지속하는　　　　유지할 수 없는
③ 뛰어넘는　　　　유지할 수 없는
④ 뛰어넘는　　　　지속 가능한

해설　지문 중간에서 '패시브 하우스' 방법은 정부 규제가 좋은 의도로 간신히 달성하려고 했던 것보다 훨씬 높은 수준의 쾌적함과 효율성을 제공한다고 했고, '패시브 하우스' 방법을 사용할 때, 단열재와 자유롭게 이용할 수 있는 햇빛을 가장 합리적인 방법으로, 그리고 쾌적함과 에너지 효율성 모두에 적절한 양으로 사용하는 방법을 배운다고 했으므로, 빈칸 (A)와 (B)에는 '패시브 하우스'는 쾌적함과 에너지 효율성을 보장하기 위해 정밀한 건축 물리학을 활용하여 전통적인 규정을 뛰어넘고(surpassing) 지속 가능한(sustainable) 설계를 위한 변화시키는 잠재력을 제공한다는 내용이 들어가야 적절하다. 따라서 ④ surpassing – sustainable이 정답이다.

어휘　**Passive House** 패시브 하우스(첨단 단열공법을 이용하여 에너지의 낭비를 최소화한 건축물)　**standard** 표준, 기준
precision 정밀함, 꼼꼼함　**physics** 물리학　**ensure** 보장하다
guesswork 어림짐작　**regulation** 규제, 규정　**buildability** 시공성
intention 의도　**insulation** 단열재　**daylight** 햇빛, 일광
sensible 합리적인, 현명한　**fundamental** 기본의, 궁극적인
evolution 변화, 진화　**dwelling** 주거(지), 거주
grasp 이해, 확실한 파악　**mankind** 인류, 인간
transformative 변화시키는　**persist** 지속하다, 계속하다
sustainable 지속 가능한　**surpass** 뛰어넘다, 능가하다

끊어읽기 해석

Today, / there is only one species of humans, Homo sapiens, left / in the world.
오늘날 / 단 한 종의 인간, 즉 호모 사피엔스만이 남아있다 / 세계에는

But / that one species, / despite the fact / that it is over 99.9 percent genetically ① identical, / has adapted itself / to a wide array of disparate environments.
그러나 / 그 한 종은 / 사실에도 불구하고 / 그것이 유전적으로 99.9퍼센트 이상 ① 동일하다는 / 스스로 적응해 왔다 / 다수의 이질적인 환경에

And / while some degree of human genetic variation / results from each society's adaptation / to its own unique environment, / the cultural adaptations / that each society makes in so adjusting itself will, / in their turn, / exact some further degree of ② variation / on that society's genetic makeup.
그리고 / 어느 정도의 인간 유전의 변이는 / 각 사회의 적응의 결과이지만 / 고유한 환경에 대한 / 문화적 적응은 / 각 사회가 스스로 조정하면서 이루는 / 결국 / 어느 정도 더 많은 ② 변화를 요구할 것이다 / 그 사회의 유전적 구성에

In other words, / we are so entangled with our local ecologies / that not only do we humans ③ transform the environment / as we cull from it / the various resources / upon which we come to depend / but also the environment, / which we have so transformed, / transforms us / in its turn: / at times / exerting upon us profound biological pressures.
다시 말해서 / 우리는 우리 지역의 생태 환경과 너무 얽혀 있다 / 그래서 우리 인간이 환경을 ③ 변화시킬 뿐만 아니라 / 우리가 그것으로부터 뽑아내며 / 다양한 자원을 / 우리가 의존하게 되는 / 하지만 환경도 / 우리가 그렇게 변화시킨 / 우리를 변화시킨다 / 차례로 / 때때로 / 우리에게 지대한 생물학적 압력을 가하면서

In those regions of the world, / for example, / where our environmental exploitation has included / the domestication of cattle / -northern Europe, / for instance, / or / East Africa human populations have ④ reduced / adult lactose tolerance: / the ability to digest milk / past infancy.
세계의 지역들에서는 / 예를 들어 / 우리의 환경 착취가 포함했던 / 소의 가축화를 / 북유럽 / 예를 들어 / 또는 / 동아프리카 인구가 ④ 감소시켰다 / 성인 유당 내성을 / 즉, 우유를 소화하는 능력을 / 유아기 이후에

해석 오늘날, 세계에는 단 한 종의 인간, 즉 호모 사피엔스만이 남아있다. 그러나 그 한 종은, 그것이 유전적으로 99.9퍼센트 이상 ① 동일하다는 사실에도 불구하고, 다수의 이질적인 환경에 스스로 적응해 왔다. 그리고 어느 정도의 인간 유전의 변이는 고유한 환경에 대한 각 사회의 적응의 결과이지만, 각 사회가 스스로 조정하면서 이루는 문화적 적응은, 결국 그 사회의 유전적 구성에 어느 정도 더 많은 ② 변화를 요구할 것이다. 다시 말해서, 우리는 우리 지역의 생태 환경과 너무 얽혀 있어서 우리 인간이 우리가 의존하게 되는 다양한 자원을 환경에서 뽑아내며 환경을 ③ 변화시킬 뿐만 아니라, 우리가 그렇게 변화시킨 환경도 때때로 우리에게 지대한 생물학적 압력을 가하면서 차례로 우리를 변화시킨다. 예를 들어, 우리의 환경 착취가 소의 가축화를 포함했던 세계의 지역들, 즉, 예를 들어 북유럽이나 동아프리카에서는, 인구가 성인 유당 내성, 즉 유아기 이후에 우유를 소화하는 능력을 ④ 감소시켰다.
*다섯 번째 문장의 cattle-northern Europe 사이의 하이픈(-)은 이음표(—)로 수정이 필요하며, East Africa 뒤에도 이음표가 빠져 있으므로, 이음표를 넣어 'cattle—northern Europe ~ East Africa—human population'으로 해석했습니다.

해설 지문 전반에 걸쳐 인간이 환경에 적응하며 환경을 변화시킬 뿐만 아니라 환경도 인간을 변화시킨다는 내용에 대해 설명하고 있고, 지문 마지막에서 우리의 환경 착취가 소의 가축화를 포함했던 세

계의 지역들에 대해 언급하고 있으므로, 인구가 성인 유당 내성을 '④ 감소시켰다(reduced)'는 것은 문맥상 적절하지 않다. 주어진 reduced를 대신할 수 있는 어휘로는 '증가시키다'라는 의미의 increased가 있다.

어휘 **genetically** 유전적으로 **identical** 동일한, 똑같은 **adapt** 적응하다 **disparate** 이질적인, 서로 다른 **genetic** 유전의, 유전적인 **variation** 변이, 변화 **exact** 요구하다, 강요하다 **makeup** 구성 **entangle** 얽히게 하다 **ecology** 생태 환경 **transform** 변화시키다 **cull** 뽑아내다, 추려내다 **resource** 자원 **exert** 가하다, 영향을 미치다 **profound** 지대한, 심오한 **exploitation** 착취, 개발 **domestication** 가축화, 길들이기 **cattle** 소 **tolerance** 내성, 포용력 **digest** 소화하다 **infancy** 유아기

끊어읽기 해석

Briefly consider a metaphor / that plays a significant role / in how we live our daily lives: / Time Is Money.
은유를 잠시 생각해 보라 / 중요한 역할을 하는 / 우리가 일상생활을 어떻게 살아가는가에 / '시간은 돈이다'라는

(A) We often speak of time / as if it were money / —for example, / in everyday expressions / such as / "You're wasting my time," / "This device will save you hours of work," / "How will you spend your weekend?" / and / "I've invested a lot of time in this relationship."
우리는 종종 시간을 이야기한다 / 그것이 마치 돈인 것처럼 / 예를 들어 / 일상적인 표현에서 / ~와 같은 / "당신은 제 시간을 낭비하고 있어요" / "이 기기는 당신의 작업 시간을 절약해 줄 것입니다" / "당신은 주말을 어떻게 보낼 건가요" / 그리고 / "저는 이 관계에 많은 시간을 투자했습니다"

(B) Every metaphor brokers / what is made visible or invisible; / this one highlights / how time is like money / and / obscures ways it is not.
모든 은유는 중개한다 / 눈에 보이게 된 것과 보이지 않게 된 것을 / 이것은 강조한다 / 시간이 돈과 얼마나 같은지를 / 그리고 / 그것이 그렇지 않은 점은 모호하게 한다

Time / thus / becomes something / that we can waste or lose, / and / something that diminishes / as we grow older.
시간은 / 따라서 / 무언가가 된다 / 우리가 낭비하거나 잃을 수 있는 / 그리고 / 줄어드는 것 / 우리가 나이를 먹어 감에 따라

It is abstracted / in a very linear, orderly fashion.
그것은 추상화된다 / 매우 선형적이고, 질서정연한 방식으로

(C) This metaphor, / however, / fails to disclose / important phenomenological aspects of time, / such as how it may speed up or slow down, / depending on our engagement / with what we are doing.
이 은유는 / 그러나 / 밝히지 못한다 / 시간의 중요한 현상학적 측면을 / 시간이 어떻게 빨라지거나 느려질 수 있는지와 같은 / 우리의 참여에 따라 / 우리가 하는 일에 대한

We may instead conceive of time / as quite fluid / —as a stream, for example—/ thought we lose sight of this / to the extent / that we have adopted the worldview of Time Is Money.
대신에 우리는 시간을 생각할 수도 있다 / 매우 유동적이라고 / 예를 들어 물결처럼 / 우리는 이를 놓치고 있긴 하지만 / ~할 정도까지 / 우리가 '시간이 돈이다'라는 세계관을 받아들이는

해석 우리가 일상생활을 어떻게 살아가는가에 중요한 역할을 하는 은유인 '시간은 돈이다'를 잠시 생각해 보라.

(A) 우리는 예를 들어, "당신은 제 시간을 낭비하고 있어요", "이 기기는 당신의 작업 시간을 절약해 줄 것입니다", "당신은 주말을 어떻게 보낼 건가요" 그리고 "저는 이 관계에 많은 시간을 투자했습니다"와 같은 일상적인 표현에서 종종 시간이 돈인 것처럼 이야기한다.

(B) 모든 은유는 눈에 보이게 된 것과 보이지 않게 된 것을 중개하고, 이것은 시간이 돈과 얼마나 같은지를 강조하며 그것이 그렇지 않은(돈과 같지 않은) 점은 모호하게 한다. 따라서 시간은 우리가 낭비하거나 잃을 수 있는 것이 되고, 우리가 나이를 먹어 감에 따라 줄어드는 것이 된다. 그것은 매우 선형적이고, 질서정연한 방식으로 추상화된다.

(C) 그러나, 이 은유는 우리가 하는 일에 대한 우리의 참여에 따라 시간이 어떻게 빨라지거나 느려질 수 있는지와 같은 시간의 중요한 현상학적 측면을 밝히지 못한다. 우리가 '시간이 돈이다'라는 세계관을 받아들일 정도까지 이것(시간의 중요한 현상학적 측면을 밝히지 못하는 것)을 놓치고 있긴 하지만, 대신에 우리는 시간이 예를 들어, 물결처럼 매우 유동적이라고 생각할 수도 있다.

*마지막 문장의 thought는 though의 오타이므로, 원문에 맞춰 해석했습니다.

해설 주어진 문장에서 우리가 일상생활을 어떻게 살아가는가에 중요한 역할을 하는 은유인 '시간은 돈이다'를 잠시 생각해 보라고 하고, (A)에서 우리가 시간이 돈인 것처럼 이야기하는 일상적인 표현들을 예시로 들고 있다. 이어서 (B)에서 모든 은유는 눈에 보이는 것과 보이지 않게 된 것을 중개한다고 하며, 그것은 매우 선형적이고 질서정연한 방식으로 추상화된다고 설명한 뒤, (C)에서 그러나 이 은유는 시간의 중요한 현상학적 측면을 밝히지 못한다고 설명하고 있다. 따라서 ① (A) - (B) - (C)가 정답이다.

어휘 **metaphor** 은유 **invest** 투자하다, 투입하다 **broker** 중개하다 **invisible** 보이지 않는 **diminish** 줄어들다, 감소하다 **abstract** 추상화하다, 요약하다 **linear** 선형적인 **orderly** 질서정연한 **fashion** 방식, 관습 **disclose** 밝히다, 드러내다 **phenomenological** 현상학적인 **engagement** 참여, 개입 **conceive** 생각하다, 여기다 **fluid** 유동적인 **stream** 물결, 흐름 **worldview** 세계관

---

10 문법 대명사   난이도 ★★☆

해석 그의 마지막 생각은 그의 아내를 위한 것이었다. "그는 그녀가 그것을 도저히 견디지 못할까 봐 두려워하고 있어요"라고 그가 지난 며칠 동안 그와 함께 있도록 허락받은 주교 Burnet에게 말했다. 그가 그녀에 대해 말했을 때 그의 눈에는 눈물이 고였다. 마지막 날이 왔고, Russell 부인은 아버지에게 영원한 작별 인사를 하기 위해 어린 세 아이들을 데리고 왔다. "Little Fubs"는 겨우 아홉 살이었고, 그의 여동생 Catherine은 일곱 살, 그리고 아기는 세 살이었으며, 그의 죽음을 깨닫기에는 너무 어렸다. 그는 차분하게 그들 모두에게 입을 맞추고, 그들을 돌려보냈다. 그의 아내는 머물렀고 그들은 마지막 식사를 함께했다. 그리고 나서 그들은 침묵 속에서 입을 맞췄고, 그녀는 조용히 그를 떠났다. 그녀가 떠났을 때, Russel 경은 완전히 무너졌다. "오, 그녀는 저에게 정말 축복이었어요!"라며 그는 울부짖었다. "제 아이들을 그런 어머니의 보살핌 속에 맡길 수 있다는 것은 저에게 큰 위로가 됩니다. 그녀는 그들을 위해 그녀 스스로를 돌보겠다고 약속했고, 그녀는 그렇게 할 거예요."라고 그는 단호하게 덧붙였다. Russell 부인은 무거운 마음으로 다시는 그를 맞이하지 않을 슬픈 집으로 돌아갔다. 1683년 7월 21일, 그녀는 과부가 되었고, 그녀의 아이들은 아버지를 여의었다. 그들은 음울한 런던 집을 떠나, 시골의 오래된 수도원으로 갔다.

해설 ③ 재귀대명사 동사구(take care of)의 목적어가 지칭하는 대상

이 문장의 주어(she)와 동일하므로 동사구 take care of의 목적어 자리에 목적격 대명사 her를 재귀대명사 herself로 고쳐야 한다.

오답 ① 빈도 부사 문맥상 '그녀가 그것을 도저히 견디지 못할까 봐'라는 의미가 되어야 자연스러운데, '도저히(거의) ~ 않다'는 빈도 부사 hardly를 사용하여 나타낼 수 있고, 빈도 부사는 보통 조동사 뒤에 오므로 조동사(would) 뒤에 hardly가 올바르게 쓰였다. 참고로, hardly는 부정의 의미를 포함하고 있으므로 not과 같은 부정어와 함께 쓰일 수 없다.

② 부사 자리 동사를 수식할 때 부사는 '동사(kissed) + 목적어(them all)'의 앞이나 뒤에 오므로 kissed them all 뒤에 부사 calmly가 올바르게 쓰였다.

④ 전치사 + 관계대명사 관계사 뒤에 완전한 절(she would ~ him again)이 왔으므로 '전치사 + 관계대명사' 형태가 올 수 있다. '전치사 + 관계대명사'에서 전치사는 선행사 또는 관계절의 동사에 따라 결정되는데, 관계절의 동사 welcome(맞이하다)은 전치사 to와 함께 짝을 이루어 쓰이므로 전치사 to가 관계대명사 which 앞에 온 to which가 올바르게 쓰였다.

어휘 **bear** 견디다 **loss** 죽음, 상실 **calmly** 차분하게 **silence** 침묵 **silently** 조용히 **blessing** 축복 **for ones' sake** ~을 위해 **resolutely** 단호하게, 결연히 **widow** 과부, 미망인 **dreary** 음울한 **abbey** 수도원

👍 이것도 알면 합격!

주어나 목적어를 강조할 때 강조하는 대상 바로 뒤나 문장 뒤에 재귀대명사를 쓰며, 이때 재귀대명사는 생략할 수 있다는 것을 알아두자.

(ex) The musician **himself** composed the song.
그 음악가는 직접 노래를 작곡했다.

---

11 독해 세부내용 파악 (내용 불일치 파악)   난이도 ★☆☆

끊어읽기 해석

The gig economy, / referring to the workforce of people / engaged in / freelance and side-hustle work, / is growing rapidly / in the United States, / with 36% of employed participants / in a 2022 McKinsey survey / identifying as independent workers, / up from 27% in 2016.
긱 이코노미는 / 노동 인구를 일컫는 / 종사하는 / 프리랜서와 부업에 / 빠르게 성장하고 있다 / 미국에서 / 고용된 참가자의 36퍼센트가 / 2022 McKinsey 조사에서 / 독립 근로자로 확인되었다 / 이는 2016년의 27퍼센트에서 증가한 수치이다

This workforce includes / a wide range of jobs / from highly-paid professionals / like lawyers / to lower-earning roles / like delivery drivers.
이 노동 인구는 포함한다 / 광범위한 직업을 / 고임금의 전문직 종사자부터 / 변호사와 같은 / 저소득 역할까지 / 배달 기사와 같은

Despite the flexibility and autonomy / it offers, / most independent workers desire / more stable employment; / 62% prefer permanent positions / due to concerns / over job security and benefits.
유연성과 자율성에도 불구하고 / 그것이 제공하는 / 대부분의 독립 근로자는 원한다 / 보다 안정적인 고용을 / 62퍼센트는 정규직을 선호한다 / 우려로 인해 / 고용 안정성과 혜택에 대한

The challenges / faced by gig workers / include / limited access / to healthcare, housing, and other basic needs, / with a significant reliance / on government assistance.
어려움은 / 긱 근로자가 직면한 / 포함한다 / 제한된 접근성을 / 의료, 주택 및 기타 기본 요구 사항에 대한 / 큰 의존과 함께 / 정부 지원에 대한

Technological advancements have facilitated / the rise in

independent work, / making remote and freelance jobs / more accessible and appealing.
기술적인 발전은 촉진했다 / 독립된 근로의 증가를 / 그리고 원격 및 프리랜서 일자리를 만들었다 / 더 쉽게 접근할 수 있고 매력적으로

The trend reflects / broader economic pressures / such as inflation and job market dynamics, / influencing individuals to choose gig work / for survival, flexibility, or enjoyment.
이러한 추세는 반영한다 / 더 광범위한 경제적 압력을 / 인플레이션 및 고용 시장의 역동성과 같은 / 그리고 개인이 긱 근로를 선택하도록 영향을 미친다 / 생존, 유연성, 또는 즐거움을 위해

해석 프리랜서와 부업에 종사하는 사람들의 노동 인구를 일컫는 긱 이코노미는 미국에서 빠르게 성장하고 있으며, 2022년 McKinsey 조사에서 고용된 참가자의 36퍼센트가 독립 근로자로 확인되었는데, 이는 2016년의 27퍼센트에서 증가한 수치이다. 이 노동 인구는 변호사와 같은 고임금의 전문직 종사자부터 배달 기사와 같은 저소득 역할까지 광범위한 직업을 포함한다. 그것(긱 이코노미)이 제공하는 유연성과 자율성에도 불구하고, 대부분의 독립 근로자는 보다 안정적인 고용을 원하며, 62퍼센트는 고용 안정성과 혜택에 대한 우려로 인해 정규직을 선호한다. 긱 근로자가 직면한 어려움은 의료, 주택 및 기타 기본 요구 사항에 대한 제한된 접근성과 정부 지원에 대한 큰 의존을 포함한다. 기술적인 발전은 독립된 근로의 증가를 촉진했고, 원격 및 프리랜서 일자리를 더 쉽게 접근할 수 있고 매력적으로 만들고 있다. 이러한 추세는 인플레이션 및 고용 시장의 역동성과 같은 더 광범위한 경제적 압력을 반영하며, 개인이 생존, 유연성, 또는 즐거움을 위해 긱 근로를 선택하도록 영향을 미친다.

해설 지문 중간에서 긱 이코노미가 제공하는 유연성과 자율성에도 불구하고, 대부분의 독립 근로자는 보다 안정적인 고용을 원한다고 했으므로 '② 대부분의 독립 근로자들은 안정적인 고용보다는 직업이 제공하는 유연성과 자율성을 선호하고 있다'는 지문의 내용과 일치하지 않는다.

어휘 gig economy 긱 이코노미, 임시직 선호 경제(기업들이 정규직보다 필요에 따라 계약직 또는 임시직으로 사람을 고용하는 경향이 커지는 경제 상황)
workforce 노동 인구, 노동력 freelance 프리랜서, 자유 계약자
flexibility 유연성 autonomy 자율성 stable 안정적인
employment 고용, 취업 permanent 정규직의
job security 고용 안정, 고용 보장 reliance 의존
facilitate 촉진하다 remote 원격의 accessible 접근할 수 있는
appealing 매력적인 dynamics 역동성, 역학

12 독해 논리적 흐름 파악 (문단 순서 배열) 난이도 ★★★

끊어읽기 해석

We come to know / and / relate to / the world / by way of categories.
우리는 알게 된다 / 그리고 / 관계를 맺게 된다 / 세상을 / 범주를 통해

(A) The notion of an animal species, / for instance, / might in one setting best be thought of / as described by folklore and myth, / in another / as a detailed legal construct, / and / in another / as a system of scientific classification.
동물 종의 개념은 / 예를 들어 / 어떤 환경에서는 가장 잘 생각될 수 있다 / 민속과 신화에 의해 묘사되는 것으로 / 다른 환경에서는 / 세부적인 법적 구조로 / 그리고 / 다른 환경에서는 / 과학적 분류 체계로

(B) Ordinary communication / is the most immediate expression / of this faculty.
일상적인 의사소통은 / 가장 직접적인 표현이다 / 이 능력의

We refer to things / through sounds and words, / and / we attach ideas to them / that we call concepts.
우리는 사물을 부른다 / 소리와 말을 통해 / 그리고 / 우리는 생각을 거기에 연관시킨다 / 우리가 개념이라고 부르는

(C) Some of our categories remain tacit; / others are explicitly governed / by custom, law, politics, or science.
우리의 범주 중 일부는 암묵적으로 남아있다 / 다른 것들은 명시적으로 지배된다 / 관습, 법, 정치, 또는 과학에 의해

The application of category systems / for the same things / varies / by context and in use.
범주 체계의 적용은 / 동일한 사물에 대한 / 다르다 / 맥락과 용법에 따라

해석
우리는 범주를 통해 세상을 알고 관계를 맺게 된다.

(B) 일상적인 의사소통은 이 능력의 가장 직접적인 표현이다. 우리는 소리와 말을 통해 사물을 부르고, 우리가 개념이라고 부르는 생각을 거기에 연관시킨다.
(C) 우리의 범주 중 일부는 암묵적으로 남아있고, 다른 것들은 관습, 법, 정치, 또는 과학에 의해 명시적으로 지배된다. 동일한 사물에 대한 범주 체계의 적용은 맥락과 용법에 따라 다르다.
(A) 예를 들어, 동물 종의 개념은 어떤 환경에서는 민속과 신화에 의해 묘사되는 것으로 가장 잘 생각될 수 있고, 다른 환경에서는 세부적인 법적 구조로, 그리고 다른 환경에서는 과학적 분류 체계로 가장 잘 생각될 수 있다.

해설 주어진 문장에서 우리는 범주를 통해 세상을 알고 관계를 맺게 된다고 하고, (B)에서 일상적인 의사소통은 이 능력(this faculty)의 가장 직접적인 표현이라고 설명하고 있다. 이어서 (C)에서 우리의 범주 중 일부는 암묵적으로 남아있고, 다른 것들은 관습 등에 의해 지배되는데, 동일한 사물에 대한 범주 체계의 적용은 맥락과 용법에 따라 다르다고 한 뒤, (A)에서 동물 종의 개념은 어떤 환경에서는 민속과 신화에 의해 묘사되는 것으로 생각되고, 다른 환경에서는 세부적인 법적 구조 등으로 가장 잘 생각될 수 있다는 예시를 들고 있다. 따라서 ② (B) - (C) - (A)가 정답이다.

어휘 relate 관계를 맺다, 관련시키다 category 범주 notion 개념, 생각
folklore 민속 myth 신화 legal 법적인 construct 구조
classification 분류 immediate 직접적인, 즉각적인
faculty 능력, 기능 explicitly 명시적으로
govern 지배하다, 통치하다 custom 관습

13 독해 전체내용 파악 (글의 감상) 난이도 ★☆☆

끊어읽기 해석

It's three in the morning, / and / we are making our way / from southern to northern Utah, / when the weather changes / from the dry chill of the desert / to the freezing gales / of an alpine winter.
지금은 새벽 세 시이다 / 그리고 / 우리는 가고 있다 / 유타 남부에서 북부로 / 날씨가 바뀔 때 / 사막의 메마른 쌀쌀함에서 / 얼어붙는 강풍으로 / 고산 겨울의

Ice claims the road.
얼음이 도로를 차지한다.

Snowflakes flick / against the windshield / like tiny insects, / a few at first, / then so many the road disappears.
눈송이가 튄다 / 앞 유리에 / 작은 곤충들처럼 / 처음에는 조금 / 그리고 나서 너무 많아서 도로가 사라진다

We push forward / into the heart of the storm.
우리는 전진한다 / 폭풍의 중심부로

The van skids and jerks.
밴은 미끄러지고 홱 움직인다

The wind is furious, / the view out the window pure white.
바람은 맹렬하고 / 창밖의 풍경은 순백이다

Richard pulls over.
Richard는 차를 세운다

He says / we can't go any further.
그는 말한다 / 우리가 더 이상 갈 수 없다고

Dad takes the wheel, / Richard moves / to the passenger seat, / and / Mother lies next to me / and / Audrey on the mattress.
아빠가 운전대를 잡는다 / Richard는 이동한다 / 조수석으로 / 그리고 / 엄마는 내 옆에 누워 있다 / 그리고 / Audrey는 매트리스 위에 있다

Dad pulls onto the highway / and / accelerates, / rapidly, / as if to make a point, / until he has doubled / Richard's speed.
아빠가 고속도로로 차를 몬다 / 그리고 / 가속한다 / 빠르게 / 마치 주장을 입증하려는 듯 / 두 배가 될 때까지 / Richard의 속도의

"Shouldn't we drive slower?" // Mother asks.
"우리 더 천천히 운전해야 하지 않을까요?" / 엄마가 물어본다

Dad grins. // "I'm not driving faster than / our angels can fly."
아빠가 웃는다 // "나는 더 빨리 운전하지 않고 있어요 / 우리 천사들이 날 수 있는 것보다"

The van is still accelerating. // To fifty, / then to sixty.
밴은 여전히 가속하고 있다 // 50까지 / 그다음에는 60까지

Richard sits tensely, / his hand clutching the armrest, / his knuckles bleaching / each time the tires slip.
Richard는 긴장한 채로 앉아 있다 / 그의 손은 팔걸이를 움켜쥐고 / 그의 손가락 마디가 하얗게 변한다 / 타이어가 미끄러질 때마다

Mother lies on her side, / her face next to mine, / taking small sips of air / each time the van fishtails, / then / holding her breath / as Dad corrects / and / it snakes back into the lane.
엄마는 옆으로 누워 있다 / 내 얼굴 옆에 / 그리고 공기를 조금씩 들이킨다 / 밴의 뒷부분이 좌우로 미끄러질 때마다 / 그리고 / 숨을 참는다 / 아빠가 바로잡을 때 / 그리고 / 차가 차선으로 다시 구불구불 들어올 때

She is so rigid, / I think she might shatter.
그녀는 너무 경직되어 있다 / 나는 그녀가 산산이 부서질 수도 있다고 생각한다

My body tenses with hers; / together we brace a hundred times / for impact.
내 몸은 그녀와 함께 긴장한다 / 우리는 함께 백 번의 준비를 한다 / 충격에 대해

해석 지금은 새벽 세 시이고, 날씨가 사막의 메마른 쌀쌀함에서 고산 겨울의 얼어붙는 강풍으로 바뀔 때, 유타 남부에서 북부로 가고 있다. 얼음이 도로를 차지한다. 눈송이가 작은 곤충들처럼 앞 유리에 튀기는데, 처음에는 조금 그리고 나서 너무 많아서 도로가 사라진다. 우리는 폭풍의 중심부로 전진한다. 밴은 미끄러지고 확 움직인다. 바람은 맹렬하고, 창밖의 풍경은 순백이다. Richard는 차를 세운다. 그는 우리가 더 이상 갈 수 없다고 말한다. 아빠가 운전대를 잡고, Richard는 조수석으로 이동하고, 엄마는 내 옆에 누워있고, Audrey는 매트리스 위에 있다. 아빠가 고속도로로 차를 몰고, 마치 주장을 입증하려는 듯, Richard의 속도의 두 배가 될 때까지 빠르게 가속한다. "우리 더 천천히 운전해야 하지 않을까요?"라고 엄마가 물어본다. 아빠가 웃는다. "나는 우리 천사들이 날 수 있는 것보다 더 빨리 운전하지 않고 있어요." 밴은 여전히 가속하고 있다. 50까지, 그다음에는 60까지. Richard는 긴장한 채로 앉아 팔걸이를 손으로 움켜쥐고, 타이어가 미끄러질 때마다 손가락 마디가 하얗게 변한다. 엄마는 내 얼굴 옆에 옆으로 누워 밴의 뒷부분이 좌우로 미끄러질 때마다 공기를 조금씩 들이키고, 아빠가 바로잡아 차가 차선으로 다시 구불구불 들어올 때 숨을 참는다. 그녀는 너무 경직되어 있어서 나는 엄마가 산산이 부서질 수도 있다고 생각한다. 내 몸은 그녀와 함께 긴장하고, 우리는 함께 충격에 대해 백 번

의 준비를 한다.
① 신이 나고 아주 흥분한
② 불안하고 두려운
③ 신중하지만 안정된
④ 편안하고 느긋한

해설 지문 전반에 걸쳐 화자가 유타 북부로 가는 길에 길이 얼어서 밴이 미끄러지는데 운전대를 잡은 아빠가 빠르게 가속하여 밴의 뒷부분이 좌우로 미끄러질 때마다 긴장하고, 충격에 대해 준비를 한다고 이야기하고 있으므로, '② 불안하고 두려운'이 이 글에 나타난 화자의 심경으로 적절하다.

어휘 chill 쌀쌀함, 냉기 alpine 고산의 flick 튀기다, 튀겨 날리다
windshield 앞 유리 insect 곤충 furious 맹렬한, 사나운
pull over 차를 세우다 accelerate 가속하다 grin 웃다
tensely 긴장한 채로 clutch 움켜쥐다 armrest 팔걸이
knuckle 손가락 마디 bleach 하얗게 되다 slip 미끄러지다
lane 차선 rigid 경직된 shatter 산산이 부서지다 tense 긴장하다
brace 준비하다 impact 충격

14 독해 논리적 흐름 파악 (문장 삽입) 난이도 ★★☆

끊어읽기 해석

However, / there are now a lot of issues / with the current application / of unmanned distribution.
그러나 / 현재 많은 문제가 있다 / 현행 적용에는 / 무인 유통의

The city lockdown policy / during COVID-19 / has facilitated / the rapid growth of / numerous takeaways, / vegetable shopping, / community group buying, / and / other businesses.
도시 봉쇄 정책은 / 코로나19 동안의 / 촉진했다 / ~의 급속한 성장을 / 수많은 테이크아웃 전문점 / 채소 쇼핑 / 지역사회 공동 구매 / 그리고 / 기타 사업의

(①) Last-mile delivery / became an important livelihood support / during the epidemic.
최종 단계의 배송은 / 중요한 생계 지원이 되었다 / 그 전염병 동안

(②) At the same time, / as viruses can be transmitted / through aerosols, / the need for contactless delivery / for last-mile delivery / has gradually increased, / thus / accelerating the use / of unmanned logistics / to some extent.
동시에 / 바이러스가 전파될 수 있기 때문에 / 에어로졸을 통해 / 비접촉 배송의 필요성이 / 최종 단계의 배송을 위한 / 점차 증가했다 / 그래서 / 사용이 가속화되었다 / 무인 물류의 / 어느 정도

(③) For example, / the community space is not suitable / for the operation / of unmanned delivery facilities / due to the lack / of supporting logistics infrastructure.
예를 들어 / 공동체 공간은 적합하지 않다 / 운영에 / 무인 배송 시설의 / 부족 때문에 / 물류 인프라 지원의

(④) In addition, / the current technology is unable to complete / the delivery process / and / requires the collaboration / of relevant space / as well as personnel / to help dock unmanned delivery nodes.
또한 / 현재 기술로는 완료할 수 없다 / 배송 과정을 / 그리고 / 협조가 필요하다 / 관련 공간의 / 인력뿐만 아니라 / 무인 배송 중심점의 도킹을 도울

해석 그러나, 현재 무인 유통의 현행 적용에는 많은 문제가 있다.

코로나19 동안의 도시 봉쇄 정책은 수많은 테이크아웃 전문점, 채소 쇼핑, 지역사회 공동 구매 및 기타 사업의 급속한 성장을 촉진했다. (①) 최종 단계의 배송은 그 전염병 동안 중요한 생계 지원

이 되었다. (②) 동시에, 바이러스가 에어로졸을 통해 전파될 수 있기 때문에, 최종 단계의 배송을 위한 비접촉 배송의 필요성이 점차 증가하여, 무인 물류 사용이 어느 정도 가속화되었다. (③) 예를 들어, 공동체 공간은 물류 인프라 지원이 부족하여 무인 배송 시설 운영에 적합하지 않다. (④) 또한, 현재 기술로는 배송 과정을 완료할 수 없으며 무인 배송 중심점의 도킹을 도울 인력뿐만 아니라 관련 공간의 협조가 필요하다.

해설 ③번 앞 문장에 바이러스가 에어로졸을 통해 전파될 수 있기 때문에 비접촉 배송의 필요성이 증가하여 무인 물류 사용이 가속화되었다는 내용이 있고, ③번 뒤 문장에 예를 들어 공동체 공간은 물류 인프라 지원이 부족하여 무인 배송 시설 운영에 적합하지 않다는 내용이 있으므로, ③번 자리에 그러나 현재 무인 유통의 현행 적용에는 많은 문제가 있다는 내용의 주어진 문장이 나와야 지문이 자연스럽게 연결된다.

어휘 **current** 현행의, 현재의 **application** 적용, 응용, 활용
unmanned 무인의 **distribution** 유통, 분배 **lockdown** 봉쇄
facilitate 촉진하다 **rapid** 급속한 **numerous** 수많은
takeaway 테이크아웃 전문점(다른 데서 먹을 수 있게 사 가지고 갈 수 있는 음식을 파는 식당) **livelihood** 생계, 민생
epidemic 전염병, 유행병 **transmit** 전파하다, 전염시키다
aerosol 에어로졸(대기 중 부유하는 고체 및 액체 입자)
contactless 비접촉의 **logistics** 물류, 화물
to some extent 어느 정도는, 다소 **suitable** 적합한
operation 운영 **infrastructure** 인프라, 기반, 시설
collaboration 협조, 협동 **relevant** 관련 있는 **personnel** 인력
dock (하역·승하선하기 위해) 도킹하다, 정박하다
node 중심점, 교점

15 독해 논리적 흐름 파악 (문단 순서 배열) 난이도 ★★★

끊어읽기 해석

People are too seldom interested / in having a genuine exchange of points of view / where a desire to understand / takes precedence / over the desire to convince / at any price.
사람들은 거의 관심이 없다 / 진정한 관점의 교환에 / 이해하려는 욕구가 / 우선하는 / 설득하려는 욕구에 / 어떤 대가를 치르더라도

(A) Yet / conflict isn't just an unpopular source of pressure / to act.
그러나 / 갈등은 단지 압력의 인기 없는 원천이 아니다 / 행동하라는

There's also a lot of energy inherent to it, / which can be harnessed / to create positive change, / or, / in other words, / improvements, / with the help of a skillful approach.
그것에는 또한 많은 에너지가 내재되어 있다 / 이는 활용될 수 있다 / 긍정적인 변화를 창출하는 데 / 또는 / 다른 말로 / 개선을 (창출하는 데) / 능숙한 접근법의 도움을 통해

Basically, / today's misery / is the starting shot / in the race / towards a better future.
기본적으로 / 오늘의 고통은 / 출발점이다 / 경주의 / 더 나은 미래를 향한

(B) A deviating opinion / is quickly accompanied / by devaluation, denigration, insults, / or / even physical confrontations.
일탈적인 의견은 / 곧 동반한다 / 평가절하, 명예훼손, 모욕, 또는 / 심지어 물리적 대립을

If you look at the "discussions" taking place / on social media networks, / you don't even have to look / to such hot potatoes / as the refugee crisis / or / terrorism / to see a clear degradation / in the way people exchange opinions.
당신이 벌어지는 '토론'을 보면 / 소셜 미디어 네트워크에서 / 당신은 볼 필

요도 없다 / 뜨거운 감자를 / 난민 사태와 같은 / 또는 / 테러(와 같은) / 확연히 저하되는 모습을 보기 위해 / 사람들이 의견을 교환하는 방식이

(C) You probably know this / from your own experience, too, / when you have succeeded / in finding a constructive solution / to a conflict / and, / at the end of an arduous clarification process, / realize / that the successful outcome / has been worth / all the effort.
당신은 이것을 알고 있을 것이다 / 당신의 경험을 통해서도 / 당신이 성공했을 때 / 건설적인 해결책을 찾는 데 / 갈등에 대한 / 그리고 / 몹시 힘든 설명의 과정 끝에서 / 깨달았을 때 / 성공적인 결과가 / 가치가 있었다는 것을 / 모든 노력의

해석
> 어떤 대가를 치르더라도 이해하려는 욕구가 설득하려는 욕구에 우선하는 진정한 관점의 교환에 사람들은 거의 관심이 없다.

(B) 일탈적인 의견은 곧 평가절하, 명예훼손, 모욕, 또는 심지어 물리적인 대립을 동반한다. 소셜 미디어 네트워크에서 벌어지는 '토론'을 보면, 사람들이 의견을 교환하는 방식이 확연히 저하되는 모습을 보기 위해 난민 사태나 테러 같은 뜨거운 감자를 볼 필요도 없다.

(A) 그러나 갈등은 단지 행동하라는 압력의 인기 없는 원천이 아니다. 그것에는 또한 많은 에너지가 내재되어 있으며, 이는 능숙한 접근법의 도움을 통해 긍정적인 변화, 즉, 개선을 창출하는 데 활용될 수 있다. 기본적으로, 오늘의 고통은 더 나은 미래를 향한 경주의 출발점이다.

(C) 당신이 갈등에 대한 건설적인 해결책을 찾는 데 성공하고 몹시 힘든 설명의 과정 끝에서 성공적인 결과가 모든 노력의 가치가 있었다는 것을 깨달았을 때의 당신의 경험을 통해서도 이것을 알고 있을 것이다.

해설 주어진 문장에서 이해하려는 욕구가 설득하려는 욕구에 우선하는 관점의 교환에 사람들은 거의 관심이 없다고 하고, (B)에서 일탈적인 의견은 곧 평가절하 등을 동반한다고 하며 소셜 미디어 네트워크에서 벌어지는 토론을 예시로 들고 있다. 이어서 (A)에서 그러나(Yet) 갈등은 단지 행동하라는 압력의 원천이 아니며, 긍정적인 변화를 창출하는 데 활용될 수 있다고 하고, (C)에서 갈등에 대한 건설적인 해결책을 찾는 데 성공했을 때의 경험을 통해서 이것(this)을 알고 있을 것이라고 설명하고 있다. 따라서 ① (B) - (A) - (C)가 정답이다.

어휘 **seldom** 거의 ~ 않다 **genuine** 진정한 **point of view** 관점
desire 욕구 **precedence** 우선, 선행 **convince** 설득하다
at any price 어떤 대가를 치르더라도 **conflict** 갈등
inherent 내재된 **harness** 활용하다 **misery** 고통, 불행
deviate 일탈하다, 벗어나다 **accompany** 동반하다, 수반하다
devaluation 평가절하, 가치 하락 **insult** 모욕
physical 물리적인, 신체적인 **confrontation** 대립, 대결
hot potato 뜨거운 감자, 어려운 문제 **refugee** 난민
crisis 사태, 위기 **degradation** 저하, 붕괴, 하락
constructive 건설적인 **clarification** 설명, 해명

16 독해 세부내용 파악 (내용 불일치 파악) 난이도 ★★☆

끊어읽기 해석

Belus Smawley grew up / on a farm / with his parents and six siblings.
Belus Smawley는 자랐다 / 농장에서 / 그의 부모님과 여섯 명의 형제들과

In his freshman years, / he was tall / and / able to jump / higher than any other boy, / trying to improve his leaping

ability / by touching higher and higher limbs / of the oak tree / on their farm.
그가 1학년 때 / 그는 키가 컸다 / 그리고 / 뛸 수 있었다 / 다른 어떤 소년보다 더 높이 / 그의 도약 능력을 향상시키려고 노력했다 / 더 높은 가지를 만지면서 / 참나무의 / 그들의 농장에 있는

This is where his first jump shot attempt is said to have taken place.
이곳이 그의 첫 번째 점프 슛 시도가 있었던 곳이라고 한다

When Belus Smawley started using his shot / regularly, / he became the leading scorer.
Belus Smawley가 그의 슛을 사용하기 시작했을 때 / 정기적으로 / 그는 최고 득점자가 되었다

At the age of 18, / he got accepted for a position / on an AAU18 basketball team.
18세에 / 그는 자리에 합격했다 / AAU18 농구팀의

He finished high school / afterwards / and / got an All-American athletic scholarship / for Appalachian State University / (majoring in history and physical education).
그는 고등학교를 마쳤다 / 그 후에 / 그리고 / 전미 체육 장학금을 받았다 / 애팔래치아 주립대학교에서 / (역사와 체육 교육 전공)

He became player-coach / until he went to the Navy.
그는 선수 겸 코치가 되었다 / 그가 해군에 입대할 때까지

He started playing in their basketball team / and / refined his jump shot.
그는 그들의 농구팀에서 뛰기 시작했다 / 그리고 / 그의 점프 슛을 다듬었다

He got married / and / either worked as a high school teacher and basketball coach / or / further pursued his NBA basketball career / playing fulltime / for several teams.
그는 결혼했다 / 그리고 / 고등학교 교사 및 농구 코치로 일하거나 / 또는 / NBA 농구 경력을 계속했다 / 풀타임으로 뛰면서 / 여러 팀에서

Eventually / he focused on family and his teaching career, / becoming the principal / of a junior high school.
마침내 / 그는 그의 가족과 교사 경력에 집중했다 / 교장이 되었다 / 중학교의

해석 Belus Smawley는 그의 부모님과 여섯 명의 형제와 함께 농장에서 자랐다. 그가 1학년 때, 그는 키가 컸고, 다른 어떤 소년보다 더 높이 뛸 수 있었는데, 그는 농장에 있는 참나무의 더 높은 가지를 만지면서 도약 능력을 향상시키려고 노력했다. 이곳이 그의 첫 번째 점프 슛 시도가 있었던 곳이라고 한다. Belus Smawley가 그의 슛을 정기적으로 사용하기 시작했을 때, 그는 최고 득점자가 되었다. 18세에, 그는 AAU18 농구팀의 자리에 합격했다. 그는 그 후에 고등학교를 마쳤고 애팔래치아 주립대학교(역사와 체육 교육 전공)에서 전미 체육 장학금을 받았다. 그는 해군에 입대할 때까지 선수 겸 코치가 되었다. 그는 그들의 농구팀에서 뛰기 시작했고 그의 점프 슛을 다듬었다. 그는 결혼하여 고등학교 교사 및 농구 코치로 일하거나 여러 팀에서 풀타임으로 뛰면서 NBA 농구 경력을 계속했다. 마침내 그는 그의 가족과 교사 경력에 집중하면서 중학교의 교장이 되었다.

해설 지문 마지막에서 Belus Smawley는 결혼하여 여러 팀에서 풀타임으로 뛰면서 NBA 농구 경력을 계속했다고 했으므로 '④ 결혼 후 NBA 농구 선수로서 한 팀에서 활동했다'는 지문의 내용과 일치하지 않는다.

어휘 sibling 형제 freshman 1학년, 신입생 leap 도약하다, 뛰어오르다
limb (나무의) 가지, 팔다리 oak tree 참나무 attempt 시도
athletic 체육의, 운동의 scholarship 장학금
refine 다듬다, 정제하다

---

17 독해 논리적 흐름 파악 (문장 삽입) 난이도 ★★★

끊어읽기 해석

It might be understandable, / then, / for us to want to expect / something similar / from our machines: / to know / not only what they think they see / but where, / in particular, / they are looking.
이해할 수 있을 것이다 / 그렇다면 / 우리가 기대하고 싶어 하는 것은 / 비슷한 것을 / 우리의 기계로부터 / 아는 것이다 / 그것들이 무엇을 본다고 생각하는지 뿐만 아니라 / 어디를 / 특히 / 그들이 보고 있는지를

Humans, / relative to most other species, / have distinctly large and visible sclera / —the whites of our eyes / — and as a result / we are uniquely exposed / in how we direct our attention, / or / at the very least, / our gaze.
인간은 / 대부분의 다른 종과 비교했을 때 / 확연히 크고 눈에 보이는 공막을 가지고 있다 / 즉, 눈의 흰자를 / 그리고 그 결과 / 우리는 유일하게 노출된다 / 우리가 어떻게 주의를 집중하는지가 / 또는 / 최소한 / (어떻게) 우리의 시선(을 집중하는지가)

(①) Evolutionary biologists have argued, / via the "cooperative eye hypothesis," / that this must be a feature, / not a bug: / that it must point to the fact / that cooperation has been uncommonly important / in our survival / as a species, / to the point that the benefits of shared attention outweigh / the loss / of a certain degree / of privacy or discretion.
진화 생물학자들은 주장했다 / '협력적 눈 가설'을 통해 / 이것은 특징임이 틀림없다고 / 오류가 아니라 / 즉, 사실을 지적해야 한다는 것이다 / 협력이 몹시 중요했다는 / 우리가 생존하는 데 / 하나의 종으로서 / 공유된 주의력의 이점이 더 크다는 점에서 / 잃는 것보다 / 어느 정도의 / 사생활이나 신중함을

(②) This idea in machine learning / goes by the name of "saliency": / the idea is that if a system is looking at an image / and / assigning it to some category, / then / presumably / some parts of the image / were more important or more influential / than others / in making that determination.
기계 학습에서 이 개념은 / '중요점'이라는 이름으로 통한다 / 즉, 시스템이 이미지를 본다면 / 그리고 / 그것을 어떤 범주에 할당한다면 / 그러면 / 아마도 / 이미지의 어떤 부분이 / 더 중요하거나 더 영향력이 있었을 것이라는 것이다 / 다른 부분보다 / 그러한 결정을 내리는 데

(③) If we could see / a kind of "heat map" / that highlighted these critical portions / of the image, / we might obtain / some crucial diagnostic information / that we could use / as a kind of sanity check / to make sure / the system is behaving / the way we think it should be. (④)
우리가 볼 수 있다면 / 일종의 '열 지도'를 / 이러한 중요한 부분을 강조하는 / 이미지의 / 우리는 얻을 수 있을 것이다 / 몇 가지 중요한 진단 정보를 / 우리가 사용할 수 있는 / 일종의 온전성 점검으로 / 확인하기 위한 / 시스템이 작동하는지 / 우리가 생각하는 방식으로

해석 그렇다면 우리가 기계로부터 비슷한 것을 기대하고 싶어 하는 것은 이해할 수 있을 것이다. 즉, 그것들이 무엇을 본다고 생각하는지 뿐만 아니라, 특히 어디를 보고 있는지를 아는 것이다.

인간은 대부분의 다른 종과 비교했을 때, 확연히 크고 눈에 보이는 공막, 즉, 눈의 흰자를 가지고 있으며, 그 결과 우리는 어떻게 주의를 집중하는지, 또는 최소한 어떻게 시선을 집중하는지가 유일하게 노출된다. (①) 진화 생물학자들은 '협력적 눈 가설'을 통해, 이것은 오류가 아니라 특징임이 틀림없다고 주장했다. 즉, 공유된 주의력의 이점이 어느 정도의 사생활이나 신중함을 잃는 것보다 더 크다는 점에서, 우리가 하나의 종으로서 생존하는 데 협력이 몹시 중요했다는 사실을 지적해야 한다는 것이다. (②) 기계 학습에서 이 개념은 '중요점'이라는 이름으로 통한다. 즉, 시스템이 이

미지를 보고 그것을 어떤 범주에 할당한다면, 아마도 이미지의 어떤 부분이 그러한 결정을 내리는 데 다른 부분보다 더 중요하거나 더 영향력이 있었을 것이라는 것이다. (③) 우리가 이미지의 이러한 중요한 부분을 강조하는 일종의 '열 지도'를 볼 수 있다면, 우리는 시스템이 우리가 생각하는 방식으로 작동하는지 확인하기 위한 일종의 온전성 점검으로 사용할 수 있는 몇 가지 중요한 진단 정보를 얻을 수 있을 것이다. (④)

해설 ②번 앞 문장에 공유된 주의력의 이점이 어느 정도의 사생활이나 신중함을 잃는 것보다 더 크다는 점에서 우리가 생존하는 데 협력이 몹시 중요했다는 사실을 지적해야 한다는 내용이 있고, ②번 뒤 문장에 기계 학습에서 이 개념은 '중요성'이라는 이름으로 통한다는 내용이 있으므로, ②번 자리에 '중요성'이라고 불리는 개념에 대한 설명으로 우리가 기계로부터 비슷한 것을 기대하고 싶어 하는 것은 이해할 수 있을 것이며, 그것은 그것들이 무엇을 본다고 생각하는지 뿐만 아니라 어디를 보고 있는지를 아는 것이라는 내용의 주어진 문장이 나와야 지문이 자연스럽게 연결된다.

어휘 **distinctly** 확연히, 뚜렷하게 **white** (눈의) 흰자
uniquely 유일하게, 독특하게 **gaze** 시선, 응시
evolutionary 진화의, 진화론적인 **argue** 주장하다, 논쟁하다
cooperative 협력적인 **hypothesis** 가설 **feature** 특징, 기능
bug 오류, 버그, 결함 **uncommonly** 몹시, 현저하게
assign 할당하다, 부여하다 **presumably** 아마도, 추정하건대
influential 영향력 있는 **determination** 결정 **portion** 부분, 일부
diagnostic 진단의, 진단상의 **sanity** 온전성, 분별

---

18 문법 분사&관계절&수 일치 난이도 ★★☆

해석 관개된 평야의 기후는 벽화에서 엿볼 수 있다. 여름의 태양이 단단한 땅 위에 내리쬐고, 왕 본인에게도 커다란 우산으로 그늘이 드리워져 있다. 종종 존재하는 전쟁도 생생한 세부 양식으로 새겨져 있다. 기원전 878년쯤에는, 세 명의 남자가 아마도 함락되었을 것으로 추정되는 도시로부터 도망치는 모습이 묘사되어 있다. 긴 옷을 입은 그들은 유프라테스강으로 뛰어들고, 그곳에서 한 사람은 수영하고 다른 사람들은 구명부표를 가슴에 껴안는다. 긴 베개처럼, 구명부표는 공기로 부풀려진 동물의 피부로 이루어진다. 난민들의 손이 부풀려진 구명부표를 움켜쥐고 있고, 그들의 숨 중 대부분은 그 안에 공기를 불어 넣는 데 쓰이기 때문에, 그들은 다리로 수영해야만 물 위에 떠 있을 수 있다. 그들이 반대편 해안에 도달했는지 여부는 결코 알 수 없을 것이다.

해설 **(A)** 현재분사 vs. 과거분사 주어(three men)와 분사가 '세 명의 남자가 도망치다'라는 의미의 능동 관계이므로, 과거분사 fled가 아닌 현재분사 fleeing이 와야 한다.
(B) 관계부사와 관계대명사 비교 관계사 뒤에 완전한 절(one is ~ their chests)이 왔으므로 관계대명사 which가 아닌 관계부사 where가 와야 한다.
(C) 주어와 동사의 수 일치 주어 자리에 복수 명사 the hands가 왔으므로 단수 동사 is가 아닌 복수 동사 are가 와야 한다.
따라서 ② (A) fleeing – (B) where – (C) are가 정답이다.

어휘 **climate** 기후 **irrigate** 관개하다, 물을 대다
glimpse 엿보다, 흘끗 보다 **mural** 벽화 **shade** ~을 그늘지게 하다
carve 새기다, 조각하다 **vivid** 생생한
detail (그림 등의) 세부 양식, 디테일 **depict** 묘사하다, 표현하다
flee 도망치다, 탈출하다 **capture** 함락시키다, 포획하다
robe 옷, 가운 **lifebuoy** 구명부표 **chest** 가슴 **pillow** 베개
inflate 부풀리다 **refugee** 난민 **clutch** 움켜쥐다
expend 쓰다, 소비하다 **afloat** 물 위에 떠서 **shore** 해안

이것도 알면 합격!

관계부사는 '전치사 + 관계대명사'로 바꾸어 쓸 수 있다는 것을 알아 두자.

관계부사	전치사 + 관계대명사
where	in/on/at/to + which
when	in/on/at/during + which
why	for + which
how	in + which

---

19 독해 세부내용 파악 (내용 불일치 파악) 난이도 ★★☆

끊어읽기 해석

When the Dutch arrived in the 17th century / in what's now New York City, / their encounters / with the indigenous peoples, / known as the Lenape, / were, at first, mostly amicable, / according to historical records.
네덜란드인들이 17세기에 도착했을 때 / 지금의 뉴욕시인 곳에 / 그들의 만남은 / 원주민들과의 / 르나페로 알려진 / 처음에는 대부분 우호적이었다 / 역사적 기록에 따르면

They shared the land / and / traded guns, beads and wool / for beaver furs.
그들은 땅을 공유했다 / 그리고 / 총, 구슬 그리고 양모를 교환했다 / 비버의 모피와

The Dutch even "purchased" / Manahatta island / from the Lenape / in 1626.
네덜란드인들은 심지어 '구매했다' / Manahatta 섬을 / 르나페로부터 / 1626년에

The transaction, / enforced by the eventual building of wall / around New Amsterdam, / marked the very beginning / of the Lenape's forced mass migration / out of their homeland.
이 거래는 / 결국 장벽이 건설되면서 시행된 / 뉴 암스테르담 주변에 / 시작을 나타냈다 / 르나페가 강제로 대량 이주하는 것의 / 그들의 고향에서

The wall, / which started showing up / on maps / in the 1660s, / was built / to keep out / the Native Americans and the British.
그 장벽은 / 나타나기 시작한 / 지도에 / 1660년대에 / 세워졌다 / 막기 위해 / 북미 원주민과 영국인들을

It eventually became Wall Street, / and / Manahatta became Manhattan, / where part of the Lenape trade route, / known as Wickquasgeck, / became Brede weg, / later Broadway.
그것은 결국 월스트리트가 되었다 / 그리고 / Manahatta는 맨해튼이 되었다 / 그곳에서 르나페 무역로의 일부는 / Wickquasgeck으로 알려진 / Brede weg가 되었다 / 나중에 브로드웨이가 된

The Lenape helped / shape the geography / of modern-day New York City, / but / other traces of their legacy / have all but vanished.
르나페는 도움을 주었다 / 지형을 형성하는 데 / 현대 뉴욕시의 / 하지만 / 그들의 유산에 대한 다른 흔적들은 / 거의 사라졌다

해석 역사적 기록에 따르면, 네덜란드인들이 17세기에 지금의 뉴욕시인 곳에 도착했을 때, 르나페로 알려진 원주민들과의 만남은 처음에는 대부분 우호적이었다. 그들은 땅을 공유했고 총, 구슬 그리고 양모를 비버의 모피와 교환했다. 네덜란드인들은 심지어 1626년에 르나페로부터 Manahatta 섬을 '구매했다'. 뉴 암스테르담 주변에 결국 장벽이 건설되면서 시행된 이 거래는, 르나페가 강제로 그들의 고향에서 대량 이주하는 것의 시작을 나타냈다. 1660년대에 지도에 나타나기 시작한 그 장벽은 북미 원주민과 영국인들을 막기 위해 세워졌다. 그것은 결국 월스트리트가 되었고, Manahatta

는 맨해튼이 되었는데, 그곳에서 Wickquasgeck으로 알려진 르나페 무역로의 일부는 나중에 브로드웨이가 된 Brede weg가 되었다. 르나페는 현대 뉴욕시의 지형을 형성하는 데 도움을 주었지만, 그들의 유산에 대한 다른 흔적들은 거의 사라졌다.

해설 지문 중간에서 네덜란드인들은 1626년에 르나페로부터 Manahatta 섬을 구매했는데, 이 거래는 뉴 암스테르담 주변에 장벽이 건설되면서 시행되었다고 했으며 르나페가 강제로 그들의 고향에서 대량 이주하는 것의 시작을 나타냈고, 그 장벽은 북미 원주민과 영국인들을 막기 위해 세워졌다고 했으므로 '② 이후에 월스트리트가 된 지역에 지어진 벽은 르나페 원주민이 영국인을 막기 위해 세웠다'는 지문의 내용과 일치하지 않는다.

어휘 **Dutch** 네덜란드인, 네덜란드의 **encounter** 만남; 만나다, 마주치다
indigenous 원산의, 토착의 **amicable** 우호적인
transaction 거래 **enforce** ~을 강제하다, 시행하다
mark ~을 나타내다, 표시하다 **migration** 이주, 이동 **trace** 흔적
legacy 유산 **vanish** 사라지다

---

20 문법 분사 난이도 ★★★

해석 오늘날, 우리는 미디어와 그것이 유지하는 유명인 문화가 새로운 형태의 공공성을 만들어 냈으며, 이를 통해 우리가 한 번도 만난 적 없는 사람들과 친밀한 관계를 맺을 수 있다는 것을 당연하게 여긴다. 미디어 기술 덕분에 우리는 유명인에게 훨씬 더 가까워지게 되고, 그들과 친밀감을 느끼는 환상을 즐길 수 있다. 어느 정도, 우리는 유명인을 내면화하고, 무의식적으로 마치 그들이 사실은 우리의 친구인 것처럼 우리 의식의 일부로 만들었다. 유명인들은 우리의 몽상과 환상의 중심이 되고, 행동과 야망의 지침이 되면서 우리 내면의 삶에서도 영구적인 거처를 차지한다. 이제, 정말로, 우리 중 많은 사람들이 그들, 그들의 특성, 그리고 그들과의 관계를 우리의 정신적 짐의 일부로 가지고 다니기 때문에, 유명인 문화는 영구적으로 우리의 감성의 일부가 될 수 있다.

해설 ④ 분사구문의 형태 문장 내에 이미 동사(take up)가 있으므로 부사절 역할을 하는 분사구문이 쓰여야 하는데, 주절의 주어(Celebrities)와 분사구문이 '유명인들이 우리의 몽상과 환상의 중심이 되고, 행동과 야망의 지침이 된다'라는 의미의 능동 관계이므로, 동사원형 become을 현재분사 becoming으로 고쳐야 한다.

오답 분석
① 전치사 + 관계대명사 관계사 뒤에 완전한 절(we might ~ never met)이 왔으므로 '전치사 + 관계대명사' 형태가 올 수 있다. '전치사 + 관계대명사'에서 전치사는 선행사 또는 관계절의 동사에 따라 결정되는데, 문맥상 '새로운 형태의 공공성을 통해 우리가 한 번도 만난 적 없는 사람들과 친밀한 관계를 맺을 수 있다'라는 의미가 되어야 자연스러우므로 전치사 through(~을 통해)가 관계대명사 which 앞에 온 through which가 올바르게 쓰였다.
② 능동태·수동태 구별 주어(we)와 동사가 '우리는 가까워지게 된다'라는 의미의 수동 관계이므로 수동태 are brought가 올바르게 쓰였다.
③ 기타 가정법 문맥상 '마치 그들이 사실은 우리의 친구인 것처럼 우리 의식의 일부로 만들었다'라는 의미가 되어야 자연스러운데, '마치 ~인 것처럼'은 As if 가정법을 사용해 나타낼 수 있으므로 '주어(they) + 과거 동사(were)' 앞에 as if가 올바르게 쓰였다.

어휘 **take for granted** ~을 당연하게 여기다 **celebrity** 유명인
publicness 공공성 **intimate** 친밀한, 가까운 **illusion** 환상, 착각
internalize 내면화하다 **unconsciously** 무의식적으로
consciousness 의식, 정신 **take up** 차지하다

---

permanent 영구적인 **residence** 거처, 주거 **ambition** 야망
sensibility 감성, 정서

21 독해 추론 (빈칸 완성 - 구) 난이도 ★★★

끊어읽기 해석

Festivals are significant cultural events / that showcase / tradition, heritage and community spirit / globally.
축제는 중요한 문화 행사이다 / 보여주는 / 전통, 유산 그리고 공동체 정신을 / 전 세계적으로

They serve as platforms / to celebrate diversity, / with each festival / reflecting unique traditions / like Brazil's Carnival or India's Diwali.
그것들은 플랫폼 역할을 한다 / 다양성을 기념하는 / 각 축제는 / 독특한 전통을 반영한다 / 브라질의 카니발이나 인도의 디왈리와 같은

Festivals also commemorate / historical moments, / such as Independence Day in the US / or / Bastille Day in France.
축제는 또한 기념한다 / 역사적인 순간을 / 미국의 독립 기념일과 같은 / 또는 / 프랑스의 혁명 기념일(과 같은)

Additionally, / they preserve customs and rituals / that strengthen personal and cultural identity, / while fostering / strong community ties / through shared activities.
또한 / 그것들은 관습과 의식을 보존한다 / 개인적, 문화적 정체성을 강화하는 / 형성하는 동시에 / 강력한 공동체 유대를 / 공유된 활동을 통해

Festivals reflect societal values, / promote local crafts and arts, / enhance spirituality, / and / attract tourism, / which facilitates / cultural exchange and understanding.
축제는 사회적 가치를 반영하고 / 지역 공예와 예술을 장려하며 / 영성을 강화하고 / 그리고 / 관광을 유치한다 / 이는 촉진한다 / 문화 교류와 이해를

Seasonal festivals, / like Holi in India, / align with natural cycles, / celebrating times of renewal.
계절 축제는 / 인도의 홀리와 같은 / 자연의 순환에 맞춰 / 재생의 시기를 기념한다

Ultimately, / participating in festivals / reinforces community and individual identity, / contributing to a global narrative / that values diversity / and / encourages mutual respect and understanding.
궁극적으로 / 축제에 참여하는 것은 / 공동체와 개인의 정체성을 강화한다 / 그리고 세계적인 서사에 기여한다 / 다양성을 중시하는 / 그리고 / 상호 존중과 이해를 장려하는

해석 축제는 전 세계적으로 전통, 유산 그리고 공동체 정신을 보여주는 중요한 문화 행사이다. 그것들은 다양성을 기념하는 플랫폼 역할을 하며, 각 축제는 브라질의 카니발이나 인도의 디왈리와 같은 독특한 전통을 반영한다. 축제는 또한 미국의 독립 기념일이나 프랑스의 혁명 기념일과 같은 역사적인 순간을 기념한다. 또한, 그것들은 개인적, 문화적 정체성을 강화하는 관습과 의식을 보존하는 동시에 공유된 활동을 통해 강력한 공동체 유대를 형성한다. 축제는 사회적 가치를 반영하고, 지역 공예와 예술을 장려하며, 영성을 강화하고, 관광을 유치하는데, 이는 문화 교류와 이해를 촉진한다. 인도의 홀리와 같은 계절 축제는 자연의 순환에 맞춰 재생의 시기를 기념한다. 궁극적으로, 축제에 참여하는 것은 공동체와 개인의

정체성을 강화하여 <u>다양성을 중시하고 상호 존중과 이해를 장려하</u>는 세계적인 서사에 기여한다.

① 참가자들이 일상의 걱정과 고통을 잊게 만드는
② 다양성을 중시하고 상호 존중과 이해를 장려하는
③ 사람들이 사생활과 사회생활의 연결을 끊게 하는
④ 축제가 사람들이 자신에 대해 어떻게 생각하는지 결정하지 못하게 하는

해설 지문 처음에서 축제는 전 세계적으로 공동체 정신 등을 보여주는 중요한 문화 행사라고 했고, 지문 중간에서 축제는 공유된 활동을 통해 강력한 공동체 유대를 형성한다고 했으므로, 빈칸에는 축제에 참여하는 것은 공동체와 개인의 정체성을 강화하여 '② 다양성을 중시하고 상호 존중과 이해를 장려하는' 세계적인 서사에 기여한다는 내용이 들어가야 한다.

어휘 **significant** 중요한, 상당한 **showcase** 보여주다, 전시하다 **heritage** 유산 **spirit** 정신 **platform** 플랫폼, 발판, 기반 **diversity** 다양성 **preserve** 보존하다 **custom** 관습 **ritual** 의식 **identity** 정체성 **foster** 형성하다, 증진하다 **tie** 유대, 관계 **enhance** 강화하다, 높이다 **spirituality** 영성, 숭고함 **align** 맞추다 **reinforce** 강화하다 **contribute** 기여하다, 공헌하다 **narrative** 서사 **value** 중시하다 **mutual** 상호의, 서로의 **determine** 결정하다

22 독해 추론 (함축 의미 추론) 난이도 ★★★

끊어읽기 해석

Life is full of its ups and downs.
인생은 기복으로 가득 차 있다

One day, / you may feel like / you have it all figured out.
어느 날 / 당신은 느낄지도 모른다 / 당신이 모든 것을 다 이해했다고

Then, / in a moment's notice, / <u>you've been thrown a curve ball.</u>
그런 다음 / 곧바로 / <u>당신에게 변화구가 던져졌다</u>

You're not alone / in these feelings.
당신만 있는 것이 아니다 / 이러한 감정 속에

Everyone has to face / their own set of challenges.
모든 사람은 직면해야 한다 / 자신만의 어려움에

Learning / how to overcome challenges / will help you / stay centered / and / remain calm / under pressure.
배우는 것은 / 어려움을 극복하는 방법을 / 당신에게 도움이 될 것이다 / 중심을 유지하는 데 / 그리고 / 침착함을 유지하는 데 / 압박감 속에서도

Everyone has their own preferences / for how to face a challenge / in life.
모든 사람은 자신만의 선호가 있다 / 어려움에 직면하는 방법에 대해 / 인생에서

However, / there are a few good tips and tricks / to follow / when the going gets tough.
그러나 / 몇 가지 좋은 팁과 요령이 있다 / 따라야 할 / 상황이 어려워질 때

There's no need / to feel ashamed / for asking for help.
필요가 없다 / 부끄러워할 / 도움을 요청하는 것을

Whether you choose to rely on / a loved one, a stranger, a mentor, or a friend, / there are people / who want to help you succeed.
당신이 의존하기를 선택하든 간에 / 사랑하는 사람, 낯선 사람, 멘토, 또는 친구에게 / 사람들이 있다 / 당신이 성공하는 것을 돕고 싶어 하는

You have to be open / and / willing to accept support.
당신은 개방적이어야 한다 / 그리고 / 기꺼이 지원을 받아들여야 한다

People who come to your aid / truly do care about you.
당신을 도우러 오는 사람들은 / 진심으로 당신에게 마음을 쓰고 있다

Be open to receiving help / when you need it.
도움을 받을 수 있도록 열려 있어라 / 당신이 도움이 필요할 때

해석 인생은 기복으로 가득 차 있다. 어느 날, 당신은 모든 것을 다 이해했다고 느낄지도 모른다. 그런 다음, 곧바로, 당신에게 변화구가 던져졌다. 당신만 이러한 감정 속에 있는 것이 아니다. 모든 사람은 자신만의 어려움에 직면해야 한다. 어려움을 극복하는 방법을 배우는 것은 당신이 중심을 유지하고 압박감 속에서도 침착함을 유지하는 데 도움이 될 것이다. 모든 사람은 인생에서 어려움에 직면하는 방법에 대해 자신만의 선호가 있다. 그러나, 상황이 어려워질 때 따라야 할 몇 가지 좋은 팁과 요령이 있다. 도움을 요청하는 것을 부끄러워할 필요가 없다. 당신이 사랑하는 사람, 낯선 사람, 멘토, 또는 친구에게 의존하기를 선택하든 간에, 당신이 성공하는 것을 돕고 싶어 하는 사람들이 있다. 당신은 개방적이어야 하고 기꺼이 지원을 받아들여야 한다. 당신을 도우러 오는 사람들은 진심으로 당신에게 마음을 쓰고 있다. 도움이 필요할 때 도움을 받을 수 있도록 열려 있어라.

해설 지문 처음에서 어느 날 당신은 모든 것을 다 이해했다고 느낄지도 모른다고 하고, 지문 중간에서 모든 사람은 자신만의 어려움에 직면해야 한다고 설명하고 있으므로, '① 어려운 상황에 직면하다' 가 밑줄 친 you've been thrown a curve ball의 의미로 가장 적절하다.

어휘 **ups and downs** 기복, 오르내림 **figure out** 이해하다, 알아내다 **curve ball** 변화구, 책략 **overcome** 극복하다, 이겨내다 **preference** 선호 **ashamed** 부끄러운

23 독해 전체내용 파악 (문단 요약) 난이도 ★★★

끊어읽기 해석

Social dominance / refers to situations / in which an individual or a group / controls or dictates / others' behavior / primarily / in competitive situations.
사회적 지배는 / 상황을 나타낸다 / 개체나 집단이 / 통제하거나 지시하는 / 다른 개체들의 행동을 / 주로 / 경쟁 상황에서

Generally, / an individual or group / is said to be dominant / when "a prediction is being made / about the course of / future interactions / or / the outcome of competitive situations".
일반적으로 / 개체나 집단은 / 지배적이라고 한다 / '예측이 이루어지고 있을' 때 / 과정에 대한 / 미래의 상호 작용 / 또는 / 경쟁 상황의 결과에 대한'

Criteria for assessing and assigning / dominance relationships / can vary / from one situation to another.
평가하고 지정하는 기준은 / 지배 관계를 / 다를 수 있다 / 상황마다

It is difficult / to summarize / available data / briefly, / but / generally / it has been found / that dominant individuals, / when compared to subordinate individuals, / often have more freedom of movement, / have priority of access to food, / gain higher-quality resting spots, / enjoy favorable grooming relationships, / occupy more protected parts of a group, / obtain higher-quality mates, / command and regulate the attention / of other group members, / and / show greater resistance / to stress and disease.
어렵다 / 요약하기는 / 이용 가능한 자료를 / 간략하게 / 하지만 / 일반적으로 / 밝혀졌다 / 지배적인 개체는 / 하위 개체와 비교했을 때 / 종종 이동에 대한 더 많은 자유를 가지고 / 음식에 대한 접근의 우선권을 가지며 / 더 높은 수준의 휴식 공간을 얻고 / 유리한 몸단장 관계를 누리고 / 집단에서 더 많이 보호받는 부분을 차지하고 / 더 높은 지위의 짝을 얻고 / 주의를 끌고 규제하며 / 다른 집단 구성원들의 / 그리고 / 더 큰 저항을 보인다 / 스트레스와 질병에

Despite assertions / that suggest otherwise, / it really is not clear / how powerful the relationship is / between an individual's dominance status / and / its lifetime reproductive success.
주장에도 불구하고 / 그렇지 않다고 시사하는 / 실제로 명확하지 않다 / 관계가 얼마나 강력한지는 / 개체의 우세 상태 사이의 / 그리고 / 평생 번식 성공

해석 사회적 지배는 주로 경쟁 상황에서 개체나 집단이 다른 개체들의 행동을 통제하거나 지시하는 상황을 나타낸다. 일반적으로, 개체나 집단은 '미래의 상호 작용 과정이나 경쟁 상황의 결과에 대한 예측이 이루어지고 있을' 때 지배적이라고 한다. 지배 관계를 평가하고 지정하는 기준은 상황마다 다를 수 있다. 이용 가능한 자료를 간략하게 요약하기는 어렵지만, 일반적으로 지배적인 개체는 하위 개체와 비교했을 때, 종종 이동에 대한 더 많은 자유를 가지고, 음식에 대한 접근의 우선권을 가지며, 더 높은 수준의 휴식 공간을 얻고, 유리한 몸단장 관계를 누리고, 집단에서 더 많이 보호받는 부분을 차지하고, 더 높은 지위의 짝을 얻고, 다른 집단 구성원들의 주의를 끌고 규제하며, 스트레스와 질병에 대한 더 큰 저항을 보이는 것으로 밝혀졌다. 그렇지 않다고 시사하는 주장에도 불구하고, 개체의 우세 상태와 평생 번식 성공 사이의 관계가 얼마나 강력한지는 실제로 명확하지 않다.

해설 지문 중간에서 지배 관계를 평가하고 지정하는 기준은 상황마다 다를 수 있다고 하고, 지문 마지막에서 개체의 우세 상태와 평생 번식 성공 사이의 관계가 얼마나 강력한지는 실제로 명확하지 않다고 설명하고 있으므로, '② 개체의 우세 상태와 평생 번식 성공 사이의 관계는 다면적이며 명확하게 정립되어 있다고 할 수는 없다'가 이 글에서 설명된 사회적 지배력과 번식 성공 사이의 관계를 가장 잘 요약한 것으로 가장 적절하다.

어휘 dictate 지시하다, 명령하다 primarily 주로, 우선
competitive 경쟁의, 경쟁적인 prediction 예측, 추정
course 과정 interaction 상호 작용 outcome 결과
criterion 기준(복수형: criteria) assess 평가하다
assign 지정하다, 할당하다 summarize 요약하다
subordinate 하위의, 종속하는 favorable 유리한, 호의적인
groom 몸단장하다 occupy 차지하다, 점령하다
obtain 얻다, 획득하다 mate 짝, 친구
command (주의를) 끌다, 명령하다 regulate 규제하다, 조절하다
resistance 저항(력), 반항 assertion 주장 status 상태, 지위
reproductive 번식의, 생식의

24 독해 전체내용 파악 (주제 파악)   난이도 ★☆☆

끊어읽기 해석

While mindfulness meditation is generally safe, / concerns arise / from its side effects / like panic attacks and psychosis, / which are seldom reported / and / poorly understood / in academic studies.
마음 챙김 명상은 일반적으로 안전하지만 / 우려가 발생한다 / 그것의 부작용으로 인해 / 공황 발작과 정신 질환 같은 / 이것은 거의 보고되지 않는다 / 그리고 / 잘 이해되지 않는다 / 학계 연구에서

Critics argue / the rapid adoption of mindfulness / by organizations and educational systems / may inappropriately shift / societal issues / to individuals, / suggesting that personal stress is due to a lack of meditation / rather than addressing / systemic causes / like environmental pollution / or / workplace demands.
비평가들은 주장한다 / 마음 챙김의 빠른 채택이 / 조직과 교육 시스템에 의한 / 부적절하게 옮길 수 있다고 / 사회 문제를 / 개인에게 / 개인적인 스트레스가 명상의 부족 때문이라고 시사한다 / 해결하기보다는 / 체계적

인 원인을 / 환경 오염과 같은 / 또는 / 직장의 요구(와 같은)

Critics like Professor Ronald Purser suggest / that mindfulness may make individuals / more compliant / with adverse conditions / instead of empowering them / to seek change.
Ronald Purser 교수와 같은 비평가들은 시사한다 / 마음 챙김이 개인들을 만들 수 있다고 / 더 순응하게 / 불리한 조건에 / 그들에게 권한을 부여하는 대신 / 변화를 추구하도록

Despite these concerns, / the critique isn't against mindfulness itself / but / against its promotion / as a universal solution / by entities / resistant to change.
이러한 우려에도 불구하고 / 비평은 마음 챙김 그 자체에 반대하는 것이 아니다 / 하지만 / 그것의 홍보에 반대하는 것이다 / 보편적인 해결책으로서의 / 주체들에 의한 / 변화에 저항하는

For a more thorough understanding / of mindfulness' benefits and risks, / long-term and rigorously controlled studies / are essential.
보다 철저한 이해를 위해서는 / 마음 챙김의 유익성과 위험에 대한 / 장기적이고 엄격하게 통제된 연구가 / 필수적이다

해석 마음 챙김 명상은 일반적으로 안전하지만, 공황 발작과 정신 질환 같은 부작용으로 인한 우려가 발생하는데, 이것(부작용)은 학계 연구에서 거의 보고되지 않고 잘 이해되지 않는다. 비평가들은 조직과 교육 시스템에 의한 마음 챙김의 빠른 채택이 사회 문제를 개인에게 부적절하게 옮길 수 있다고 주장하며, 개인적인 스트레스는 환경 오염이나 직장의 요구와 같은 체계적인 원인을 해결하기보다는 명상의 부족 때문이라는 점을 시사한다. Ronald Purser 교수와 같은 비평가들은 마음 챙김이 개인에게 변화를 추구하도록 권한을 부여하는 대신 불리한 조건에 더 순응하게 만들 수 있다고 시사한다. 이러한 우려에도 불구하고, 비평은 마음 챙김 그 자체에 반대하는 것이 아니라 변화에 저항하는 주체들에 의한 보편적인 해결책으로서의 그것의 홍보에 반대하는 것이다. 마음 챙김의 유익성과 위험에 대한 보다 철저한 이해를 위해서는, 장기적이고 엄격하게 통제된 연구가 필수적이다.

① 마음 챙김 명상의 광범위한 채택의 안전성과 사회적 영향에 관한 비판
② 개인적인 스트레스를 해소하고 사회적, 문화적 혼란을 예방하기 위해 취해지는 사회적, 국가적 조치
③ 개인의 문제보다는 사회적 문제의 해결에 선행되어야 하는 마음 챙김의 기본 요소들
④ 부적절하게 수행된 명상과 명상 부족으로 인해 개인과 사회가 직면하는 불이익

해설 지문 처음에서 마음 챙김 명상은 일반적으로 안전하지만 부작용으로 인해 우려가 발생한다고 하고, 지문 전반에 걸쳐 마음 챙김의 빠른 채택은 사회 문제를 개인에게 부적절하게 옮길 수 있으며, 개인들이 불리한 조건에 더 순응하게 만들 수 있는 등의 위험이 존재하기 때문에 비평은 변화에 저항하는 주체들에 의한 보편적인 해결책으로서의 마음 챙김의 홍보에 반대한다고 하고 있다. 따라서 '① 마음 챙김 명상의 광범위한 채택의 안전성과 사회적 영향에 관한 비판'이 이 글의 주제이다.

어휘 mindfulness 마음 챙김 meditation 명상
panic attack 공황 발작 academic 학계의, 학업의
critic 비평가 adoption 채택, 채용 organization 조직, 단체
inappropriately 부적절하게 shift 옮기다, 전환하다
address 해결하다 systemic 체계적인 adverse 불리한, 부정적인
empower 권한을 부여하다 promotion 홍보, 촉진
universal 보편적인 entity 주체, 실체 resistant 저항하는
rigorously 엄격하게, 엄밀히 essential 필수적인, 본질적인
implication 영향, 의미 widespread 광범위한
precede 선행하다 resolution 해결 improperly 부적절하게

끊어읽기 해석

> A man of few words and great modesty, / Mike Mansfield often said / he did not want to be remembered.
> 말수가 적고 매우 겸손한 사람이었던 / Mike Mansfield는 종종 말했다 / 그는 기억되고 싶지 않다고
>
> Yet, / his fascinating life story / and / enormous contributions / are an inspiration / for all / who follow.
> 하지만 / 그의 매혹적인 인생 이야기 / 그리고 / 엄청난 공헌은 / 영감을 준다 / 모든 사람들에게 / 그의 뒤를 잇는
>
> Mike Mansfield was born / in New York City / on March 16, 1903.
> Mike Mansfield는 태어났다 / 뉴욕시에서 / 1903년 3월 16일에
>
> Following his mother's death / when Mike was 7, / his father sent him and his two sisters / to Great Falls, Montana, / to be raised / by an aunt and uncle / there.
> 그의 어머니가 돌아가신 후에 / Mike가 7살이었을 때 / 그의 아버지는 그와 두 명의 여동생을 보냈다 / 몬태나주 Great Falls로 / 자라게 하기 위해 / 숙모와 삼촌 밑에서 / 그곳에서
>
> At 14, / he lied about his age / in order to enlist in the U.S. Navy / for the duration of World War I.
> 14살에 / 그는 그의 나이를 속였다 / 미 해군에 입대하기 위해 / 제1차 세계 대전 동안
>
> Later, / he served in the Army and the Marines, / which sent him / to the Philipines and China, / awakening a lifelong interest in Asia.
> 그 후 / 그는 육군과 해병대에서 복무했다 / 그곳에서 그를 파견했다 / 필리핀과 중국으로 / 그리고 아시아에 대한 평생의 관심을 일깨웠다
>
> Mike Mansfield's political career was launched / in 1942 / when he was elected / to the U.S. House of Representatives.
> Mike Mansfield의 정치 경력은 시작되었다 / 1942년에 / 그가 당선되었을 때/ 미국 하원의원으로
>
> He served five terms / from Montana's 1st District.
> 그는 다섯 번의 임기를 수행했다 / 몬태나주의 제1구역에서
>
> In 1952, / he was elected to the U.S. Senate / and / reelected / in 1958, 1964 and 1970.
> 1952년에 / 그는 미국 상원의원으로 당선되었다 / 그리고 / 재선되었다 / 1958년, 1964년 그리고 1970년에
>
> His selection as Democratic Assistant Majority Leader / was followed by election in 1961 / as Senate Majority Leader.
> 그가 민주당 다수당 원내대표로 선출된 것은 / 1961년의 선출로 이어졌다 / 상원 다수당 원내대표로의
>
> He served in that capacity / until his retirement from the Senate / in 1977, / longer than any other Majority Leader in history.
> 그는 그 직위를 역임했다 / 그가 상원에서 은퇴할 때까지 / 1977년에 / 이는 역사상 그 어떤 다른 다수당 원내대표보다 더 오랜 기간이다

해석 말수가 적고 매우 겸손한 사람이었던 Mike Mansfield는 종종 기억되고 싶지 않다고 말했다. 하지만, 그의 매혹적인 인생 이야기와 엄청난 공헌은 그의 뒤를 잇는 모든 사람들에게 영감을 준다. Mike Mansfield는 1903년 3월 16일에 뉴욕시에서 태어났다. Mike가 7살이었을 때 어머니가 돌아가신 후에, 그의 아버지는 그와 두 명의 여동생을 몬태나주 Great Falls로 보내 그곳에서 숙모와 삼촌 밑에서 자라게 했다. 14살에, 그는 제1차 세계 대전 동안 미 해군에 입대하기 위해 그의 나이를 속였다. 그 후, 그는 육군과 해병대에서 복무했고, 그곳에서 그를 필리핀과 중국으로 파견하여 아시아에 대한 평생의 관심을 일깨웠다. Mike Mansfield의 정치 경력은 그가 1942년에 미국 하원의원으로 당선되었을 때 시작되었다.

그는 몬태나주의 제1구역에서 다섯 번의 임기를 수행했다. 1952년에, 그는 미국 상원의원으로 당선되었고, 1958년, 1964년 그리고 1970년에 재선되었다. 그가 민주당 다수당 원내대표로 선출된 후 1961년에 상원 다수당 원내대표로 선출되었다. 그는 1977년에 상원에서 은퇴할 때까지 그 직위를 역임했는데, 이는 역사상 그 어떤 다른 다수당 원내대표보다 더 오랜 기간이다.

해설 지문 중간에서 Mike Mansfield가 1942년에 미국 하원의원으로 당선되어 몬태나주의 제1구역에서 다섯 번의 임기를 수행했다고 했으므로 '④ 상원의원에 5번 당선되었으며 가장 긴 다수당 원내대표를 역임했다'는 지문의 내용과 일치하지 않는다.

어휘 **of few words** 말수가 적은 **modesty** 겸손
enormous 엄청난, 거대한 **contribution** 공헌, 기여
inspiration 영감 **enlist** 입대하다 **marine** 해병대
awaken 일깨우다, 각성하다 **lifelong** 평생의
political 정치의, 정치적인 **term** 임기 **capacity** 직위, 자격
retirement 은퇴, 퇴직

정답

p.70

01	② 어휘 – 어휘 & 표현	**11**	③ 독해 – 세부내용 파악
02	① 어휘 – 어휘 & 표현	**12**	⑤ 독해 – 추론
03	① 어휘 – 어휘 & 표현	**13**	④ 문법 – 분사
04	③ 문법 – 시제&능동태·수동태	**14**	③ 독해 – 추론
05	④ 문법 – 전치사	**15**	② 어휘 – 어휘 & 표현
06	④ 문법 – 주어·동사/목적어·보어/수식어&관계절	**16**	④ 독해 – 전체내용 파악
07	③ 독해 – 전체내용 파악	**17**	④ 독해 – 추론
08	② 독해 – 논리적 흐름 파악	**18**	③ 독해 – 추론
09	⑤ 독해 – 세부내용 파악	**19**	⑤ 독해 – 세부내용 파악
10	④ 문법 – 능동태·수동태&전치사	**20**	② 독해 – 추론

취약영역 분석표

영역	세부 유형	문항 수	소계
어휘	어휘&표현	4	/4
문법	시제&능동태·수동태	1	/5
	전치사	1	
	주어·동사/목적어·보어/수식어&관계절	1	
	능동태·수동태&전치사	1	
	분사	1	
독해	전체내용 파악	2	/11
	세부내용 파악	3	
	추론	5	
	논리적 흐름 파악	1	
총계			**/20**

· 자신이 취약한 영역은 '공무원 영어, 이렇게 출제된다!'(p.6)를 통해 다시 한번 확인하고 학습하시기 바랍니다.

---

01 | 어휘 | 어휘&표현 | resilience = elasticity | 난이도 ★★☆

해석 이 앱은 사용자가 그들의 심장 리듬과 정신 건강을 조절하여 스트레스 감소, 증진된 <u>회복력</u>, 더 나은 전반적인 정서적 건강을 특징으로 하는 '일관성' 상태를 달성할 수 있게 고안되었다.

① 자비심
② 탄력성
③ 억압
④ 증진
⑤ 경험

어휘 **regulate** 조절하다 **achieve** 달성하다, 성취하다
coherence 일관성 **resilience** 회복력 **overall** 전반적인
benevolence 자비심, 선의 **elasticity** 탄력성
suppression 억압, 억제

👍 이것도 알면 **합격!**

resilience(회복력)의 유의어
= fortitude, perseverance

---

02 | 어휘 | 어휘&표현 | inevitably = necessarily | 난이도 ★★☆

해석 수요가 <u>반드시</u> 활발하게 반등하며, 향후 브렌트유와 서부 텍사스산 중질유의 가격을 상승시킬 것이라고 생각하는 것은 타당하다.

① 반드시
② 상당히
③ 기적적으로
④ 완전히
⑤ 엄청나게

어휘 **demand** 수요 **rebound** 반등하다, 제자리로 돌아오다
briskly 활발하게 **Brent (oil)** 브렌트유(유럽과 아프리카 지역에서 거래되는 원유 가격을 결정하는 기준 원유)
WTI(West Texas Intermediate) 서부 텍사스산 중질유(미국산 원유의 표준 유종) **substantially** 상당히 **utterly** 완전히

👍 이것도 알면 **합격!**

inevitably(반드시)의 유의어
= unavoidably, naturally

---

03 | 어휘 | 어휘&표현 | flippancy = disrespect | 난이도 ★★☆

해석 2학년 학생들의 <u>경솔한 언행</u>은 임시 교사가 참을 수 있는 것 이상에 가까웠다.

① 실례되는 말
② 유머가 없음
③ 심각함
④ 봉급
⑤ 가장자리

어휘 **flippancy** 경솔한 언행, 경박
substitute teacher 임시 교사, 대체 교사 **stand** 참다, 견디다
disrespect 실례되는 말, 무례 **stipend** 봉급, 장학금
verge 가장자리

👍 이것도 알면 **합격!**

flippancy(경솔한 언행)의 유의어
= irreverence, frivolousness, impertinence

---

04 | 문법 | 시제&능동태·수동태 | 난이도 ★☆☆

해석 지역의 기업 지도자들이 조직하고 후원하는 모금 캠페인인 '다정한 이웃'은 지난 일요일에 칼라마주 병원을 위한 첫 번째 자선 행사를 시작했다. 칼라마주 컨벤션 센터에서 열린 이 행사는 800명이 넘는 후원자들의 활기찬 군중을 끌어모았다.

해설 ③ 과거 시제 | 능동태·수동태 구별 **특정 과거 시점을 나타내는 표**

현(this past Sunday)이 왔고, 주어(Kind neighbors)와 동사가 "다정한 이웃"이 자선 행사를 시작했다'라는 의미의 능동 관계이므로, 과거 시제 능동태 jump-started를 써야 한다.

어휘 **fund-raising** 모금, 자금 조달 **sponsor** 후원하다
corporate 기업의 **jump-start** 시작하다

👍 이것도 알면 **합격!**

능동태 문장의 목적어가 수동태 문장의 주어가 되므로, 목적어를 취하지 않는 자동사는 수동태로 쓸 수 없다는 것을 알아두자.

(ex) Only three cookies ~~are remained~~ (→ remain) in the jar.
세 개의 쿠키만이 병 안에 남아있다.

05 문법 전치사   난이도 ★★☆

해석 17세기와 18세기는 공공 재정의 현대로의 전환기였다. 처음에는 영국과 네덜란드에서 그러고 나서 그 밖의 다른 곳에서, 투자자들은 주권자의 자의적인 행동으로부터 보호를 확보했다. 그들은 주의 재정 정책에 대해 조언하고 동의하기 위해 채권자들이 대표되는 입법부와 의회를 설립했다. 견제와 균형이 마련되면서, 금리는 내려갔고, 대출은 더 쉬워졌다. 이러한 추가적인 재정 및 행정 자원의 획득은 더 큰 영토의 형성을 가능하게 했고, 이는 현대 국가 시스템의 출현을 이끌었다. 공공부채는 민족 국가의 출현과 빈 조약 이후 19세기에 국가 간 분쟁 사건의 감소에 상당한 역할을 했다. 공공부채 시장을 일찍부터 발전시킨 두 나라인 영국과 네덜란드가 이 과정의 선두에 있었던 것은 우연이 아니다.

해설 ④ 전치사 2: 시점 문맥상 '빈 조약 이후'라는 의미가 되어야 자연스럽고, 문장에 동사(played)가 이미 쓰였으므로 과거분사 followed를 '~ 후에'라는 의미를 갖는 전치사 following으로 고쳐야 한다.

오답 분석 ① 전치사 + 관계대명사 관계사 뒤에 완전한 절(creditors were represented)이 왔으므로 '전치사 + 관계대명사' 형태가 올 수 있다. '전치사 + 관계대명사'에서 전치사는 선행사 또는 관계절의 동사에 따라 결정되는데, 문맥상 '입법부와 의회에서 채권자들이 대표되다'라는 의미가 되어야 자연스러우므로 전치사 in(~에서)이 관계대명사 which 앞에 온 in which가 올바르게 쓰였다.

② 분사구문의 관용 표현 문맥상 '견제와 균형이 마련되면서'라는 의미가 되어야 하는데 이유를 나타낼 때는 분사구문 관용 표현인 'with + 명사 + 분사'로 나타낼 수 있고, 분사구문에서 being은 생략될 수 있으므로, '명사(checks and balances) + 분사(being)' 앞에 With가 올바르게 쓰였다. 참고로, in place는 형용사 역할을 하는 전치사구로, being의 보어 자리에 올바르게 쓰였다.

③ 분사구문의 형태 | 자동사 주절의 주어(Acquisition ~ resources)와 동사가 '획득이 이끌었다'라는 의미의 능동 관계이므로 현재분사가 와야 하고, 자동사 lead(이끌다)는 전치사 to와 함께 쓰여 '~을 이끌다'라는 의미를 나타내므로 leading to가 올바르게 쓰였다.

⑤ 가짜 주어 구문 that절(that ~ this process)과 같이 긴 주어가 오면 진짜 주어인 that 절을 맨 뒤로 보내고 가주어 it이 주어 자리에 대신해서 쓰이므로 진짜 주어 자리에 that절을 이끄는 that이 올바르게 쓰였다.

어휘 **transition** 전환, 변환 **investor** 투자자 **secure** 확보하다
arbitrary 자의적인, 임의의 **sovereign** 주권자; 주권의, 독립의
establish 설립하다, 확립하다 **legislature** 입법부
parliament 의회, 국회 **creditor** 채권자 **consent** 동의하다

---

fiscal 재정의 **check and balance** 견제와 균형
interest rate 금리 **borrowing** 대출, 차용
acquisition 획득, 습득 **administrative** 행정의
formation 형성, 구성 **territory** 영토 **emergence** 출현
debt 부채 **substantial** 상당한, 중대한 **advent** 출현, 도래
nation-state 민족 국가 **interstate** 국가 간
coincidence 우연의 일치 **vanguard** 선두, 선봉

👍 이것도 알면 **합격!**

분사구문 관용 표현을 추가로 알아두자.

- **according to** ~에 따르면
- **generally speaking** 일반적으로 말하면
- **providing/provided (that)** 만일 ~이라면
- **depending on** ~에 따라
- **considering** ~을 고려해 보면
- **supposing/suppose (that)** 만일 ~이라면
- **concerning** ~에 관하여
- **granting/granted (that)** 설사 ~이라 하더라도

06 문법 주어·동사/목적어·보어/수식어&관계절   난이도 ★★☆

해석 유기 분자들은 30억 년 이상 전에 물이 많은 호수였을지도 모르는 넓은 지역인 화성의 게일 분화구에서 발견되었다. NASA의 핵동력 탐사차인 '큐리오시티'는 그 지역으로부터 추출된 암석들에서 분자의 흔적들과 마주쳤다. 그 암석들은 또한 황을 함유하고 있는데, 과학자들은 그것(황)이 그 암석들이 행성의 표면에 있는 혹독한 방사능에 노출되었을 때도 그 유기물들을 보존하는 데 도움을 준다고 추측한다. 과학자들은 분자들이 살아있지 않은 과정에 의해 형성되었을 수도 있기 때문에 이러한 유기 분자의 존재가 화성의 고대 생명체에 대한 충분한 증거가 아니라고 신속히 표명한다. 하지만 그것은 여전히 가장 놀라운 발견 중 하나이다.

해설 ④ 동사 자리 | 주격 관계절의 수 일치 동사 자리에 '-ing'의 형태는 올 수 없고, 주격 관계절(which ~ the planet)의 선행사가 단수 명사(sulfur)이므로 현재분사 helping을 단수 동사 helps로 고쳐야 한다.

오답 분석 ① 관계대명사 선행사 a large area가 사물이고 관계절 내에서 동사 may have been의 주어 역할을 하므로 주격 관계대명사 that이 올바르게 쓰였다.

② 현재분사 vs. 과거분사 수식받는 명사 rocks와 분사가 '암석들이 추출되다'라는 의미의 수동 관계이므로 과거분사 extracted가 올바르게 쓰였다.

③ 관계대명사 선행사 sulfur가 사물이고, 관계절 내에서 동사 helps의 주어 역할을 하므로 주격 관계대명사 which가 올바르게 쓰였다. 참고로, 계속적 용법으로 쓰인 관계절에는 관계대명사 that이 올 수 없다.

⑤ 부사절 접속사 2: 이유 문맥상 '분자들이 형성되었을 수도 있기 때문에'라는 의미가 되어야 자연스러우므로 이유를 나타내는 부사절 접속사 as(~이기 때문에)가 올바르게 쓰였다.

어휘 **organic** 유기적인, 유기체의 **molecule** 분자 **watery** 물이 많은
rover 탐사차, 탐사선 **encounter** 마주치다, 만나다 **trace** 흔적
extract 추출하다 **contain** 함유하다, 포함하다 **sulfur** (유)황
speculate 추측하다 **preserve** 보존하다 **expose** 노출하다
radiation 방사능 **presence** 존재 **sufficient** 충분한
evidence 증거 **ancient** 고대의 **astonishing** 놀라운

부사절 접속사 자리에 전치사는 올 수 없다는 것을 알아두자.

(ex) We stayed indoors because of (→ because) it was too hot.
너무 더웠기 때문에 우리는 실내에 머물렀다.

---

07 독해 전체내용 파악 (요지 파악) 난이도 ★★☆

끊어읽기 해석

> Maps are imperfect projections / of a three-dimensional globe / onto a two-dimensional surface.
> 지도는 불완전하게 투사하는 것이다 / 3차원의 지구를 / 2차원의 표면에
>
> Similarly, / a mapmaker superimposes / his own point of view / upon the world he is visualizing.
> 비슷하게 / 지도 제작자는 겹쳐 놓는다 / 그의 관점을 / 자신이 시각화하고 있는 세계에
>
> What he presents / may seemingly appear objective, / but / it is to a considerable extent / a product of his own cultural and political proclivities / —and even of his imagination.
> 그가 제시하는 것은 / 겉보기에는 객관적으로 보일지도 모른다 / 하지만 / 그것은 상당한 정도는 / 그 자신의 문화적, 정치적 성향의 산물이다 / 그리고 심지어 그의 상상력의 (산물이다)
>
> The cartographer's projection / of the outer world / is therefore dependent / on his own inner psychological state / as his maps are based / on an "act of seeing" / rather than on "what was seen."
> 지도 제작자의 투사는 / 외부 세계에 대한 / 그러므로 의존한다 / 그 자신의 내면 심리 상태에 / 그의 지도가 기초하기 때문에 / '보는 행위'에 / '보였던 것'보다
>
> Geographical maps reflect / perceptions of space / that are socially conditioned, / and / they are basically mental.
> 지리적 지도는 반영한다 / 공간에 대한 인식을 / 사회적으로 조정된 / 그리고 / 그것들은 기본적으로 관념적이다
>
> They are "mediators" / between a person's inner world and the physical world, / and / they "construct" the world / rather than "reproduce" it.
> 그것들은 '매개자'이다 / 한 사람의 내면 세계와 물리적 세계 사이의 / 그리고 / 그것들은 세계를 '건설한다' / 그것을 '재생산하기'보다는
>
> People tend to see / what they describe, / rather than vice versa.
> 사람들은 보는 경향이 있다 / 그들이 묘사하는 것을 / 반대의 경우보다는
>
> Conceptual categories, / such as continents or oceans, / emanate from the cartographer's intellect / and are then applied to his maps / just as constellations are formulated / to provide a systematic vision / of the skies.
> 개념상의 범주들은 / 대륙이나 해양과 같은 / 지도 제작자의 지성에서 나온 것이다 / 그리고 그의 지도에 적용된다 / 마치 별자리들이 형성된 것처럼 / 체계적인 시각을 제공하기 위해 / 하늘에 대한

해석 지도는 2차원의 표면에 3차원의 지구를 불완전하게 투사하는 것이다. 비슷하게, 지도 제작자는 자신이 시각화하고 있는 세계에 자신의 관점을 겹쳐 놓는다. 그가 제시하는 것은 겉보기에는 객관적으로 보일지도 모르지만, 상당한 정도는 그 자신의 문화적, 정치적 성향과 심지어 그의 상상력의 산물이다. 그러므로 지도 제작자의 외부 세계에 대한 투사는 그의 지도가 '보였던 것'보다 '보는 행위'에 기초하기 때문에 그 자신의 내면 심리 상태에 의존한다. 지리적 지도는 사회적으로 조정된 공간에 대한 인식을 반영하고, 그것들은 기본적으로 관념적이다. 그것들은 한 사람의 내면 세계와 물리적 세계 사이의 '매개자'이고, 그것들은 세계를 '재생산하기'보다는 '건설한다'. 사람들은 반대의 경우(그들이 묘사하는 것을 보지 않

는 경우)보다는 그들이 묘사하는 것을 보는 경향이 있다. 대륙이나 해양과 같은 개념상의 범주들은 지도 제작자의 지성에서 나온 것이고, 마치 별자리들이 하늘에 대한 체계적인 시각을 제공하기 위해 형성된 것처럼 그의 지도에 적용된다.

해설 지문 중간에서 지도 제작자가 제시하는 것은 겉보기에는 객관적으로 보일지도 모르지만, 상당한 정도는 그 자신의 문화적, 정치적 성향과 심지어 그의 상상력의 산물이라고 설명하고 있으므로, '③ 지도는 제작자의 문화적·정치적 성향과 상상력의 산물이다'가 이 글의 요지이다.

어휘 imperfect 불완전한 projection 투사, 전망 dimensional 차원의 globe 지구, 세계 superimpose 겹쳐 놓다, 포개놓다 point of view 관점 visualize 시각화하다 objective 객관적인 considerable 상당한 extent 정도, 범위 proclivity 성향, 기질 cartographer 지도 제작자 state 상태 geographical 지리적인 perception 인식, 지각 condition 조정하다, 조절하다 mental 관념적인, 정신의 mediator 매개자, 중재인 construct 건설하다, 구성하다 reproduce 재생산하다 vice versa 반대로, 반대의 경우도 마찬가지 conceptual 개념상의, 개념의 continent 대륙 emanate 나오다, 발산하다 intellect 지성 constellation 별자리 formulate 형성하다, 만들어내다 systematic 체계적인

---

08 독해 논리적 흐름 파악 (무관한 문장 삭제) 난이도 ★★☆

끊어읽기 해석

> According to Sigmund Freud, / the Id, Ego, and Superego / are the three components / of personality.
> 지그문트 프로이트에 따르면 / 이드, 자아, 그리고 초자아는 / 세 가지 구성 요소이다 / 성격의
>
> He contended / that people are born with the Id.
> 그는 주장했다 / 사람들이 이드를 가지고 태어난다고
>
> ① The Id contains / basic human drives / like hunger and thirst.
> 이드는 포함한다 / 인간의 기본적인 욕구를 / 배고픔과 목마름 같은
>
> It cares for nothing / except that its needs are met / immediately.
> 그것은 아무것도 신경 쓰지 않는다 / 그것의 욕구가 충족된다는 것 외에는 / 즉시
>
> It does not even care / whether those needs are rational or harmful.
> 그것은 심지어 신경 쓰지 않는다 / 그러한 욕구들이 이성적인지 해로운지도
>
> ② Therefore, / it is closely associated / with the reality principle.
> 따라서 / 그것은 밀접하게 연관되어 있다 / 현실 원리와
>
> ③ In contrast, / the Ego develops / as a person grows / after birth.
> 이에 반해 / 자아는 발달한다 / 사람이 성장함에 따라 / 태어난 후
>
> The Ego realizes / that other people have needs as well.
> 자아는 깨닫는다 / 다른 사람들도 욕구를 가지고 있다는 것을
>
> ④ It seeks to satisfy the Id's instinctual needs / in realistic ways / while simultaneously weighing / those of other people.
> 그것은 이드의 본능적인 욕구를 충족시키려고 한다 / 현실적인 방법으로 / 신중히 고려하는 동시에 / 다른 사람들의 그것(본능적인 욕구)을
>
> Last to develop is the Superego.
> 마지막으로 발달하는 것은 초자아이다
>
> The Superego functions / as an individual's conscience.
> 초자아는 기능한다 / 개인의 양심으로서

⑤ It distinguishes / between what is right and wrong.
그것은 구분한다 / 무엇이 옳고 그른지를

해석 지그문트 프로이트에 따르면, 이드, 자아, 그리고 초자아는 성격의 세 가지 구성 요소이다. 그는 사람들이 이드를 가지고 태어난다고 주장했다. ① 이드는 배고픔과 목마름 같은 인간의 기본적인 욕구를 포함한다. 그것은 그것의 욕구가 즉시 충족된다는 것 외에는 아무것도 신경 쓰지 않는다. 그것은 심지어 그러한 욕구들이 이성적인지 해로운지도 신경 쓰지 않는다. ② 따라서, 그것은 현실 원리와 밀접하게 연관되어 있다. ③ 이에 반해, 자아는 사람이 태어난 후 성장함에 따라 발달한다. 자아는 다른 사람들도 욕구를 가지고 있다는 것을 깨닫는다. ④ 그것은 다른 사람들의 본능적인 욕구를 신중히 고려하는 동시에 현실적인 방법으로 이드의 본능적인 욕구를 충족시키려고 한다. 마지막으로 발달하는 것은 초자아이다. 초자아는 개인의 양심으로서 기능한다. ⑤ 그것은 무엇이 옳고 그른지를 구분한다.

해설 ②번 앞 문장에서 이드는 욕구들이 이성적인지 해로운지도 신경 쓰지 않는다고 했으므로 그것(이드)이 현실 원리와 밀접하게 연관되어 있다는 내용의 ②번 문장은 글의 흐름상 적절하지 않다.

어휘 Id 이드(인간의 원시적·본능적 요소가 존재하는 무의식 부분) Ego 자아 Superego 초자아, 상위 자아 component 구성 요소 personality 성격 contend 주장하다 drive 욕구, 동인 rational 이성적인, 합리적인 instinctual 본능적인 weigh ~을 신중히 고려하다 function 기능하다, 작용하다 conscience 양심 distinguish 구분하다, 분간하다

09 독해 세부내용 파악 (내용 불일치 파악) 난이도 ★★★

끊어읽기 해석

Leucippus and Democritus taught / that everything is composed of / elementary objects / in constant movement.
레우키포스와 데모크리토스는 가르쳤다 / 모든 것이 구성되어 있다고 / 기본적인 물체들로 / 일정한 운동을 하는

This proposal did not meet with the approval / of Plato or Aristotle, / for / if everything is made of / corpuscles in motion, / why are the forms of things / so well preserved?
이 제안은 승인을 얻지 못했다 / 플라톤이나 아리스토텔레스의 / 그렇다는 것은 / 만약 모든 것이 구성되어 있다면 / 움직이는 기본 개체들로 / 왜 사물들의 형태는 / 그렇게 잘 보존되어 있을까

The atomic theory could not account for / the stability of nature / or / for the reappearance of organic forms / generation after generation.
원자론은 설명할 수 없었다 / 자연의 안정성을 / 또는 / 유기적인 형태가 다시 나타나는 것을 / 세대를 거듭할수록

All in all, / atoms appeared / to be a rather mechanical explication.
대체로 / 원자는 ~처럼 보였다 / 다소 기계적인 설명(처럼)

This certainly did not appeal / to those Greek philosophers / who envisioned a world / of underlying forms and ideals.
이것은 확실히 매력적이지 않았다 / 그리스 철학자들에게 / 세계를 상상했던 / 근원적인 형태와 이상의

All in all / the Greeks preferred / their elements.
대체로 / 그리스 사람들은 선호했다 / 그들의 원소를

These were not actual physical substances / —such as real fire or real water/ —but rather, / nonmaterial essences / out of which the whole world was created.
그것들은 실제의 물질적인 물질이 아니었다 / 실제 불이나 실제 물과 같은 / 차라리 / 비물질적인 본질이었다 / 온 세계가 창조된

Such ideas persisted / in the West / for well over 2,000

years, / and, / with the rise of alchemy, / new principles, / or elements, / were added.
그러한 생각들은 지속되었다 / 서양에서 / 2,000년이 훨씬 넘는 세월 동안 / 그리고 / 연금술의 등장과 함께 / 새로운 원리 / 즉 원소들이 추가되었다

The spirit Mercury, / for example, / is present in all / that is volatile.
수성의 기운은 / 예를 들어 / 모든 것에 존재한다 / 휘발성이 있는

Salt, / which is unchanged by fire, / represents that which is fixed, / while sulfur is the principle of combustion.
소금은 / 불에 의해 변질되지 않는 / 고정된 것을 나타낸다 / 황은 연소의 원리인 반면

해석 레우키포스와 데모크리토스는 모든 것이 일정한 운동을 하는 기본적인 물체들로 구성되어 있다고 가르쳤다. 이 제안은 플라톤이나 아리스토텔레스의 승인을 얻지 못했는데, 그렇다는 것은 만약 모든 것이 움직이는 기본 개체들로 구성되어 있다면, 왜 사물들의 형태는 그렇게 잘 보존되어 있을까? 원자론은 자연의 안정성이나 세대를 거듭할수록 유기적인 형태가 다시 나타나는 현상을 설명할 수 없었다. 대체로, 원자는 다소 기계적인 설명처럼 보였다. 이것은 근원적인 형태와 이상의 세계를 상상했던 그리스 철학자들에게는 확실히 매력적이지 않았다. 대체로 그리스 사람들은 그들의 원소를 선호했다. 그것들은 실제 불이나 실제 물과 같은 실제의 물질적인 물질이 아니라, 차라리 온 세계가 창조된 비물질적인 본질이었다. 그러한 생각들은 2,000년이 훨씬 넘는 세월 동안 서양에서 지속되었고, 연금술의 등장과 함께 새로운 원리, 즉 원소들이 추가되었다. 예를 들어, 수성의 기운은 휘발성이 있는 모든 것에 존재한다. 황은 연소의 원리인 반면, 불에 의해 변질되지 않는 소금은 고정된 것을 나타낸다.

해설 지문 중간에서 대체로 그리스 사람들은 그들의 원소를 선호했는데, 그것들은 실제 불이나 실제 물과 같은 실제의 물질적인 물질이 아니라, 온 세계가 창조된 비물질적인 본질이었다고 설명하고 있으므로, '⑤ 당대의 그리스 철학자들은 세계가 창조된 물질적 본질을 선호했다'는 지문의 내용과 일치하지 않는다.

어휘 compose 구성하다 elementary 기본적인, 기본의 constant 일정한, 지속적인 proposal 제안 approval 승인 corpuscle 기본 개체, 미립자 preserve 보존하다 atomic 원자의 account for 설명하다, 차지하다 stability 안정성 reappearance 다시 나타나는 것, 재현 mechanical 기계적인 explication 설명, 해석 envision 상상하다, 마음에 그리다 substance 물질 essence 본질 persist 지속하다 alchemy 연금술 principle 원리 spirit 기운, 정신 volatile 휘발성의 combustion 연소, 발화

10 문법 능동태·수동태&전치사 난이도 ★★☆

해석 학교 자체가 어느 정도 다르게 준비될 때까지, 우리는 학교에서 사회생활에 대한 그리고 학생들에게 사회적 관점을 가르치고 사회적 동기와 목적을 제공하기 위한 충분한 준비를 할 수 없다. 사회적 정신과 동기는 사람들이 함께 살고 어떤 일을 공동으로 하고, 그들이 공통의 목표와 목적이 있기 때문에 서로의 활동과 서로의 경험을 공유하는 것의 산물이다. 사람들에게는 그들에게 흥미롭고 그들 모두를 동일하게 유지하고, 각자가 기여하게 하는 일이 있기 때문에 사람들에게 진정한 사회적 정신이 스며들게 되는 것이다.

해설 ④ 3형식 동사의 수동태 | 전치사 3: 방향 감정을 나타내는 동사(interest)의 경우 주어가 감정의 원인이면 현재분사를, 감정을 느끼는 주체이면 과거분사를 써야 하는데, 문맥상 '그들에게 흥미로운 일'이라는 의미로 주어(something)가 감정을 일으키는 주

체이므로 과거분사 interested를 be 동사(is) 뒤에서 능동태를 완성하는 현재분사 interesting으로 고쳐야 한다. 또한, 문맥상 '~에게 흥미롭다'라는 의미가 되어야 자연스러우므로, '~에게'의 의미를 나타내는 전치사 to가 올바르게 쓰였다.

① **전치사 자리** 전치사(for) 뒤에는 명사 역할을 하는 것이 와야 하므로 동명사 instilling이 올바르게 쓰였다.

② **전치사 2: 시점** 문맥상 '학교 자체가 어느 정도 다르게 준비될 때까지'라는 의미가 되어야 자연스러우므로 특정 시점까지 어떤 행동이나 상황이 계속되는 상황을 나타내는 전치사 until (~까지)이 올바르게 쓰였다.

③ **부사 자리** 문맥상 '어떤 일을 공동으로 하다'라는 의미가 되어야 자연스러운데 동사(doing)를 수식할 수 있는 것은 부사이므로, 부사 역할을 하는 전치사구 in common이 올바르게 쓰였다.

⑤ **보어 자리 | 현재분사 vs. 과거분사** 주격 보어를 취하는 동사 become의 보어 자리에는 명사나 형용사 역할을 하는 것이 와야 하는데, 주어(people)와 분사가 '사람들이 스며들게 되다'라는 의미의 수동 관계이므로 형용사 역할을 하는 과거분사 permeated가 올바르게 쓰였다.

어휘 **adequate** 충분한, 적당한 **preparation** 준비
instill 가르치다, 주입시키다 **pupil** 학생 **furnish** 제공하다
motive 동기, 의도 **equip** 준비하다, 갖추다 **end** 목표, 목적
contribution 기여 **permeate** 스며들다, 퍼지다

👍 이것도 알면 **합격!**

시점을 나타내는 전치사를 추가로 알아두자.

· since ~ 이래로	· from ~부터	
· until/by ~까지	· before/prior to ~ 전에	+ 시점
· after/following ~ 후에		

---

11 독해 세부내용 파악 (내용 일치 파악) 난이도 ★★☆

끊어읽기 해석

①The system / in which men have more value / and / more social and economic power / than women / is found / throughout the history of the world.
체계는 / 남성이 더 많은 가치를 갖는 / 그리고 / 더 많은 사회적, 경제적 힘을 (갖는) / 여성보다 / 발견된다 / 세계의 역사 곳곳에서

②Women suffer / both from structural oppression and from individual men.
여성은 고통을 받는다 / 구조적 억압과 남성 개인들 모두로부터

③Too many movements / for social justice / accept the assumptions of male dominance / and / ignore the oppression of women, / but / ④patriarchy pervades / both our political and personal lives.
너무 많은 운동들은 / 사회적 정의를 위한 / 남성 지배의 가정을 받아들인다 / 그리고 / 여성에 대한 억압을 무시한다 / 하지만 / 가부장제는 널리 퍼져 있다 / 우리의 정치적 삶과 개인적 삶 모두에

⑤Feminism recognizes / that no pattern of domination is necessary / and / seeks to liberate / both women and men / from the structures of dominance / that characterize patriarchy.
여성주의 운동은 인식한다 / 어떤 양식의 지배도 필요하지 않다는 것을 / 그리고 / 해방하고자 한다 / 여성과 남성 모두를 / 지배의 구조로부터 / 가부장제를 특징짓는

해석 남성이 여성보다 더 많은 가치와 더 많은 사회적, 경제적 힘을 갖는 체계는 세계의 역사 곳곳에서 발견된다. 여성은 구조적 억압과

남성 개인들 모두로부터 고통을 받는다. 사회적 정의를 위한 너무 많은 운동들은 남성 지배의 가정을 받아들이고 여성에 대한 억압을 무시하지만, 가부장제는 우리의 정치적 삶과 개인적 삶 모두에 널리 퍼져 있다. 여성주의 운동은 어떤 양식의 지배도 필요하지 않다는 것을 인식하고 가부장제를 특징짓는 지배의 구조로부터 여성과 남성 모두를 해방시키고자 한다.

해설 지문 중간에서 사회적 정의를 위한 너무 많은 운동들은 남성 지배의 가정을 받아들이고 여성에 대한 억압은 무시한다고 했으므로, '③ 사회적 정의를 추구하는 역사적 운동들도 여성 억압 현상을 경시했다'는 지문의 내용과 일치한다.

① 역사적으로 동양 여성들이 서양 여성들보다 더 많이 억압받아 왔는지에 대해서는 언급되지 않았다.

② 두 번째 문장에 여성은 구조적 억압과 남성 개인들 모두로부터 고통을 받는다고 언급되었지만, 여성에 대한 구조적 억압이 남성 개인들에 의한 억압보다 더욱 심각한 문제인지에 대해서는 언급되지 않았다.

④ 세 번째 문장에 가부장제는 우리의 정치적 삶과 개인적 삶 모두에 널리 퍼져 있다고 언급되었지만, 가부장제가 개인적 삶보다 정치적 삶에 더 많이 퍼져 있는지에 대해서는 언급되지 않았다.

⑤ 마지막 문장에서 여성주의 운동은 가부장제를 특징짓는 지배의 구조로부터 여성과 남성 모두를 해방시키고자 한다고 언급되었으므로 지문의 내용과 다르다.

어휘 **suffer** 고통을 받다, 겪다 **structural** 구조적인, 구조의
oppression 억압, 탄압 **social justice** 사회적 정의
assumption 가정, 추측 **dominance** 지배 **patriarchy** 가부장제
pervade ~에 스며들다, 널리 퍼지다
liberate 해방시키다, 자유롭게 하다

---

12 독해 추론 (빈칸 완성 - 단어) 난이도 ★★☆

끊어읽기 해석

Over the past four decades / a fundamental shift has been occurring / in the world economy.
지난 40년간 / 근본적인 변화가 일어나고 있다 / 세계 경제에

We have been moving away / from a world / in which national economies were relatively self-contained entities, / **(A) isolated from** each other / by barriers to cross-border trade and investment; / by distance, time zones, and language; / and by national differences / in government regulation, culture, and business systems.
우리는 멀어지고 있다 / 세계에서 / 국가 경제가 상대적으로 자립적인 주체였던 / 서로 (A) 고립되어 / 국경 간 무역과 투자에 대한 장벽으로 인해 / 거리, 시간대, 그리고 언어로 인해 / 그리고 국가적 차이로 인해 / 정부의 규제, 문화, 그리고 비즈니스 시스템의

We are moving toward a world / in which barriers to cross-border trade and investment **are (B) declining;** / perceived distance is shrinking / due to advances in transportation and telecommunications technology; / material culture is starting to look similar / the world over; / and national economies are merging / into an interdependent, integrated global economic system.
우리는 세계로 나아가고 있다 / 국경 간 무역과 투자의 장벽이 (B) 낮아지고 / 인식되는 거리가 줄어들고 / 교통과 원격 통신 기술의 발전으로 인해 / 물질문화가 비슷해 보이기 시작한다 / 전 세계적으로 / 그리고 국가 경제가 융합되는 / 상호 의존적이고, 통합적인 세계 경제 체계로

The process / by which this transformation is occurring is / commonly referred to as globalization.
과정은 / 이러한 변화가 일어나는 / 흔히 세계화라고 불린다

해석 지난 40년간 세계 경제에 근본적인 변화가 일어나고 있다. 우리는 국경 간 무역과 투자에 대한 장벽으로 인해, 거리, 시간대, 그리고 언어로 인해, 그리고 정부의 규제, 문화, 그리고 비즈니스 시스템의 국가적 차이로 인해 서로 (A) 고립되어 국가 경제가 상대적으로 자립적인 주체였던 세계에서 멀어지고 있다. 우리는 국경 간 무역과 투자의 장벽이 (B) 낮아지고, 교통과 원격 통신 기술의 발전으로 인해 인식되는 거리가 줄어들고, 물질문화가 전 세계적으로 비슷해 보이기 시작하고, 국가 경제가 상호 의존적이고, 통합적인 세계 경제 체제로 융합되는 세계로 나아가고 있다. 이러한 변화가 일어나는 과정은 흔히 세계화라고 불린다.

	(A)		(B)
①	~에 도입되는	-	충족시키는
②	~을 돌보는	-	확대되는
③	~와 통합되는	-	감소하는
④	~을 사로잡는	-	단호한
⑤	~로부터 고립되는	-	낮아지는

해설 (A) 빈칸 앞부분에서 우리는 국가 경제가 상대적으로 자립적인 주체였던 세계에서 멀어지고 있다고 설명하고 있고, 빈칸 뒷부분에서 국경 간 무역과 투자에 대한 장벽, 거리, 시간대, 그리고 언어와 같은 장벽들에 대해 설명하고 있으므로, (A)에는 우리는 서로 '고립되어(isolated from)' 국가 경제가 상대적으로 자립적인 주체였던 세계에서 멀어지고 있다는 내용이 들어가야 한다. (B) 빈칸 앞부분에서 국경 간 무역과 투자의 장벽에 대해 언급하고 있고 빈칸 뒷부분에서 인식되는 거리가 줄어들고, 물질문화가 전 세계적으로 비슷해 보이기 시작한다는 내용을 언급하고 있으므로, (B)에는 국경 간 무역과 투자의 장벽이 '낮아진다(declining)'는 내용이 들어가야 한다. 따라서 ⑤ (A) isolated from(~로부터 고립되는) - (B) declining(낮아지는)이 정답이다.

어휘 fundamental 근본적인 shift 변화 occur 일어나다, 발생하다 relatively 상대적으로 self-contained 자립적인, 독립의 entity 주체, 실체 barrier 장벽 cross-border 국경 간의, 국경을 넘는 trade 무역 investment 투자 distance 거리 regulation 규제 perceive 인식하다, 인지하다 shrink 줄어들다, 감소하다 telecommunication 원격 통신 material 물질의 merge 융합하다, 합병하다 interdependent 상호 의존적인 integrate 통합하다, 융합하다 converge 통합하다 unfaltering 단호한

13 문법 분사　　　　　　　　　난이도 ★★★

해석 가장 많이 논의된 탈산업화의 원인 중 하나는 새로운 산업화 국가로의 일자리 이동이었다. 이것은 더 오래된 산업 도시 내부 지역의 생산 기능이 능가하게 된 새로운 국제적 노동 분업의 출현을 나타낸다는 것이 주장되어 왔다. 이 이론은 다수의 주요한 전 세계적 경제 발전을 설명할 수 있다. 이것들은 서구 도시들의 탈산업화, 새로운 산업화 국가들의 성장과 상호 연결된 세계 경제의 통제와 지휘 본부로서의 세계적인 도시들의 성장을 포함한다. 그러나, 그럼에도 불구하고, 이 이론의 설명 범위는 틀리지는 않지만 제한적이다. 예를 들어, 경제적 과정에 너무 과하게 의존함으로써 경제 변화와 명백하게 관련된 도시들의 사회적 지형에 대해서는 거의 말할 수 없다. 이 이론은 경제 변화와 도시화 사이의 관계에 대한 단방향적인 설명만을 제공할 수 있다.

해설 ④ 분사구문의 형태 '틀리지는 않지만'이라는 의미를 나타내기 위해 분사구문을 써야 하는데 분사구문을 만들 때는 부사절의 동사를 분사 형태로 바꾸어야 하고, 주절의 주어(the explanatory scope of this theory)와 분사가 '이 이론의 설명 범위는 틀리지

않다'라는 의미의 능동 관계이므로 to 부정사 to be를 현재분사 being으로 고쳐야 한다. 참고로, 분사구문의 의미를 분명하게 하기 위해 부사절 접속사(while)가 분사구문 앞에 올 수 있으며, 분사구문의 부정형을 쓸 때는 분사 앞에 not을 붙인다.

오답분석 ① 현재완료 시제 | 능동태·수동태 구별 문맥상 '주장되어 왔다'라는 과거에 시작된 일이 현재까지 영향을 미치는 상황을 표현하고 있으므로 현재완료 시제가 와야 하고, 주어(this)와 동사가 '이것은 ~ 주장되어 왔다'라는 의미의 수동 관계이므로 현재완료 수동태를 완성하는 과거분사 argued가 올바르게 쓰였다.

② 주어와 동사의 수 일치 주어 자리에 복수 명사(the manufacturing functions)가 왔으므로 복수 동사 have가 올바르게 쓰였다. 참고로, 주어와 동사 사이에 온 수식어 거품(of ~ cities)은 동사의 수 결정에 영향을 주지 않는다.

③ 자동사 문맥상 '이 이론은 설명할 수 있다'라는 의미가 되어야 하는데 '~을 설명하다'라는 의미의 자동사 account는 전치사 for와 함께 쓰이므로 account for가 올바르게 쓰였다.

⑤ 강조 부사 강조 부사 so(매우)는 보통 형용사나 부사를 앞에서 강조하므로 부사 heavily(과하게) 앞에 강조 부사 so가 올바르게 쓰였다.

어휘 cause 원인 de-industralisation 탈산업화 migration 이동, 이주 emergence 출현, 등장 division 분업, 분할 labour 노동, 근로 manufacturing 생산, 제조업 surpass 능가하다, 넘어서다 theory 이론 account for 설명하다 command 지휘; 지휘하다 interconnected 상호 연결된 explanatory 설명적인 scope 범위 geography 지형 one-directional 단방향적인 urbanization 도시화

👍 이것도 알면 합격!

enough는 동사와 형용사를 뒤에서 강조한다는 것을 알아두자.

(ex) The playground is safe enough for children to play in.
그 놀이터는 아이들이 놀기에 충분히 안전하다.

14 독해 추론 (빈칸 완성 - 단어)　　　　난이도 ★★☆

끊어읽기 해석

Usually / you will find / that each scene / in a fictional narrative film / uses an establishing shot; / that is / a shot that gives the setting / in which the scene is to take place / and / enables the viewer / to establish the spatial relationships / between characters / involved in the scene.
보통 / 여러분은 발견할 것이다 / 각 장면이 / 허구적인 이야기 영화의 / 설정 샷을 사용한다는 것을 / 그것은 / 배경을 제공하는 샷이다 / 장면이 발생할 / 그리고 / 시청자가 ~할 수 있게 해주는 / 공간적 관계를 확립하게 / 등장인물들 사이의 / 장면과 관련된

But, / although this is what might be known / as the Hollywood standard / and / was certainly the expected norm / throughout the period of Classical Hollywood, / the practice of using an establishing shot / has not always been followed / by filmmakers.
그러나 / 이것이 알려져 있을 수도 있는 것이지만 / 할리우드의 표준이라고 / 그리고 / 확실히 기대되는 표준이었지만 / 고전 할리우드 시대 내내 / 설정 샷을 사용하는 관행이 / 항상 따라졌던 것은 아니다 / 영화 제작자들에 의해

By omitting an establishing shot / the viewer is put in the position / of struggling to make sense of the relationship / between the characters shown.
설정 샷을 생략함으로써 / 시청자는 위치에 놓이게 된다 / 관계를 이해하기 위해 고군분투하는 / 보여지는 등장인물들 사이의

We are effectively disorientated / and / this will be part / of what the filmmakers are attempting to achieve; / as well as perhaps defying the expected filmic norm / and / thereby challenging any presumption / that there are certain correct (and therefore, certain incorrect) ways / of making films.
우리는 사실상 방향 감각을 상실했다 / 그리고 / 이것은 일부일 것이다 / 영화 제작자들이 성취하려고 시도하는 것의 / 또한 아마도 기대되는 영화적 표준을 거부한다 / 그리고 / 어떤 가정에도 도전할 수 있다 / 특정한 정확한 (따라서, 특정한 잘못된) 방법이 있다는 / 영화를 만드는

해석 보통 여러분은 허구적인 이야기 영화의 각 장면이 설정 샷을 사용한다는 것을 발견할 것이다. 그것은 장면이 발생할 배경을 제공하고 시청자가 장면과 관련된 등장인물들 사이의 공간적 관계를 확립할 수 있게 해주는 샷이다. 그러나, 이것이 할리우드의 표준이라고 알려져 있을 수도 있는 것이고 고전 할리우드 시대 내내 확실히 기대되는 표준이었지만, 설정 샷을 사용하는 관행이 영화 제작자들에 의해 항상 따라졌던 것은 아니다. 설정 샷을 생략함으로써 시청자는 보여지는 등장인물들 사이의 관계를 이해하기 위해 고군분투하는 위치에 놓이게 된다. 우리는 사실상 방향 감각을 상실했고 이것은 영화 제작자들이 성취하려고 시도하는 것의 일부일 것이다. 또한, 아마도 기대되는 영화적 표준을 거부하고 영화를 만드는 특정한 정확한 (따라서, 특정한 잘못된) 방법이 있다는 어떤 가정에도 도전할 수 있다.

① 과소평가함
② 유발함
③ 생략함
④ 유지함
⑤ 통제함

해설 지문 처음에서 설정 샷은 장면이 발생할 배경을 제공하고 시청자가 장면과 관련된 등장인물들 사이의 공간적 관계를 확립할 수 있게 해주는 샷이라고 설명하고 있고, 지문 중간에서 설정 샷이 기대되는 표준이었지만 설정 샷을 사용하는 관행이 영화 제작자들에 의해 항상 따라졌던 것은 아니라고 설명하고 있으므로, 빈칸에는 설정 샷을 '③ 생략함'으로써 시청자는 보여지는 등장인물들 사이의 관계를 이해하기 위해 고군분투하는 위치에 놓이게 된다는 내용이 들어가야 한다.

어휘 fictional 허구적인, 소설의 narrative 이야기
establishing shot 설정 샷(다음 사건이나 장면의 배경을 설정하는 장면)
setting 배경 take place 발생하다 enable ~을 할 수 있게 하다
spatial 공간적인 standard 표준 norm 표준, 규범
practice 관행, 관습 effectively 사실상, 효과적으로
disoriented 방향 감각을 상실한, 혼란에 빠진 attempt 시도
defy 거부하다 presumption 가정, 추정 omit 생략하다, 제외하다

15 어휘 어휘&표현 collaborative 난이도 ★★☆

해석 언어가 없다면, 개인이나 개인들의 집단은 다른 사람들에게 그것들을 설명하거나, 공동의 목표를 향하는 협력적 기업에서 참가자들의 행동을 지시할 방법이 없을 것이다.
① 포괄적인
② 협력적인
③ 의미가 없는
④ 경쟁적인
⑤ 해로운

어휘 participant 참가자 enterprise 기업 common 공동의
comprehensive 포괄적인 collaborative 협력적인

 이것도 알면 합격!

collaborative(협력적인)의 유의어
= cooperative, collective, synergetic

16 독해 전체내용 파악 (요지 파악) 난이도 ★★☆

끊어읽기 해석

The naive listener might assume / a life story / to be a truthful, factual account / of the storyteller's life.
순진한 청자는 가정할지도 모른다 / 전기를 / 진실되고, 사실적인 설명으로 / 작가의 삶에 대한

The assumption is / that the storyteller has only to penetrate the fog / of the past / and / that once a life is honestly remembered, / it can be sincerely recounted.
그 가정은 / 작가는 안개를 뚫고 나가기만 하면 된다는 것이다 / 과거의 / 그리고 / 일단 삶이 정직하게 기억되면 / 그것은 진심으로 이야기될 수 있다는 것이다

But / the more sophisticated listener understands / that no matter how sincere the attempt, / remembering the past cannot render it / as it was, / not only because memory is selective / but because the life storyteller is a different person now / than he or she was ten or thirty years ago; / and / he or she may not be able to, / or even want to, / imagine that he or she was different then.
그러나 / 더 정교한 청자는 이해한다 / 시도가 아무리 진실되더라도 / 과거를 기억하는 것이 그것을 만들 수 없다 / 원래대로 / 기억이 선택적일 뿐만 아니라 / 전기 작가가 지금은 다른 사람이기 때문에 / 그나 그녀가 10년이나 30년 전보다 / 그리고 / 그나 그녀는 할 수 없을지도 모른다 / 또는 하지 않고 싶을지도 모른다 / 그나 그녀가 그때는 달랐다고 상상하는 것을

The problem of how much a person may change / without losing his or her identity / is the greatest difficulty / facing the life storyteller, / whose chief concern, / after all, / is to affirm his or her identity / and / account for it.
한 사람이 얼마나 많이 변할 수 있는가의 문제는 / 그나 그녀의 정체성을 잃지 않고 / 가장 큰 어려움이다 / 전기 작가가 직면하는 / 그들의 주된 관심사가 / 결국 / 그나 그녀의 정체성을 확인하는 것인 / 그리고 / 그것을 설명하는 것인

So / life storytelling is a fiction, a making, an ordered past / imposed by a present personality / on a disordered life.
따라서 / 전기는 허구, 제작물, 질서 있는 과거이다 / 현재의 인격에 의해 부과되는 / 무질서한 삶에

해석 순진한 청자는 전기를 작가의 삶에 대한 진실되고, 사실적인 설명으로 가정할지도 모른다. 그 가정은 작가는 과거의 안개를 뚫고 나가기만 하면 되고 일단 삶이 정직하게 기억되면, 그것은 진심으로 이야기될 수 있다는 것이다. 그러나 시도가 아무리 진실되더라도, 기억이 선택적일 뿐만 아니라 전기 작가가 지금은 10년이나 30년 전과는 다른 사람이기 때문에, 그리고 그나 그녀는 자신이 그때는 달랐다는 것을 상상할 수 없거나, 상상하고 싶지 않기 때문에 과거를 기억한다고 해서 그것을 원래대로 만들 수는 없다는 것을 더 정교한 청자는 이해한다. 그나 그녀의 정체성을 잃지 않고 한 사람이 얼마나 많이 변할 수 있는가의 문제는 결국 자신의 정체성을 확인하고 그것을 설명하는 것이 주된 관심사인 전기 작가가 직면하는 가장 큰 어려움이다. 따라서 전기는 현재의 인격에 의해 무질서한 삶에 부과되는 허구, 제작물, 질서 있는 과거이다.

해설 지문 중간에서 기억은 선택적일 뿐만 아니라 작가가 과거를 기억한다고 해서 그것을 원래대로 만들 수는 없다고 설명하고 있고, 지문 마지막에서 전기는 현재의 인격에 의해 무질서한 삶에 부과

되는 허구, 제작물, 질서 있는 과거라고 설명하고 있으므로, '④ 전기(傳記)는 무결(無缺)하지 않은 작가에 의해서 기록된 일종의 픽션이다'가 이 글의 요지이다.

어휘 **naive** 순진한, 고지식한 **assume** 가정하다, 추정하다
factual 사실적인, 사실에 입각한 **account** 설명
penetrate 뚫고 나가다, 관통하다 **sincerely** 진심으로
recount 이야기하다, 묘사하다 **sophisticated** 정교한, 복잡한
render ~을 만들다, 되게 하다 **identity** 정체성 **face** 직면하다
impose 부과하다, 적용하다, 강요하다

17 독해 추론 (빈칸 완성 - 구)   난이도 ★★★

끊어읽기 해석

The problems which have preoccupied / recent social anthropology / are rather different / to those which interested Herodotus and Tacitus.
사로잡은 문제들은 / 최근의 사회 인류학을 / 다소 다르다 / 헤로도토스와 타키투스의 관심을 끌었던 것들(문제들)과는

They were first formulated / during the Enlightenment.
그것들은 처음으로 만들어졌다 / 계몽주의 시대에

Theories which attempt to resolve these problems were established / at the same time.
이 문제들을 해결하려고 시도하는 이론들은 수립되었다 / 동시에

Until the seventeenth and eighteenth centuries, / European kings had been believed / to rule by Divine Right, / and / human society was supposed to reproduce, / on a lower scale, / the Divine society / of Heaven.
17세기와 18세기까지 / 유럽의 왕들은 믿어졌다 / 신수 왕권으로 통치한다고 / 그리고 / 인간 사회는 재생산해야 했다 / 더 낮은 규모에서 / 신 사회를 / 천국의

These assumptions were questioned / during the Enlightenment.
이러한 가정은 의문이 제기되었다 / 계몽주의 시대에

Once people considered themselves free / to decide for themselves / what was, or was not, proper social behaviour / according to natural / rather than divine law / it became possible / to ask / both how actual societies might be improved, / and / how present societies had diverged / from the natural, or original human condition.
일단 사람들이 그들 스스로가 자유롭다고 생각하게 되면서 / 그들 스스로 결정하는 것이 / 무엇이 적절한 사회적 행동이었는지 아닌지를 / 자연법에 따라 / 신성한 법이 아닌 / 가능하게 되었다 / 묻는 것이 / 어떻게 실제 사회가 개선될 수 있는지 / 그리고 / 어떻게 현재 사회가 벗어났는지 / 자연적인, 또는 본래의 인간 조건으로부터

Both the European past and more exotic but living, human societies / were seen / as sources of information / that could help / answer these questions.
유럽의 과거와 더 이국적이지만 살아있는 인간 사회 모두 / 여겨졌다 / 정보의 원천으로 / 도움을 줄 수 있는 / 이러한 질문들에 대답하는 데

해석 최근의 사회 인류학을 사로잡은 문제들은 헤로도토스와 타키투스의 관심을 끌었던 문제들과는 다소 다르다. 그것들은 계몽주의 시대에 처음으로 만들어졌다. 이 문제들을 해결하려고 시도하는 이론들은 동시에 수립되었다. 17세기와 18세기까지, 유럽의 왕들은 신수 왕권으로 통치한다고 믿어졌고, 인간 사회는 더 낮은 규모에서 천국의 신 사회를 재생산해야 했다. 이러한 가정은 계몽주의 시대에 의문이 제기되었다. 일단 사람들이 신성한 법이 아닌 자연법에 따라 그들 스스로 무엇이 적절한 사회적 행동이었는지 아닌지를 결정하는 것이 자유롭다고 생각하게 되면서 어떻게 실제 사회가 개선될 수 있는지, 그리고 어떻게 현재 사회가 자연적인, 또는

본래의 인간 조건으로부터 벗어났는지를 묻는 것이 가능하게 되었다. 유럽의 과거와 더 이국적이지만 살아있는 인간 사회 모두, 이러한 질문들에 대답하는 데 도움을 줄 수 있는 정보의 원천으로 여겨졌다.

① 이러한 사회적 문제의 기저에 있는 가정의 진실
② 무엇이 적절한 사회적 행동이었는지 아닌지
③ 정부 형태의 사회주의적 종류
④ 시민과 왕 사이의 갈등
⑤ 사회가 어떻게 타락했는지

해설 빈칸 뒷부분에 사람들이 신성한 법이 아닌 자연법에 따른다는 것과 어떻게 실제 사회가 개선될 수 있는지, 그리고 어떻게 현재 사회가 자연적인, 또는 본래의 인간 조건으로부터 벗어났는지를 묻는 것이 가능하게 되었다는 내용이 언급되었으므로, 빈칸에는 그들 스스로 '② 무엇이 적절한 사회적 행동이었는지 아닌지'를 결정하는 것이 자유롭다고 생각하게 되었다는 내용이 들어가야 한다.

어휘 **preoccupy** 사로잡다, 몰두하다 **anthropology** 인류학
Herodotus 헤로도토스(그리스의 역사가)
Tacitus 타키투스(로마의 역사가) **formulate** 만들어내다, 형성하다
Enlightenment 계몽주의 **resolve** 해결하다
Divine Right 신수 왕권 **reproduce** 재생산하다 **scale** 규모
diverge 벗어나다, 갈라져 나오다 **exotic** 이국적인 **proper** 적절한
socialistic 사회주의적인 **conflict** 갈등 **degenerate** 타락하다

18 독해 추론 (빈칸 완성 - 구)   난이도 ★★☆

끊어읽기 해석

Hunting big game / would have likely been a dangerous activity / in early times, / especially before the invention / of throwing spears / about half a million years ago.
큰 사냥감을 사냥하는 것은 / 위험한 활동이었을 가능성이 높다 / 초기에 / 특히 발명 이전에는 / 투창의 / 약 50만 년 전

Prior to this, / hunting even small and medium-size game / likely depended on / thrusting spears / (i.e., held in the hands / while thrusting into the animal).
이 이전에는 / 심지어 작거나 중간 크기의 사냥감을 사냥하는 것조차도 / ~에 달려있었을 가능성이 높다 / 찔러 넣는 창에 / (즉, 손에 쥐어진 / 동물에게 찔러 넣는 동안)

Some have suggested / that hunting may have occurred / by chasing animals / until they died / from exhaustion.
어떤 사람들은 말했다 / 사냥이 이루어졌을 수도 있다고 / 동물들을 쫓아다니면서 / 그들이 죽을 때까지 / 지쳐서

This technique is called / persistence hunting / and / essentially means / that a small group of people / would simply chase a selected animal, / perhaps for days, / until the animal died / from exhaustion.
이 기술은 불린다 / 지속 사냥이라고 / 그리고 / 본질적으로 의미한다 / 작은 무리의 사람들이 / 단지 선택한 동물을 쫓는 것을 / 어쩌면 며칠 동안 / 그 동물이 죽을 때까지 / 지쳐서

This makes sense to some / since, / while most game animals are quite quick / over short distances, / they usually cannot maintain the quickness / over long distances.
일부에게는 이것이 타당하다 / 왜냐하면 / 대부분의 사냥감 동물들은 꽤 빠르지만 / 짧은 거리에서는 / 그들은 보통 빠름을 유지할 수 없다 / 긴 거리에서는

Bipedalism in humans, / on the other hand, / leads to extended endurance.
인간의 두 발 보행은 / 반면에 / 연장된 지구력으로 이어진다

People may not be as quick as some animals / over

short distances, / but / they can outlast them / over long distances.
사람들은 일부 동물들만큼 빠르지 않을지도 모른다 / 짧은 거리에서는 / 하지만 / 그들(사람들)은 그들(일부 동물들)보다 오래 지속될 수 있다 / 긴 거리에서는

해석 초기에 큰 사냥감을 사냥하는 것은, 특히 약 50만 년 전 투창의 발명 이전에는 위험한 활동이었을 가능성이 높다. 이 이전에는, 심지어 작거나 중간 크기의 사냥감을 사냥하는 것조차도 찔러 넣는 창(즉, 동물에게 찔러 넣는 동안 손에 쥐어진)에 달려 있었을 가능성이 높다. 어떤 사람들은 동물이 지쳐서 죽을 때까지 그들을 쫓아다니면서 사냥이 이루어졌을 수도 있다고 말했다. 이 기술은 지속 사냥이라고 불리고 본질적으로 작은 무리의 사람들이 선택된 동물이 지쳐서 죽을 때까지, 어쩌면 며칠 동안, 단지 그 동물을 쫓는 것을 의미한다. 일부에게는 이것이 타당한데, 대부분의 사냥감 동물들은 짧은 거리에서는 꽤 빠르지만, 긴 거리에서는 보통 빠름을 유지할 수 없기 때문이다. 반면에, 인간의 두 발 보행은 연장된 지구력으로 이어진다. 사람들은 짧은 거리에서는 일부 동물들만큼 빠르지 않을지도 모르지만, 긴 거리에서는 그들보다 오래 지속될 수 있다.

① 기력 소진
② 상대적 열세
③ 연장된 지구력
④ 팀플레이
⑤ 지연된 공격

해설 빈칸 뒤 문장에서 사람들은 짧은 거리에서는 일부 동물들만큼 빠르지 않을지도 모르지만 긴 거리에서는 그들보다 오래 지속될 수 있다고 설명하고 있으므로, 빈칸에는 인간의 두 발 보행은 '③ 연장된 지구력'으로 이어진다는 내용이 들어가야 한다.

어휘 **game** 사냥감 **throwing spear** 투창(창을 던짐) **thrust** 찔러 넣다
exhaustion 지침, 소진 **persistence** 지속, 끈기
essentially 본질적으로 **maintain** 유지하다
bipedalism 두 발 보행 **outlast** 오래 지속되다
comparative 상대적인 **extend** 연장하다
endurance 지구력, 인내

19 독해 세부내용 파악 (내용 불일치 파악) 난이도 ★★☆

끊어읽기 해석

Weather forecasts, market reports, cost-of-living indexes, and the results of public opinion polls / are good examples.
일기예보, 시장 보고서, 소비자 물가 지수, 그리고 여론 조사 결과들은 / 좋은 예시이다

Statistical methods are employed extensively / in the preparation of such reports.
통계학적 방법은 광범위하게 활용된다 / 이러한 보고의 준비에

Reports / that are based / on sound statistical reasoning / and / the careful interpretation of conclusions / are truly informative.
보고는 / ~에 기초한 / 완전한 통계적 추론에 / 그리고 / 결론의 신중한 해석에 / 진정으로 유익하다

Frequently, / however, / the deliberate or inadvertent misuse of statistics / leads / to erroneous conclusions / and / distortions of truth.
종종 / 그러나 / 의도적이거나 무심코 한 통계의 오용은 / 이어진다 / 잘못된 결론으로 / 그리고 / 진실의 왜곡으로

For the general public, / the basic consumers of these reports, / some idea of statistical reasoning / is essential / to

properly interpret the data / and / evaluate the conclusions / that are drawn.
일반 대중에게 있어서 / 이러한 보고의 기본 소비자인 / 통계적 추론의 어떤 아이디어는 / 필수적이다 / 자료를 적절하게 해석하기 위해서 / 그리고 / 결론을 평가하기 위해서 / 도출되는

Statistical reasoning provides criteria / for determining the conclusions / that are actually supported / by data / and / those that are not.
통계적 추론은 기준을 제공한다 / 결론을 결정하는 / 실제로 뒷받침되는 / 자료에 의해 / 그리고 / 그렇지 않은 것을

해석 일기예보, 시장 보고서, 소비자 물가 지수, 그리고 여론 조사 결과들은 좋은 예시이다. 통계학적 방법은 이러한 보고의 준비에 광범위하게 활용된다. 완전한 통계적 추론과 결론의 신중한 해석에 기초한 보고는 진정으로 유익하다. 그러나, 의도적이거나 무심코 한 통계의 오용은 종종 잘못된 결론과 진실의 왜곡으로 이어진다. 이러한 보고의 기본 소비자인 일반 대중에게 있어서, 자료를 적절하게 해석하고 도출되는 결론을 평가하기 위해서 통계적 추론의 어떤 아이디어는 필수적이다. 통계적 추론은 자료에 의해 실제로 뒷받침되는 결론과 그렇지 않은 것을 결정하는 기준을 제공한다.

해설 지문 중간에서 의도적이거나 무심코 한 통계의 오용은 종종 잘못된 결론과 진실의 왜곡으로 이어진다고 설명하고 있으므로, '⑤ 정확한 통계 자료는 실수에 의해서만 잘못된 결론으로 이어진다'는 것은 지문의 내용과 일치하지 않는다.

어휘 **cost-of-living index** 소비자 물가 지수
public opinion poll 여론 조사 **statistical** 통계(학)상의, 통계적인
method 방법 **employ** 활용하다 **extensively** 광범위하게
preparation 준비 **sound** 완전한, 건전한 **reasoning** 추론
interpretation 해석 **informative** 유익한 **deliberate** 의도적인
inadvertent 무심코 한, 우연한 **misuse** 오용
erroneous 잘못된, 틀린 **distortion** 왜곡 **essential** 필수적인
evaluate 평가하다 **draw** 도출하다, 끌어내다 **determine** 결정하다
support 뒷받침하다

20 독해 추론 (빈칸 완성 - 단어) 난이도 ★★☆

끊어읽기 해석

Text representations / must be built up / sequentially.
텍스트 표현은 / 구축되어야 한다 / 순차적으로

It is not possible / psychologically / to construct and integrate / a text representation / for a whole book chapter / or / a whole lecture.
가능하지 않다 / 심리적으로 / 구성하고 통합하는 것은 / 텍스트 표현을 / 전체 책의 장에 대한 / 또는 / 전체 강의(에 대한)

The chapter and the lecture / have to be processed / word by word / and / sentence by sentence.
장과 강의는 / 처리되어야 한다 / 단어별로 / 그리고 / 문장별로

As each text segment is processed, / it is immediately integrated with / the rest of the text / that is currently being held / in working memory.
각 텍스트 부분이 처리됨에 따라 / 그것은 즉시 통합된다 / 텍스트의 나머지 부분과 / 현재 보관되어 있는 / 작업 기억에

The immediate processing hypothesis / generally holds, / at least for lower-level processes / in comprehension.
즉각 처리 가설은 / 일반적으로 유지된다 / 적어도 하위 수준 단계에 대해서는 / 이해의

Occasionally, / however, / readers use delay strategies / when dealing / with potentially ambiguous syntactic constructions / or / they continue reading / when constructing a situation model / when they do not understand something, / in the hope / that the succeeding text / will clarify their problem.

때때로 / 하지만 / 독자들은 지연 전략을 사용한다 / 다룰 때 / 잠재적으로 모호한 통사적 구조를 / 또는 / 그들은 계속해서 읽는다 / 상황 모델을 구축할 때 / 그들이 무언가를 이해하지 못하는 경우에 / 바라면서 / 다음 텍스트가 / 그들의 문제를 명확하게 해주기를

But / in general / information in a text / is processed / as soon as possible.

그러나 / 일반적으로 / 텍스트 안의 정보는 / 처리된다 / 가능한 한 빨리

In the model / this means / that as each text element is processed / and / a new proposition is added / to the text representation, / it is immediately integrated / with the text representation.

그 모델에서 / 이것은 의미한다 / 각 텍스트 요소가 처리되면 / 그리고 / 새로운 명제가 추가되면 / 텍스트 표현에 / 그것이 즉시 통합된다는 것을 / 텍스트 표현과

해석 텍스트 표현은 순차적으로 구축되어야 한다. 전체 책의 장 또는 전체 강의에 대한 텍스트 표현을 구성하고 통합하는 것은 심리적으로 가능하지 않다. 장과 강의는 단어별, 문장별로 처리되어야 한다. 각 텍스트 부분이 처리됨에 따라, 그것은 현재 작업 기억에 보관되어 있는 텍스트의 나머지 부분과 즉시 통합된다. 즉각 처리 가설은 일반적으로 적어도 이해의 하위 수준 단계에 대해서는 유지된다. 하지만, 때때로, 독자들은 잠재적으로 모호한 통사적 구조를 다룰 때 지연 전략을 사용하거나 그들이 무언가를 이해하지 못하는 경우에 상황 모델을 구축할 때, 다음 텍스트가 그들의 문제를 명확하게 해주기를 바라면서 계속해서 읽는다. 그러나 일반적으로 텍스트 안의 정보는 가능한 한 빨리 처리된다. 그 모델에서 이것은 각 텍스트 요소가 처리되고 텍스트 표현에 새로운 명제가 추가되면, 그것이 텍스트 표현과 즉시 통합된다는 것을 의미한다.

① 사회적
② 지연
③ 설명
④ 회상
⑤ 보상

해설 빈칸 앞부분에서 각 텍스트 부분이 처리됨에 따라, 그것은 현재 작업 기억에 보관되어 있는 텍스트의 나머지 부분과 즉시 통합된다고 설명하고 있고, 빈칸이 있는 문장에 '하지만(however)'이라는 역접의 의미를 갖는 연결어가 사용되었으며 독자들은 그들이 무언가를 이해하지 못하는 경우에 상황 모델을 구축할 때 다음 텍스트가 그들의 문제를 명확하게 해주기를 바라면서 계속 읽는다는 설명이 있으므로, 빈칸에는 때때로 독자들은 잠재적으로 모호한 통사적 구조를 다룰 때 '② 지연' 전략을 사용한다는 내용이 들어가야 한다.

어휘 **representation** 표현, 표상 **sequentially** 순차적으로, 연속적으로 **psychologically** 심리적으로 **construct** 구성하다 **integrate** 통합하다 **process** 처리하다 **segment** 부분, 부문 **immediately** 즉시 **hypothesis** 가설 **comprehension** 이해 **occasionally** 때때로 **ambiguous** 모호한 **syntactic** 통사적 **succeeding** 다음의, 이어서 일어나는 **proposition** 명제 **retrospection** 회상 **compensation** 보상

MEMO

2025 대비 최신개정판

해커스공무원
최신 1개년
기출문제집
영어

개정 9판 1쇄 발행 2024년 9월 3일

지은이	해커스 공무원시험연구소
펴낸곳	해커스패스
펴낸이	해커스공무원 출판팀

주소	서울특별시 강남구 강남대로 428 해커스공무원
고객센터	1588-4055
교재 관련 문의	gosi@hackerspass.com
	해커스공무원 사이트(gosi.Hackers.com) 교재 Q&A 게시판
	카카오톡 플러스 친구 [해커스공무원 노량진캠퍼스]
학원 강의 및 동영상강의	gosi.Hackers.com

ISBN	979-11-7244-275-0 (13740)
Serial Number	09-01-01

공무원 교육 1위,
해커스공무원 **gosi.Hackers.com**

[T] 해커스공무원

· 해커스공무원 학원 및 인강(교재 내 인강 할인쿠폰 수록)
· 어휘 잡는 **핵심 기출 단어암기장** 및 다회독에 최적화된 **회독용 답안지**
· 내 점수와 석차를 확인하는 **모바일 자동 채점 및 성적 분석 서비스**
· 해커스 스타강사의 **공무원 영어 무료 특강**

공무원 교육 1위* 해커스공무원
모바일 자동 채점 + 성적 분석 서비스

한눈에 보는 서비스 사용법

Step 1.

교재 구입 후 시간 내 문제 풀어보고
교재 내 수록되어 있는 QR코드 인식!

Step 2.

모바일로 접속 후 '지금 채점하기'
버튼 클릭!

Step 3.

OMR 카드에 적어놓은 답안과 똑같이
모바일 채점 페이지에 입력하기!

Step 4.

채점 후 내 석차, 문제별 점수, 회차별
성적 추이 확인해보기!

**실시간 성적 분석
결과 확인**

**문제별 정답률 및
틀린 문제 난이도 체크**

**회차별 나의 성적
변화 확인**

* [공무원 교육 1위 해커스공무원] 한경비즈니스 2024 한국품질만족도 교육(온·오프라인 공무원학원) 1위

해커스공무원 gosi.Hackers.com

바로 이용하기 ▶